日中 法と心理学の課題と共同可能性

浜田寿美男・馬 皚
山本登志哉・片 成男 編著

北大路書房

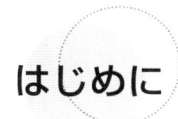

はじめに

法と心理学の架け橋，そして日本と中国の架け橋

　法と心理学をめぐる日中の対話は，まだ始まったばかりである。世紀の変わる 2000 年をまたいで，日本から中国への留学，中国から日本への留学によって，若い研究者のあいだで個人的な交わりが重ねられてきたことがきっかけとなり，2009 年に日本での「法と心理学会 10 周年記念大会」に馬先生を招請して，中国の現状について報告を受け，互いに意見交換した。これが公的な対話の最初で，2 年後の 2011 年には中国心理学会から日本の私たちが招請を受けて大会に参加し議論を交わすことになった。

　こうして対話が始まった時点ですぐに気づいたのは，法と心理学という名称は同じでも，日中のそれぞれが学会として立ち上がった来歴は大きく異なり，それゆえにおのずと中心となる対象領域が異なるということだった。そして，もちろん，研究の文脈となる法の文化も生活の文化も大きく異なる。

　しかしそのうえで，私たちがともに，同じく法に関わる心理学の世界で，与えられた問題に向かって，それぞれに格闘してきた事実に変わりはない。私たちは，「法」と「心理学」という出自を異にする研究をつなぐ架け橋を求めてきた仲間であり，いまその仲間として日本から，そして中国から，互いをつなぐ架け橋を渡すべく努力を重ねている。本書がそうした互いの努力を著す最初の書物となることを，まずは喜びたい。

　さて，その冒頭の語りかけとして，私自身が最近に体験した 2 つのエピソードを紹介しておきたい。日本における法と心理学の始まりの一つが冤罪事件における目撃や自白の問題であったことは，本書の第 10 章で詳述することになるが，以下に紹介するエピソードはいずれも，その法と心理学の懸隔がいまなおとてつもなく大きいことを典型的に示すものであり，同時に私たちに与えられた問題がそれだけ重いことを示すものでもある（以下は日本の京都にある出

はじめに

版社ミネルヴァ書房の月刊通信『究』2014年4月号に掲載した一文による)。

ある再審請求の棄却決定

　私はこれまでいろんな事件につきあって，たくさんの鑑定書を書いてきた。いずれも冤罪主張の事件である。そして，そこに巻き込まれてきた被疑者，被告人の供述を分析し，被害者や目撃者の供述をつぶさに検討して，やがて事件の全体像が見え，冤罪だとの結論が自分のなかで避け難くなるにつれて，怒りを抑えられなくなることがある。もちろん怒りによって目が曇ってしまったと言われては困るのだが，自分のなかではその結論にいたる理路が十分に明確であるように努めているつもりだし，反論があれば正面から受けとめて議論できるとも思っている。それゆえ鑑定での分析作業そのものはいたって冷静なつもりでいるのだが，それでも，ひとり自分の部屋にこもって，有罪を確信する裁判官の自信たっぷりの判決書を読んでいると，そのあまりに不合理な判断に，ついむかっ腹を立てている自分がいる。

　裁判所は，心理学者が供述について分析した鑑定書に対して，ほとんどまともに対応しない。そもそも裁判で証拠として取り上げられる自白や目撃の供述については，裁判官自身が検察官の主張，弁護人の反論を考慮しながら，その信用性を判断するものであって，そこに心理学者が関与する余地はないと考えているらしい。死体の法医学鑑定や物的証拠についての自然科学的な鑑定などは，裁判官は専門ではないので，外部の専門家に鑑定を依頼するけれども，供述の任意性や信用性の判断はまさに裁判官の専決事項であって，「鑑定にはなじまない」というのが裁判官たちの素朴な感覚なのである。

　しかし，これまでの冤罪の歴史を洗ってみればわかるように，供述の信用性・任意性判断の過ちによって，どれほどの数の冤罪者が苦難を強いられてきたことか。多くの裁判官たちはその歴史的な事実を真摯に見つめようとはしない。心理学の視点からの鑑定書が提出されたとき，その内容に問題があって受け入れられないというのであれば，せめて問題点を具体的に指摘して，明示してもらえれば，鑑定人としても納得できるのだが，ほとんどの場合，裁判所は事実上何らの理由も示さずに，門前払いにしてしまう。私自身，そんな苦い思いを何度もしてきた。

はじめに

　昨年も，その苦渋を味わうことになった事件があった。2005年に起きた電車内痴漢事件の再審請求審である。満員電車のなかで痴漢だと訴えられた60代の男性は，終始一貫して無罪を主張し，最高裁まで争ったが，主張を認められず実刑判決を受け，実際に刑を務めた。そうして出所後に，なお無実を主張して，2011年に再審請求を起こしたのである。私は弁護人からの依頼によって，この事件の被害者と目撃者の供述について心理学鑑定を行い，その結果，被害者たちが犯人を取り間違えた可能性が高く，その供述の信用性には問題があるとの結論を得て，それを鑑定書にまとめ，裁判所に提出した。その再審請求を棄却する決定が，昨年8月に出たのである。

　私の鑑定書は，捜査段階の供述から法廷での証言にいたるまで，具体的な個々の論点をすべて取り上げて，詳論したために，122頁に及ぶ大部なものになった。ところが棄却決定で裁判官が私の鑑定書に触れた部分はわずか12行，次のような内容でしかない。

>　「この鑑定書は，被害者と目撃者の証言について，体験の記憶をもとにしながらも，それに加えて推測や想像，それによる誇張が顕著にみられ，相当に汚染されているとの結論を避けることができないとしている。
>　この鑑定書の一般論は，認知諸科学の知見に基づくものであると認められるが，その当てはめでは，本件の判断過程に対する評価，意見とみられるものであり，そもそも証拠としての価値を認めることが難しい。
>　さらに，この鑑定書は，上記の意見の前提として，判決書に証言の要約が掲載されていることを根拠に，確定判決が公判廷での個々の問答のやりとりに踏み込んで検討していないという指摘をしているが，これが誤りであることは第一審や控訴審の判文を検討すれば明らかである。」

　私の鑑定書は，本件の唯一の証拠と言わざるをえない被害者・目撃者の供述について，ただ一般論として「相当に汚染されている」と述べたのではない。捜査段階の初期供述から公判での証言にいたるまで，その全供述過程を精査して，情報の汚染があることを個々具体的に指摘し，かつこれが犯人特定を誤らせた可能性が高いことを，これも論拠を一つひとつあげて示したのである。し

はじめに

かし，裁判官は私の指摘した問題点のどれ一つとして具体的に取り上げて検討しないままに，「証拠としての価値を認めることが難しい」と一方的に断定するにとどまっている。また，私は鑑定書で，ただ単に「確定判決が公判廷での個々の問答のやりとりに踏み込んで検討していない」と指摘したのではない。公判廷での個々の問答のやりとりに踏み込んで検討したならば必ず気づいたはずの問題点を看過しているということを，これもまた具体的に指摘したのである。裁判官はこのことをまったく理解していない。

いずれにせよ，簡単に言ってしまえば，私の鑑定書は裁判官から相手にしてもらえなかったのである。いや，これを相手にして個々に論争したとすれば，およそ簡単には反論できないはずの問題点が，私の鑑定書にはいくつも盛られていたはずである。こうまで言ってしまえば，私の自信過剰に見えるかもしれないけれども，心理学の視点からはあまりに「みえみえ」の問題点があって，これを見逃すことはおよそできないと思ってしまう。ところが，裁判官はそのどれ一つとして取り上げようとしない。彼らは自分たちこそが供述の専門家であって，外部からの口出し無用と思っているのかもしれない。しかし，裁判官にそう豪語するだけの専門的知見が十分にあるとは，およそ思えないのである。

私の鑑定書は「(裁判官が下した) 本件の判断過程に対する評価，意見」にすぎないとして，裁判官がこれを排除するとき，その断定を根拠づけるのは，彼らの根拠のない「権威」にすぎないように，私には見える。このような判決や決定によって，無実の人がその人生をすっかり狂わせてしまうとすれば，それは許されることではない。じつのところ，腹が立つのを通り越して，情けなくなってしまう。

66 年前の事件と訃報

裁判所のこの決定に空しい思いを味わっていた矢先，ある知人が亡くなったとの知らせが私のもとに届き，そして翌朝，その訃報を新聞で読むことになった。

「1948 年の帝銀事件で逮捕され，獄中死した平沢貞通元死刑囚の養子で，第 19 次再審請求中の武彦さん (54) と見られる男性が 10 月 1 日夜，東京都杉並区の住宅で死亡しているのが見つかった。事件性はなく，警視庁杉

はじめに

並署が身元の確認を急ぐ。……杉並署によると，1日午後7時すぎ，武彦さんと連絡が取れないと友人が同署に相談。署員を伴って武彦さんの自宅を訪れ，死亡している男性を見つけた。目立った外傷はないという。」

平沢武彦氏は，帝銀事件の解明と平沢貞通氏の救援にジャーナリストとしての人生を賭けた森川哲郎氏の子どもとして生まれ，平沢貞通氏が獄中死する8年前，22歳のときに氏の養子となり，氏の死後，再審請求人の立場を引き継いで，文字通りその再審請求に命を賭けた（日本では直系の遺族にしか再審請求権がない）。しかし再審は，「針の穴に駱駝を通す」の比喩の通り，まことに難しい。武彦氏が再審請求人を引き継いだ後も再審の扉が開く気配はなく，ただ時間だけは過ぎていく。20代で意気軒昂であった武彦氏も50の坂を越えるあたりから疲労の影が目立ち始め，やがては鬱の症状も現れるようになった。彼のどんよりと疲れた眼に，ときに刺すようなまなざしが光る。その眼をいまも思い出す。

年が明けて2014年1月26日，帝銀事件66周年のその日に，「武彦氏を偲ぶ会」が東京四谷で行われた。獄死した平沢貞通氏には5人の子どもがいたのだが，貞通氏が帝銀事件の犯人として起訴され死刑判決を受け，家族もまた世間のバッシングにさらされるなかで，一家はほとんど離散状態になって，裁判を支えていく者はいなくなった。救援会を担ってきた森川哲郎氏の子息であった武彦氏が養子となって，帝銀事件の再審請求を引き受けていくことになるのは，運命の巡り合わせでもあったが，それにしても貞通氏亡き後の四半世紀，再審請求が思うように進んでいかないなかで，その重責を背負うのは，武彦氏にとって過酷に過ぎる巡り合わせであったのかもしれない。

武彦氏の孤独死は，帝銀事件再審請求の運動の一端を担っているつもりでいた私たちにとって，ひどく重いものとなった。偲ぶ会に集まった百名に及ぶ参加者たちは，マスコミ関係の人たちを除けば，ほとんどが60歳を越えている。これまでの救援会の活動を映し出すスライドには，いまは亡き人々の顔が次々と並ぶ。なにしろ敗戦から3年後に起こった事件である。私自身の生活史に重ねて言えば，1歳の誕生日の前日に事件は起こっている。そしてこの事件の自白と目撃供述の分析を弁護団から依頼されたのが，平沢貞通氏の獄死から数年

後のことだった。その私ももう67歳である。

　帝銀事件は謎に満ちた複雑な事件である。用いられた毒物が即効性の無機の青酸化合物ではなく，旧日本軍の開発した遅効性の有機の青酸化合物ではないかとの疑いもある。しかし，この事件で逮捕・起訴された平沢貞通氏が犯人なのかどうかについては，それほど難しい問題ではない。目撃供述にしても，それによって平沢氏が容疑者として浮かび上がったのではなく，別の線で疑われて逮捕されてから，目撃者に面通しさせた結果，多くの人がだんだんと「似ている」とか「この人に間違いない」と言い出したのであって，供述そのものが危ない証拠である。それに自白もまた，逮捕後ほとんど1か月も経過して後に出てきたものであって，しかも「私が帝銀事件の犯人です」と認めてから，彼は犯行の内容を話さなければならない場面で「ただ困ったことは，腕章も手に入らず，薬も手に入らないので，どうして人殺しができるか，それで辻褄が合わないので困ります」などと言うのである。彼の自白は事件の主要な証拠を説明できていない。このこと自身が端的に彼の無実を示すものだということは，本書の第10章で展開する虚偽自白論からも明らかである。

心理学研究者に突きつけられている切実な問い

　以上に紹介した2つの事件の間には，60年という長い歳月が流れている。いずれも冤罪であることが深刻に疑われる事件であり，かついずれもその主張が認められないままにいまにも葬り去られようとしている。こうした事件が，この60年の間にどれほど重ねられてきたのだろうか。私はそのうちのいくつかに，たまたま弁護人の依頼を受けて，関わってきた。事件の第三者として，証拠となった供述を分析してきた鑑定人にすぎないのだが，正直言って，そこに義憤を禁じえない。思えば，私は法と心理学の交わる世界に関与するようになって以来，その同じ怒りを何度も何度も繰り返し味わってきた。そしてこのことが私自身を法心理学の研究に向かわせてきた。しかし，それはけっして個人的な事情にとどまるものではない。

　そもそも私たちの研究の出発点になるのは，この私たちの生きている現実への問いである。そしてその問いの背景には，現実への驚きがあり，喜びがあり，そしてときに悲しみがあり，憤りがある。これらの情動はしばしば個人的なも

はじめに

のと思われがちだが，情動こそは実は人と人とをつなぐもっとも原初的な絆であって，それによって私たちは共同の現実に深く根を下ろすことができる。研究は，本来，この共同に根ざす切実な問いから始まるものである。その共同の根の上にこそ，研究はその樹幹を立ち上げ，枝葉を伸ばし，花を開かせ，そして実を結ぶ。

　法と心理学に関わる日中の研究が，このように現実の問いに真摯に向かうものとして出発し，やがてそれぞれの実務の現場でその成果を実らせることになることを期待したいし，それと同時に，互いの研究を照らし合わせ，それによって，それぞれが生きている社会の現実，法の現実，そして個々人の生きている生活の現実を新たな視点から浮かび上がらせることができれば，そこで私たちはもう一つの果実を得ることができる。ただ，もとよりその道のりは遠い。本書がまずはその第一歩になれば望外の喜びである。

　本書の企画は，冒頭でも述べた 2009 年「法と心理学会第 10 回大会」以来の日中双方の交流を，具体的な形にして今後の研究交流の基盤を築こうとの思いに発したもので，日中双方の研究者がそれぞれの立場から独自の研究成果を持ち寄って構成されている。第 1 部では，日中の法心理学の歴史と現状を企画編集にあたった馬皚先生と私 浜田寿美男が執筆し，合わせて日中の法システムの特徴とその違いを立命館大学の松宮孝明先生とそこに留学しておられる張小寧先生に紹介していただいた。第 2 部，第 3 部は，日中の法心理学の特徴をよく示すと思われる研究論文を双方から 5 点ずつ出し合う形で構成した。ただ，それぞれの来歴からして重点となる研究分野がかなり異なる現状を踏まえ，自白，目撃などの捜査段階の問題，裁判後の治療矯正などの処遇の問題については，双方から論文を出すことで，今後の議論がこれをもとに広がっていくことを期待した。そして，以上の諸論文を踏まえて 2013 年 10 月に 4 人の編者による公開座談会を京都で開催し，そこでの議論をまとめたのが第 4 部である。また，末尾には，学会がその成果を社会に向けて問う一つの試みとして，日本の法と心理学会作成の「目撃供述・識別手続に関するガイドライン」（骨子）を添付した。なお，中国からの論文および座談会について，その翻訳は編者の一人である山本登志哉先生と中国人民大学の渡辺忠温先生，最終チェックについ

はじめに

ては山本先生と，同じく編者の一人である片成男先生が担当した。本書は，日本の法と心理学会の助成もいただきつつ，このように日中双方の多くの研究者の共同作業を経てはじめてできあがったものであり，しかも本書の中国語版がほぼ同時期に中国でも法律出版社から刊行される予定になっている。日中共同の研究書がそれぞれの言語で同時に刊行されることはまさに稀有のこと，ここにあらためてご協力いただいた皆さんに感謝したいと思う。

2014 年 2 月 9 日
浜田寿美男

はじめに　i

―――――――――――――――――――――――――――――――
第 1 部　日中の司法と法心理学―刑事司法を中心に―
―――――――――――――――――――――――――――――――

第 1 章　日本における「法と心理学会」の歴史と課題
　　　　―供述心理学領域の研究・実践に焦点を当てて― ………………… 2

　1　法と心理学会の設立とその前史　3
　2　日本における冤罪事件とその問題状況　6
　3　日本型精密司法と供述分析　9
　4　裁判員裁判下で「汚染されたデータ」に取り組むために　11
　5　終わりに　14

第 2 章　中国における法心理学 ……………………………………………… 15

　1　困難克服の道（1979 〜 1983 年）　15
　2　百花斉放（1984 〜 1992 年）　19
　3　価値が明らかに（1993 〜 2002 年）　22
　4　安定的発展（2003 年〜）　25

第 3 章　日中の法システムの特徴―刑事法を中心に― ………………… 30

　1　日本における刑事裁判の進め方　30
　2　中国の刑事手続きについて　43

―――――――――――――――――――――――――――――――
第 2 部　中国の法心理学研究から
―――――――――――――――――――――――――――――――

第 4 章　刑期終了者再犯リスクアセスメント尺度（RRAI）の研究 ……………… 58

　1　研究仮説　61
　2　研究方法　63
　3　調査結果　64
　4　再犯リスク要因：まとめ　72
　5　再犯予測表作成の原則と根拠　73
　6　再犯予測得点表と等級区分表　75
　7　まとめ　80

第 5 章　被疑者の自白に影響する要因とその対策に関する研究 ………………… 84

　1　研究目的　85

ix

目　次

　　2　研究方法　86
　　3　研究結果　87
　　4　分析と討論　91
　　5　研究の結論と提言　94

第6章　同一性識別手続きと同一性識別結果の正確性の評価　96
　　1　証拠としての同一性識別結果　97
　　2　証拠収集方式としての同一性識別手続き　98
　　3　同一性識別の結論の正確性の評価　107

第7章　矯正治療心理学原論　111
　　1　矯正治療心理学設立の必要性　112
　　2　矯正治療心理学の研究領域の特殊性　118
　　3　矯正治療心理学の専門性格　121

第8章　捜査における犯罪プロファイリングの実際と価値　124
　　1　犯罪プロファイリングの意味　125
　　2　犯罪プロファイリングの内容　128
　　3　犯罪プロファイリングの基礎：行動資料　130
　　4　犯罪プロファイリングの根拠：心理ロジック　136

第3部　日本の法心理学研究から

第9章　足利事件とスキーマ・アプローチ　142
　　1　足利事件　142
　　2　足利事件における供述信用性評価　145
　　3　分析単位としての「動的な個別性」　156
　　4　供述生成スキーマ　158
　　5　スキーマ・アプローチの有効性と限界　159

第10章　虚偽自白の心理
　　　　──無実の人がなぜ虚偽の自白に落ちるようなことが起こるのか──　162
　　1　虚偽自白の心理と「渦中の視点」　162
　　2　自白への転落過程：嘘の自白に落ちる心理　163
　　3　自白内容の展開過程：「犯人になる」心理　170
　　4　取調官の側の心理　172
　　5　「渦中の心理学」へ向けて　176

第11章　顔の再認記憶における同調　178
　　1　記憶の歪み研究の概要　178
　　2　記憶への社会的影響研究と現実世界で起こる社会的影響　182

3　現実世界における記憶の社会的影響　184
　　　4　帝銀事件における顔の再認記憶への社会的影響研究　185
　　　5　総合考察　198
　　　6　帝銀事件と本研究との連関　199

第12章　刑務所から見える犯罪者と刑罰 …………………………………… 202

　　　1　はじめに　202
　　　2　刑事司法の専門家による犯罪者像の違い　203
　　　3　刑事司法の専門家が持つ偏見　205
　　　4　刑罰の持つ逆進性　206
　　　5　平均的受刑者像　207
　　　6　人はなぜ犯罪者となるのか　214
　　　7　受刑者の採用面接　216
　　　8　増加する高齢受刑者と刑務所での死亡　216
　　　9　刑罰は何も解決しない　220
　　　10　社会的包摂かそれとも排除か　220
　　　11　罰して終わりの日本の刑事司法　221
　　　12　再犯防止というレトリック　222

第13章　意図せず虚偽事実が共同生成されること
　　　　　　―幼児と大人のディスコミュニケーション― …………………… 225

　　　1　問　題　225
　　　2　方　法　227
　　　3　結果と考察　228
　　　4　総合討論　239

第4部　公開座談会

「法と心理学の実務と理論を巡る日中対話」 ……………………………………… 242

● 付　録 ●

「目撃供述・識別手続に関するガイドライン」 …………………………………… 268

事項索引　285
人名索引　291
おわりに　293

第 1 部

日中の司法と法心理学
―刑事司法を中心に―

第1章

日本における「法と心理学会」の歴史と課題
―供述心理学領域の研究・実践に焦点を当てて―[注1]

浜田寿美男

　日本「法と心理学会」が設立されたのが，ちょうど世紀の変わり目となる西暦2000年，今年はそれから数えて15年目になる。発足時に178名だった会員数は2014年現在333人に達し，大展開を見たとまでは言えないにしても，着実な歩みを刻んできた。年に1回の研究大会を開催し，機関誌『法と心理』（日本評論社）を発行するとともに，『法と心理学叢書』（北大路書房刊）の刊行もすでに6巻に及ぶ。また2005年には，日本における犯人識別手続きのあまりに非科学的な現状に対して警告を発する意味で，『目撃供述・識別手続に関するガイドライン』（現代人文社）を策定し，これを公刊している（本書268-284頁）。さらに現実の裁判事例について，主として弁護人からの求めで供述鑑定を行う会員も増えているし，警察・検察から取調べ技法についての講義を依頼され，技法開発への研究会に招聘される会員も出てきている。法の世界における心理学の認知度は徐々に高まっていると言ってよい。その点では学会設立時に比して隔世の感がある。

　今回，本書において，法と心理学に関わる日中の現状を紹介するにあたって，まずはここで日本における本学会の歴史を振り返り，今後の課題について検討したい。

注1：本稿は，「法と心理学会10周年記念」の特集での報告（『法と心理』第10巻第1号，4-7頁）をもとに，これを大幅に加筆修正したものである。

第 1 章　日本における「法と心理学会」の歴史と課題—供述心理学領域の研究・実践に焦点を当てて—

1　法と心理学会の設立とその前史

　「法」とひと言で言っても，そこには民事に関わる法，刑事に関わる法，あるいは行政法や憲法，国際法の公法などなど，様々なものがあるのだが，歴史的に心理学との関わりが深いのは，やはり刑事に関わる領域である。もちろん，その他の法もすべて人間の現象に関わるものであるかぎり，心理学と無縁ではありえないのだが，それらの法領域についてはその取り組みはまだ十分とは言えない。そこで，ここでは少年法あるいは刑法が対象とする非行・犯罪現象に限定して，心理学との関わりを見てみる。日本における法と心理学会は何よりこの領域の研究に端を発しているからである。

　心理学が関わる非行や犯罪の問題領域は，
　①非行・犯罪の生起やその防止に関わる局面，
　②非行・犯罪の捜査や裁判における事実認定に関わる局面，
　③非行・犯罪を行った者に対する処遇・処罰・更生に関わる局面

の3局面にわたる。心理学の本格的な関与はともあれ，事実上の関与という点では，そのいずれの局面についても，歴史的に見てかなり古くから心理学はここに関与してきた。実際，日本では法と心理学会の設立以前に，犯罪心理学（①）が研究領域として広まっていたし，捜査心理学（②）や矯正心理学（③）の領域においては，実務上の要請があって心理学的な知見が活用され，様々な心理学的な技法が開発されてもいた。ただ，これらの心理学はいずれも警察・検察の捜査組織，少年院や刑務所などの処罰・矯正組織のなかで実務者たちによって担われ，これらを包摂する形で犯罪心理学会がすでに設立されていたものの，その研究内容はとかく当の実務組織内部で閉じがちで，一般的な広がりはまだまだの感があった。

　一方，「法と心理学会」設立のきっかけとなった研究母体は，逆に，この閉じた実務組織ではおさえきれず，そこから漏れ出た過誤に関わって，なんとかそれを正そうとする活動に始まる。とりわけ上記②の捜査・裁判段階において，非行・犯罪の事実認定に重大な過誤のあるいわゆる冤罪事件には，しばしば誤った目撃供述や虚偽の自白がつきまとっていて，心理学的な解明を要する問題

が山積していた。そうしたなかにあって供述の信用性判断の問題が，法実務の世界ではもはや決着がつかないほどにもつれたあげく，弁護人から心理学研究者に対して鑑定依頼がなされる状況が生まれてきた。それが1980年ごろからのことである。

わが国の刑事裁判では，その事実認定の課題において，物的証拠に問題が出てきたときには，当該の専門家への科学鑑定の依頼がごく一般的になされてきたが，言葉を用いて語られる人的証拠（供述証拠）の信用性判断に争いがある場合については，それはまさに「法の世界」の内部に予定された証拠であって，心理学などの外部の専門性に鑑定を託するなど，およそ不要なことと考えられてきた。しかし，供述という人的証拠を用いて事実を認定しようとするとき，現実にはそこにこそ心理学的な要因が深く絡まないわけにはいかない。それにまた，法の予定した規範的な人間像を超えた現象に出会ったとき，理念としては，それを法の予定外として法の対象から除外することになるのだが（たとえば訴訟能力の欠如による公訴棄却など），現実にはそううまくは割り切れない事例が少なくない。その意味でも，心理学が関与すべき領域が間違いなくある。ところが，「供述証拠」に関わる心理学鑑定が法実務の側から求められることは，少なくとも1970年代までほとんどなかった。それだけ法と心理学は遠かったのである。

刑事訴訟の世界で大きな影響力を持ってきた故佐伯千仭先生は，法と心理学会の設立記念公開講演において，刑事事件で心理学者が検察側鑑定人として登場した事例を取り上げて，「鑑定人になる心理学者には，もう少し裁判の勉強をしていただきたい。ありきたりの心理学ではわからないですよ。裁判心理というものは別ですから」と述べている。鑑定人となる心理学者は，法廷で非常に自信を持って証言するのだが，子どもの証言のとり方のイロハもわきまえていない。それを見て，佐伯先生はきわめて率直に「心理学者は刑事事件の鑑定なんかやめてもらわなければ，『百害あって一利なし』と思いました」と言うのである（佐伯，2001）。心理学の立場からするとずいぶんシビアな指摘だが，それが現実だった。しかし一方で，刑事裁判の世界が，本来，心理学の関与をまったく必要としないほど自己完結できるものでないことも確かである。

たとえば，1974年に発生し，その4年後の1978年に裁判が始まった甲山事

第1章 日本における「法と心理学会」の歴史と課題―供述心理学領域の研究・実践に焦点を当てて―

件は，知的障がい児の目撃供述が問題となった事件であり，心理学が深く関与せざるをえないものであった。筆者は，子どもの発達や障がいの心理学を専門とする研究者として弁護団に求められて，この事件に関わることになった。そこで筆者自身はじめて有罪－無罪の事実認定を争う世界に入り込んだのだが，文字どおり「法と心理学のはざま」にあって，その溝の深さに苦しみつつ，一方で，検察側の要請で登場した心理学者たちに対しては，佐伯先生とまったく同様の疑念を禁じることができなかった。

　この事件は，知的障がい児入所施設で園児が溺死し，それが殺人事件とされて捜査が進められて，そこに暮らす子どもたちの目撃供述が問題になったもので，検察側も捜査の過程で児童精神科医や心理判定員，あるいは発達心理学の研究者たちに心理鑑定を要請していた。検察側のこの鑑定人たちは，知的障がいの子どもたちの心理検査や記憶実験を行い，その結果から子どもたちの目撃供述は信用できるとの鑑定を下したのだが，筆者の目から見ても，彼らは捜査や裁判の手続きについてあまりに無知であり，捜査手続きと心理検査手続きとのあいだにある根本的な違いにまったく無頓着であった。しかし，そうした無知・無頓着のうえで，とんでもない結論を自信たっぷりに語る。筆者は正直言って，その姿勢に怒りを抑えることはできなかった（浜田，1986）。この検察側の心理鑑定は，幸い，最終的に裁判所によって否定され，本件は1999年に無罪が確定した。

　この甲山事件は，日本において法と心理学が出会う一つの出発点となった。そして，そののち重度の知的障がい者が訴訟能力に疑問を呈されつつも裁判で有罪が確定した野田事件（1979年の事件で，1993年に懲役12年が確定，2014年に再審請求を起こした）や，被疑者を割り出す目撃供述や写真面割の過程が問題の焦点となった自民党本部放火事件（1984年の事件で，1994年無罪確定）など，冤罪主張の事件において心理学研究者の協力が求められる機会がしだいに増えていった。そうした機運が広がるなかで，1996年には日本弁護士連合会の刑事弁護センターに自白や目撃供述に関わる研究会が設けられ，精力的な活動が行われた（この研究会は現在にまで継続しており，その間に開かれた研究会は150回近く，報告者は延べ200人を超える）。法と心理学会の設立が企画されたのはこうした流れのうえでのことである。学会設立後は，関わる問題

領域が刑事事件の事実認定の範囲を超えて，民事に関わる法領域など広い範囲をカバーするようになるのだが，それでも刑事事件における事実認定問題が本学会の中心領域であり続けていることは間違いないし，2009年から新たに施行されるようになった裁判員裁判下で，この問題が新たな形で取り上げられるようにもなっている。

　冤罪主張のある事件への，心理学の関与に端を発する法と心理学会のこうした来歴は，ある意味，日本に独自なもので，その点を確認することは日中の比較の観点からも重要であろう。そこで以下，この日本的な問題状況をここでいま少し詳しく見てみることにする。

2　日本における冤罪事件とその問題状況

　日本では，1945年の敗戦以降，冤罪事件が社会問題として大きく取り上げられ，世間の注目を浴びてきた。1949年に新刑事訴訟法が制定されて，それまで「証拠の王」とされてきた自白について厳格な制限が加えられ，「強制，拷問又は脅迫による自白，不当に長く抑留又は拘禁された後の自白その他任意にされたものでない疑のある自白は，これを証拠とすることができない」（第319条1項）うえに，「自白が自己に不利益な唯一の証拠である場合には，有罪とされない」（第319条2項）ことが明記されたにもかかわらず，現実の被疑者取調べにおいては，なおも自白の獲得が重視され，捜査官以外の第三者が関与できない不可視の取調室で虚偽の自白が取られていく事件が後を絶たなかったのである。そこには拷問まがいの取調べが行われたケースもあるが，一方には，一見任意性に疑いがないかのように見える取調べで，自白に落ちたケースも少なからずあって，その虚偽自白の心理こそは，まさに心理学が関与しなければならない対象であった。

　表1-1に示したのは，戦後日本における有名な冤罪事件のうち裁判上無罪が確定したものの一部である。その多くに捜査段階の自白があって，これが当初の有罪判決の要となっていた。なかでもとくに注目されるのは，いったん死刑が確定したのち30年あまりの獄中生活を経て，1980年代に立て続けに再審請求が認められ，元死刑囚が娑婆に帰ってきた4つの事件，免田事件，財田川事

件，島田事件，松山事件である。これらの事件にはいずれも自白があって，これが冤罪を晴らすうえでの障害になってきた。一方，表中に上げられた事件のなかには，弘前事件や東電ＯＬ事件のように自白のないものもある。これらの事件の場合は，物的証拠の鑑定ミスや目撃供述の間違いが冤罪の原因になっていて，そこにも心理学的な問題が潜んでいる。

　冤罪の大きな要因となる虚偽自白や間違った目撃はいずれも心理学の対象となるべき問題だが，1970年代までは心理学研究者がこれに本格的に関わることはなかった（表中で●を付した事件では，法と心理学会のメンバーが裁判において何らかの形で関与しているが，その関与の段階は甲山事件を除いて2000年以降である）。ただ，松川事件においてその判決批判を行った広津和

表1-1　戦後日本における有名な冤罪事件（無罪確定した殺人事件）（●は会員が関与した事件）

発生年	事件名	裁判の経過
1948年	免田事件	1951年死刑確定　1983年再審無罪
1949年	弘前事件	1951年第一審で無罪，1953年懲役15年確定，1963年出所，1977年再審無罪
1949年	松川事件	1950年第一審で5名死刑，1959年破棄差戻，1963年全員無罪確定
1950年	財田川事件	1957年死刑確定，1984年再審無罪
1950年	梅田事件	1958年無期懲役確定，1971年出所，1986年再審無罪
1951年	八海事件	1952年第一審で死刑を含む有罪，紆余曲折を経て，1968年無罪確定
1953年	徳島ラジオ商事件	1956年懲役13年，1958年上告を諦め確定，1979年死去，1985年再審無罪
1954年	島田事件	1960年死刑確定，1989年再審無罪
1954年	仁保事件	1962年第一審で死刑，紆余曲折を経て，1972年無罪確定
1955年	松山事件	1960年死刑確定，1984年再審無罪
1967年	布川事件●	1978年無期懲役確定，1996年出所，2011年再審無罪
1969年	高隅事件	1976年第一審で懲役12年，紆余曲折を経て1986年無罪確定
1970年	大森勧銀事件	1973年第一審で無期懲役，1982年無罪確定
1972年	山中事件	1975年第一審で死刑，1990年無罪確定
1974年	甲山事件●	1974年逮捕，1975年不起訴，1978年再逮捕・起訴，紆余曲折を経て1999年無罪確定
1990年	足利事件●	1991年逮捕・起訴，2000年無期懲役確定，2010年再審無罪
1987〜9年	北方事件●	2002年逮捕・起訴，2007年第二審で無罪確定
1999年	東電ＯＬ事件	2000年第一審で無罪，第二審で逆転有罪，2003年無期懲役確定，2012年再審無罪

表1-2　現在なお決着のついていない冤罪主張の殺人事件（●は会員が関与した事件）

発生年	事件名	裁判の経過
1947年	福岡事件●	1956年2名死刑確定，1975年1名を恩赦で無期懲役，1名処刑，再審請求が却下され，次の請求を準備中
1948年	帝銀事件●	1955年死刑確定，1987年獄死，現在第20次再審請求準備中
1949年	三鷹事件	1950年第一審で9名無罪，1955年1名死刑確定，1967年獄死，再審請求中
1950年	牟礼事件	1958年死刑確定，1989年獄死
1952年	藤本事件	1957年死刑確定，1962年再審請求棄却直後に処刑，再審請求準備中
1961年	名張毒ぶどう酒事件●	1964年第一審で無罪，第二審で逆転死刑，1972年死刑確定，第7次再審請求中
1962年	江津事件	1973年無期懲役確定，1987年出所，1991年死去
1963年	狭山事件●	1964年第一審で死刑，1977年無期懲役確定，1994年出所，第3次再審請求中
1966年	袴田事件●	1980年死刑確定，第2次再審請求において2014年再審開始決定が出たが，現在異議審が行われている
1967年	日産サニー事件	1972年無期懲役確定，1988年出所，1992年再審開始認めるも取消
1974年	富山事件●	1981年第一審で無罪，1987年懲役10年確定，1995年出所，再審請求中
1979年	野田事件●	1993年懲役12年確定，1994年出所，2014年に再審請求
1979年	大崎事件●	1981年懲役10年確定，1990年出所，2002年再審開始認めるも即時抗告で取消，再審請求中
1984年	日野町事件●	2000年無期懲役確定，2011年死去，再審請求中
1986年	前川事件●	1990年第一審で無罪，1997年懲役7年確定，2003年出所，2011年再審開始認めるも2013年に即時抗告で取消
1989年	姫路事件●	1996年懲役7年確定，1997年出所，再審請求するも2013年に棄却された
1992年	飯塚事件●	2006年死刑確定，再審請求準備中の2008年処刑，再度の再審請求を準備中
1995年	東住吉事件●	2006年無期懲役確定，再審請求中
2000年	恵庭事件●	2006年懲役16年確定，再審請求中
2001年	北稜クリニック事件●	2008年無期懲役確定，再審請求中

郎（1954）などは，小説家ではあったが，その自白や目撃に徹底した分析を加えており，そこには現在の目から見ても学ぶべき心理学的考察が見いだされる。広津のこの仕事は，これから私たちが心理学的な供述分析を組み立てていくうえで積極的に参照すべき業績として評価できる。

　ここでさらに注目すべきは，事件で有罪が確定し，再審請求が繰り返されながらなお認められていない事件が多数あることである。表1-2には，殺人事件に限定して，再審請求などで冤罪主張が続いている事件を列挙している。敗戦直後の混乱期に起こった福岡事件や帝銀事件では，巻き込まれた当事者が亡くなった後も，遺族たちが再審を引き継いで，事件からすでに60年以上が経過して再審に向けた活動が続けられている。表中に示しているように，その多くについて，法と心理学会の会員が，弁護人の依頼で自白や目撃について供述鑑定書を提出するなどして関わっている。

　心理学研究者による供述鑑定は，当初，裁判所からはほとんど無視されてきたが，最近は判決で言及し，事件によってはこれを評価し，無罪判決につながった事例も出てきている。供述の信用性判断は裁判所の専決事項であるとの立場が，少しずつ崩れつつあるものと考えられる。

3　日本型精密司法と供述分析

　日本の刑事裁判は「精密司法」とも呼ばれて，物的証拠に基づく証拠固めとともに，精密で詳細な供述調書を積み上げて，それによって事実認定を行ってきた。供述調書は供述者の署名・指印によってその信用性を担保するという形式をとっており，一定の規範の下に聴取されたものであれば，その背後にある心理学的要因を横において，それ自体で信用性のある証拠であるかのように扱われてきた。しかし，そのように一定の規範を守って聴取されたはずの供述調書でも，そこには心理学的な意味での「汚染」が相当に沁み込んでいるものと考えなければならない。冤罪の根源をたどれば，結局は，事実認定の素材となった供述データに深刻な汚染があったケースが少なくないのである。法の場に招じ入れられた心理学研究者にとっては，この汚染されたデータにどのように立ち向かい，その汚染源をどこまで明示的に指摘できるのかが第一の主題とな

る。

　供述は，そもそも聴取者と供述者との相互作用の所産として社会的に構成されたものであり，その供述が調書に記録されるときには，聴取者の想定に沿う形で供述が整理され，さらにはそこにある種の検閲作用さえ働く。じっさい，供述調書は「私は……」という一人語りの形式で録取され，供述者が自らの体験記憶を語ったという体裁をとりながらも，実のところ，そこには聴取者の側が把握している事件情報が入り込んだり，聴取者の想定した事件像が供述の流れを枠づけたりして，仕上がった調書には多種多様な汚染が入り込んでいる。こうした汚染を予防し，あるいは事後のチェックにかけるためには，何より取調室における供述聴取過程を全面的に録音・録画によって可視化することが必須なのだが，目下のところ，捜査側からの強い抵抗があって，全事件での全面可視化が実現する見通しは立っていない。結果として，私たちの供述分析は，いまも相変わらず供述調書をデータとして，そこに入り込んだ汚染源を特定し，その汚染を排除して，供述者の体験記憶を洗い出す作業から出発せざるをえない。この供述分析は，それゆえ，「調書裁判」と揶揄されてきた従来の精密司法にさらに輪をかけて，精密化を図る矛盾した営みにも見える（浜田，2006）。

　しかし，供述分析のこの日本的現実はやむをえざる必要悪であり，これをやらないですむものでもない。また一方で，その作業からは，逆説的なことに，これまでの心理学的発想にはなかった理論の世界が広がってもいる。じっさい，取調室でのやりとりなどはやろうと思えば可視化が可能だが，人々が世の中で体験することのほとんどは，これを可視化して後に確認することができない。つまり非可視化状況で人々がたがいに相互作用を重ね，そこにある社会的現実が構成されていくという過程は，むしろ私たちが日常的に体験している世界なのであって，わが国の取調べ過程はその極端な一事例なのである。そうしてみれば，必要悪として強いられたこの供述分析法が，その実，人々の相互作用からなる社会構成の過程に食い込む方法として新たな意味を帯びてくることにもなる（浜田，2008）。

4 裁判員裁判下で「汚染されたデータ」に取り組むために

　供述分析は，供述を供述者の心的状況を表す一つのデータとして捉える。もちろん，この供述者の心的状況は聴取者との相互作用関係のなかにあり，さらにはその検閲作用の下におかれている。そこで問題は，そのようにして社会的に構成されたものとしての供述から，いかに供述者の体験時の心的状況を正確に取り出すかにある。言い換えれば「供述の信用性」判断以前のところで，問題の供述が供述者の体験記憶によるのか，ただの推測や想像によるのか，はたまた聴取者の把握している証拠，あるいはそこから描きだされた想定によるのか，つまりその「供述の起源」を洗い出す。それが供述分析の基本的な作業課題となる。この作業は，きわめて素朴な発想に立つものであるが，これまでの心理学は，案外，この素朴な作業課題に正面から向き合ってはこなかった。

　取調室というブラックボックスのなかから，「供述調書」の形で文書化して私たちの前に登場する供述データは，汚染されている。供述分析はこの前提から始まる。しかも，現行の裁判員制度のもとでは，この「汚染されたデータ」から，裁判員に理解しやすいようにという名目のもとに，証拠が厳選され，要点が整理されていく。それは言わば「上澄みのデータ」としてクリーンなものだけが抽出されたように見えるのだが，現実には汚染源そのものが可視化されず，見えない以上，それがクリーンである保証はない。これをあえて図で示せば図1-1のようになる。

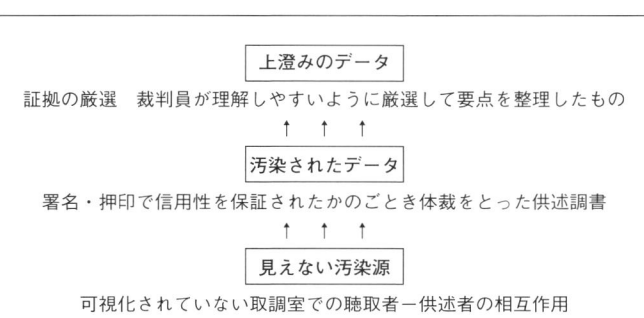

図1-1　供述の汚染

上澄みにすくい上げられた供述は一見澄んできれいに見えるが，その供述の起源を洗えば，そこには見えない汚染源が潜んでいる。このように「汚染されたデータ」を前にして，心理学研究者はこれまでどう対処しうるかを考えたとき，基本的に次の3つの方法がある。
　①まず，これまで実験心理学的な手法によって明らかにされてきた一般的法則から，取調べのなかに混入しうる汚染要因を指摘し，事実認定上の問題点を浮かび上がらせるという方法である。この方法は，アメリカでLoftus（1979）などがやってきた最もオーソドックスなものである。場合によっては，前述の自民党本部放火事件でのように，案件の状況を再現した模擬実験を行うことで，より焦点化した問題点の指摘も可能である。
　②次に，供述データのなかでも，汚染状態が直接確認できるデータ，あるいは比較的汚染を免れたデータを資料として選び出し，そこに限定して分析を行うということが考えられる。たとえば取調べ状況を収録した録音・録画が一部にせよ開示されている場合には，そのコミュニケーション状況を直接データとして分析する。あるいは聴取者と供述者との問答を比較的忠実に再現していると考えられる公判供述などを資料とすることも考えられる（大橋ら，2002）。
　③そして最後は，汚染されたデータを，「汚染」を念頭においたうえで，それそのものとして扱える手法を模索するというものである。これが狭義の供述分析法である。これまでの刑事裁判の事実認定実務においても，もちろん現実の法実務として，この汚染されたデータを扱う手法が種々に模索されてきた。そこで開発された手法や基準は一種の心理学である。しかし，従来の事実認定実務のなかでなされてきたこの事実上の心理学は，あまりに素朴かつ未熟で，多くの問題をはらんでいる。現に，汚染されたデータに対する誤った心理学的分析によって無実者に有罪認定を行ってしまった冤罪事例が，過去には無数にある。法実務の世界でこれまで用いられてきたこの事実上の心理学を科学の目で検証し，新たな方法を模索するのも，これからの法心理学の重要な課題となるはずである。

　現行の裁判員制度の下で心理学が供述証拠にどのように対処するかを考えた

第1章　日本における「法と心理学会」の歴史と課題—供述心理学領域の研究・実践に焦点を当てて—

とき，まず上記①は，これまで以上に重要になる。ただ，専門家が事案に対応する一般論を述べるという専門家証言が，わが国ではまだほとんど前例がない。それを今後どのような形で展開していけばよいかが問題である。また，上記②については，捜査段階の全面可視化ができれば，その可能性が大きく広がるはずである。そのための分析技法も必要になるし，捜査における新たなインタビュー方式の開発も求められることになるであろう。しかし，一方で，公判前整理手続きの段階でその供述鑑定が認められるかどうか。これが認められるまでには，これから相当の困難があると予想される。このような現状から見たとき，上記③，つまり現行の供述調書への供述分析が求められる現実に変化はなく，これが当分続く可能性が高い。

　裁判制度そのものは大きく変わったが，捜査過程はほとんど変わっておらず，供述録取の問題がこれまでと同様に残っている。いや，問題がさらに深刻化する危険性も指摘されている。実際，裁判員制度の下で，裁判員が数日間で理解し，対応できるものにしようとすれば，「汚染されたデータ」でさえも整理されて，上澄みしか提示されない可能性がある。これまで良かれ悪しかれ精密かつ膨大に録取されていた供述調書が，整理されてごく概括的な形でしか提示されないということになれば，供述分析にも値しないデータになってしまうことになる。「汚染されたデータ」であれ，それが膨大にあったことで，それに対応する方法を模索することができたのに，そうなったとき，はたしていかなる供述分析がありうるのか。その意味で裁判員制度の下で供述調書がどのように録取され，これがどのように裁判過程のなかで利用されていくのかが問題となる。

　膨大な量の自白調書がデータとして与えられたときには，それがいかに汚染されているとは言え，取調室でのやりとりを記録したものであることは間違いない。捜査段階に自白があって，その人が法廷では否認して無罪を争っているとすれば，そこでの供述データは，実際に犯行を犯した人が真の自白をしたにもかかわらず，やはり刑罰が怖くなって，法廷では否認に転じたのか（有罪仮説），それとも犯行とは無関係の無実の人が厳しい取調べに耐えられずに嘘の自白をし，その後の法廷ではこれを撤回して真の否認に戻ったのか（無実仮説）のいずれかである。この２つの仮説のうちいずれが真であるかという仮説を立てて，これを検証しようする。この単純な検証課題に対して，数十頁に及

ぶような膨大な供述データがあれば，これを心理学的に解決できないはずはない。また，もし現有の心理学にこの課題に対応するだけの理論がないとすれば，それに見合う理論を構築すればよい。この仮説検証型の供述分析は，法の世界でいう「合理的疑いを越える証明」がなされているかどうかの実質的なチェックにもなる（浜田，2006）。

5 終わりに

　ここでは刑事事件の事実認定領域に限定して，日本の法と心理学会の課題を確認してきた。非行や犯罪などの事件も，その後の捜査や取調べ・事情聴取も，あるいはその後の裁判での争いや判決も，現実にこの人間世界で起こる出来事である以上，完全に「汚染」をまぬがれることはありえない。この現実の汚染を念頭に，心理学研究者が手持ちのあらゆる方法を組み合わせ駆使する。そこに必ず何らかの現実的な解決が生まれるはずだし，法の実務家・研究者がそれを批判的に受けとめ，裁判過程のなかに取り入れることができれば，これまでのような深刻な冤罪はその多くが回避されるはずである。そうした希望のもとに法と心理学の間にある懸隔を乗り越えようと努めていくことが，わが国の法と心理学会に与えられたこれからの課題であろう。

　法と心理学は，この十余年でたしかにその交わりを深めた。しかし，その交わりの内実が問われていくのは，まさにこれからだと言わなければならない。

【引用・参考文献】

浜田寿美男（1986）．証言台の子どもたち　日本評論社
浜田寿美男（2006）．自白が無実を証明する　北大路書房
浜田寿美男（2008）．私と他者と語りの世界　ミネルヴァ書房
広津和郎（1954）．松川裁判　中央公論社
Loftus, E. F. (1979). *Eyewitness testimony*. Cambridge: Harvard University Press. 西本武彦（訳）
　　（1987）．目撃者の証言　誠信書房
大橋靖史・森 直久・高木光太郎・松島恵介（2002）．心理学者，裁判と出会う　北大路書房
佐伯千仭（2001）．法と心理学に期待するもの　法と心理，第1巻，第1号

第2章

中国における法心理学

馬 皚[注1]（翻訳：山本登志哉）

　中国心理学会法制心理専業委員会（現在，中国心理学会法律心理学専業委員会と改名）は1983年に成立したもので，まだ30年の歴史を持つにすぎない。中国の法心理学領域では現在全国規模の唯一の学術組織であり，その興隆発展は中国30年来の社会的変遷やそれに伴う社会的ニーズと緊密な関係がある。中国ではこの専業委員会が法心理学的科学研究の力を結集して法心理学の知識を社会に普及させ，応用を進め，学術的交流面でのリーダーシップを取っており，その学術的価値や社会的価値はすでに政府の関連部門や法の執行機関，司法機関，法学や心理学会，そして市民（公衆）の認知を得ている。

1 困難克服の道（1979〜1983年）

　1977年，10年の長きにわたった文化大革命運動が終結したが，この階級闘争をスローガンとした政治的災難は，中国社会の政治，経済，文化，人間関係といった諸領域に重大な損害をもたらしている。そこから膨大な社会問題が次々に現れ続け，犯罪，特に青少年犯罪の問題は日々深刻化していった。社会の解体は著しく，当時の政府が持っていた階級闘争の価値基準ではその社会矛盾を理解することもできなかった。犯罪については，生み出された大量の青少

注1：馬 皚，男，1962年生まれ，中国政法大学社会学院犯罪心理学教授，中国心理学会法律心理学専業委員会主任。

年犯罪者は新中国で紅旗の下で^{注2}成長した世代なので，彼らを敵対階級の一員とみなすことあるいは階級敵の概念でとらえることもできなかった。青少年犯罪の現象や原因をどのように見て，解釈し，どのような刑罰を採用して対応するかは，市民と社会の管理者が向き合わざるをえない現実問題となった。多様な視点から新たに青少年犯罪の原因を分析することも，歴史的な必然となっていったのである。

　中国の法心理学領域形成は，犯罪心理学研究を嚆矢とした。1978年，文革時代に解散され，合併された政治法律系の大学が復活し，学生を募集し始め，西南政法学院（現西南政法大学）が最初にその恩恵を受けた。1979年以降，北京政法学院（現中国政法大学），華東政法学院（現華東政法大学），西北政法学院（現西北政法大学），中南政法学院（現中南財経政法大学）が次々に生徒を募集し始めた。これと同時に，当時の社会的現実を背景に司法部，公安部が将来性を見越し，政法学院や公安学院に犯罪心理学課程を相次いで開設し，犯罪心理学の教材編成を行い，中国法心理学領域形成の政策的条件を生み出した。

　北京政法学院に教育職の地位を回復したばかりの羅大華，林正吾，馬晶淼といった3人の教師はかなり早期から青少年犯罪心理研究の任務を与えられた。彼らは未成年管理教育所[注3]や工読学校[注4]に行って犯罪原因について広範な調査を進め，基礎的経験を蓄積し，その研究成果を1980年に北京市心理学会組織の各種青少年犯罪及び司法問題に関する講習会で講義した。それと同時に中国社会科学界の最高学術組織である中国社会科学院の青少年研究所も，社会的要請に応じて1981年に触法青少年の問題に関する専門的調査に着手し始めた。西北政法学院の方強先生は「法学雑誌」に「犯罪心理学研究の展開に関する卑見」を発表し，青少年犯罪研究においては環境と心理の分析に注目すべきであるという先見的な考えを提出し，法学界と犯罪心理学界に先天と後天[注5]の考

注2：〈訳注〉社会主義政権のもとで。
注3：〈訳注〉1994年成立の「監獄法」以前は，少年犯管教所，少管所。少年犯罪では14歳未満は刑事責任が問われず，14〜16歳は重罪事件で刑事責任が発生し，16歳からは刑事責任が発生。ただし14〜18歳では刑罰は軽いまたは法定以下とする。14〜18歳の少年に収容の必要があるとき，少管所で「教育改造」を行う。
注4：〈訳注〉軽犯罪を犯した青少年を更正させるための学校。少管所収容にならない13〜17歳の少年が対象で週末には帰宅する。
注5：〈訳注〉原語の「天性与教養」を意訳。

えを導入した。

　政治法律系の大学で大きな影響力を持った教材は北京政法学院が編纂し内部交流に用いた『犯罪心理学参考資料』（4巻計5冊）で，そこには青少年犯罪に関する大量の調査報告や研究論文が収録されている。なかでも邵道生らによって翻訳された日本の犯罪心理学者森武夫の『犯罪心理学入門』（1982年，知識出版社）は当時，犯罪心理学関連著作の翻訳としては最初のものであった。中国内の学者による比較的早期の専門書としては天津商学院の林秉賢先生の『犯罪心理学綱要』，華東師範大学徐世京編訳の『司法心理学概論』，北京市心理学会編訳の『犯罪とその矯正』などがある。政治法律，公安大学で用いられた犯罪心理学教材として最初のものは羅大華先生編の『犯罪心理学』（1983年，群衆出版社）であり，著者は全国の多くの犯罪心理学研究者から集められ，その中には大学教員もいれば一般の警察[注6]もいて，中国法心理学，犯罪心理学の創生期の特色を特によく表している。それまでの犯罪に関する原因理論と比較して，この本が持つ新しさは早速社会的注目を集め，繰り返し増刷されている。その後も何度も再版されてきたという事実は，当該教科書が中国の法心理学領域にきわめて大きな影響を与えてきたことの証しでもある。中国現代心理学の基礎を築いた一人であり，当時の中国心理学会理事長，中国科学院心理研究所所長潘菽先生が，その本の序言で次のように指摘しているとおりである。「全体として，この教材が生まれたことで，政治法律系の大学やその他の大学の犯罪心理学科は利用可能な基本教材を獲得したのであり，大きな困難を克服して専門領域の空白の一つを埋めたのである。著作編集の労をとったグループは満足のいく成果を収めたと考える。彼らに祝辞を述べなければならない。」

　中国の社会的現実が（訳補：一時文革で崩壊した）心理学の復活を求め，法学領域では新しい思想や方法に対して開放的態度を持つことが不可欠となった。そして全国の同志の努力で，遂に中国法心理学領域が成立したのである。1981年11月，江西省心理学会及び学術年次会では，まず江西省心理学会法制心理グループが組織された。1982年の中国心理学会大会では潘菽先生が法制心理

注6:〈訳注〉中国の警察は武装警察と人民警察に大別され，後者は日本の警察の他，戸籍や出入国管理，刑務官，検察や裁判所下の執行に関わる職員等，広範な人々を指す概念。本書では基本的に日本での用法に対応させて訳し分けた。逆に原語での干警（幹部と警察），民警，公安（≒警察）はいずれも警察の訳で統一（ただし，機関名等はそのままとした）。

学関係の研究を強化する必要性を述べ，中国心理学会法制心理専業委員会設立を強く主張した。1983年6月，中国心理学会法制心理専業委員会が無錫で成立し，中国法心理学の正式な幕開けとなった。

1983年の成立大会[注7]では，全国24の省市自治区から57名の正式代表と24名の列席代表が集まって各地域の法制心理学の研究状況について交流を行い，法制心理学の研究対象，任務，性質，方法と指導理念を検討した。さらにいくつかの研究項目を計画し，12名の中国心理学会理事候補を推挙した。

当時を振り返れば，中国法心理学領域の創生段階は現在の発展にとって確かな足場となっている。まず，司法実践に貢献し社会的要求に応えるという理念は，中国の法心理学を時代と現実社会に近づける基本姿勢を備えさせた。応用性がきわめて強い学際領域として，それは今日に至るまで，一貫して問題解決を自己の任務としている。また犯罪心理学，とりわけ青少年犯罪心理学の研究を起点とし，全国の専門家の力を結集して学術研究と知識の普及を目ざしている。中国内の政治法律，公安系[注8]の大学及び中国社会科学院，北京師範大学，中央教育科学研究所，北京市公安局，北京市西城区工読学校，四川省公安庁，天津商学院などの機関に勤める羅大華，何為民，方強，邵道生，林崇徳，赤光，林秉賢，馬晶淼，徐応隆，王洛生，毛樹林，鄭昌済，魯正新，方波，邱国樑，劉述哲，林正吾，皮芸軍，王小転，曹智，遅浜光，張効文などの人々が現代中国法律心理学研究のリーダーとなった。

さらに，法心理学とりわけ犯罪心理学の基盤となる体系を作り上げたことで，その後の研究計画の基本的方向が作られた。最後に，様々な講習会を行うことで犯罪心理学の知識を広げると同時に，政治法律，警察系の大学教師と司法の現場部門の幹部警察官の学術研究に対する興味を活性化させた。教材と事例の編纂や海外の著作（とりわけ日本，旧ソ連及び米国の学術的著作）の翻訳を通して，法心理学という専門領域の種を蒔いた。

実際には，若い一つの新興領域であった当時の法心理学的研究は，まだかなり未熟なものであった。専門的な研究に従事する教師の大部分は心理学の学歴

注7：〈訳注〉法制心理専業委員会の成立大会のこと。
注8：〈訳注〉広義の公安は人民警察（警察）とほぼ同義。1936年より旧政権下の警察と区別すべく公安と称した後，改革開放後に再び「警察」の呼称も使われるようになり，1995年には「人民警察法」も成立。p.17注6も参照。公安，法院，検察の関係については第3章の2を参照。

を持たず，研究方法上も，いまだに哲学的・法学的な思弁中心のものであった。彼らが注目した問題も状況の切迫性の故に，犯罪心理学の側面に偏り，「刑を重んじ民を軽んずる（重刑軽民）」中国的特徴があった。

　1979年から1983年まで，中国の法心理学は無から有へのきわめて困難な道を進んだのである。

2　百花斉放（1984 ～ 1992 年）

　中国心理学会法制心理専業委員会は成立後，学術団体組織として協力し合いながら法心理学を展開する働きをはたしてきた。

　1984年3月20日，中国心理学会法制心理専業委員会は第1回実務会議を開催した。この会議において参会者は科学的な研究計画を重点的に討議し，2000年の中国法制心理学の発展に将来性あるプランを打ち出した。会議で企画された重点研究課題は，第1に，法制心理学の基礎理論の建設に関するもので，法制心理学の対象・任務・基本理論及び体系構造，法制心理学の方法論と方法学的問題，中国の法制心理思想史の研究，海外の法制心理学研究の現状と各学派の評価等を含んでいる。第2に実践的貢献に関する研究課題で，性犯罪の原因と対策の研究，暴力犯罪の原因と対策の研究，集団犯罪の原因と対策の研究，犯罪予防と犯罪者矯正の研究等が含まれる。専門領域発展のためのプランとしては，この会議で犯罪心理学講習会を行い，また「法制心理学文集」を編集し，全国学術会議を準備し，専門的刊行物を編纂し，会員増や各地区の連絡組織形成について論議した。この会議の精神が，事実上その後の中国法律心理学会発展の基本方向となり，全国の専門関係者に情熱と目標を持ってこの学術領域発展への参加を促す力となった。

　この会議の前後，全国ではおよそ18の省市自治区の心理学会や法学会等の学術組織に法制心理専業委員会または研究討論会が成立し，警察，法律，司法及び大学の各方面のエネルギーを結集し，法心理学隆盛への基礎を築いた。

　次世代の力を養い，実践と教学のなかに法心理学の価値を実現することは，中国心理学会法制心理専業委員会が追求し続けてきた目標である。1984年9月，中国心理学会法制心理専業委員会と中国政法大学は連合して全国犯罪心理学師

資格養成講座を開講し，全国の総合大学，政治法律，公安系の大学，武装警察指揮学校，司法系統からの116名の研修生が集まって半年近い系統的な学習を行った。養成講座で教えられた課程は心理学的理論と方法及び犯罪心理学の基礎を主とするものであった。当時とその後中国心理学会において大きな影響力を持つ領導者である林崇徳，董奇，孟昭蘭，馬謀超，駱正，沈正，また中国法心理学や犯罪心理学の領域で最も早い開拓者である羅大華，何為民，馬晶淼，林秉賢，邵道生等の教師が主要な講義を担当し，第1回は中国法心理学の普及と若い教師の力量養成に卓越した成果を収めた。この後，西南政法学院，天津法制心理学会，東北地区法制心理共同グループ，四川省心理学会，青島市心理学会などが相次いで様々な規模の法制心理学・犯罪心理学の講座を開き，人々を鼓舞する社会的影響力を生み出した。それと同時に，全国の政治法律，公安系の大学は原則としてすべて犯罪心理学の教育研究室[注9]を設立し，専門の教師を配置し，大学で学生に対して系統的に法律心理学の知識を教え始めた。

学術研究討論会は学術的交流を行い，お互いの意見をたたかわせる重要な舞台である。同時に新人研究者を養成し，学問の刷新を鼓舞する重要な機会でもある。1983年から1992年の間に，中国心理学会法制心理専業委員会は4回の全国規模の大会，2回の実務会議を開催している。中国人民公安大学，中国刑警学院を牽引機関とする全国公安系統犯罪心理学研究討論会は四回行われている。全国の各省レベルや地市[注10]レベルの法心理学学術組織も各種の研究討論会を組織し，湖北省を例に挙げれば，7年の間に7回の研究討論会を開催し，法心理学の普及に貢献している。

各種の研究討論会では，百家争鳴状態が当時の法心理学の特徴であった。新興領域であったので，先達による研究の基礎に欠け，また安易に海外の成果を持ち込んでも，往々にして中国の国情に適さず，風土にも合わない。同時に新興であるが故に，研究者たちには創造的な研究の展開を行う条件を提供もする。

この時期には，研究方法の問題が人びとの注目を集めた。法心理学的研究に従事する大多数の同志は心理学の専門的背景に欠けており，法律関係の大学出身者が多数を占め，さらに当時の中国心理学界もまた回復し始めたばかりの段

注9：〈訳注〉日本の大学での講座または学科にほぼ対応。
注10：〈訳注〉日本の県規模の市。

階で，法心理学に多くの専門的人材を送り出すことができず，法心理学の研究方法は依然として法学に主導されるものであった。1985年の中国心理学会法制心理専業委員会第2回学術研究討論会では，法心理学的研究が注意すべき当時の3つの傾向が参加者から指摘されている。すなわち哲学化の傾向，経験化の傾向，そして非心理学化の傾向である。

　法心理学の学術研究領域では，比較的影響力のある研究は以下の分野に集中した。第1に法制心理学の専門体系，なかでも専門境界の検討である。そこには様々な観点があり，あるものは学際的であることを重視し，あるものは心理学または法学であることを重視した。下位専門領域の創造的発展の面では，青少年犯罪心理医学，犯罪者矯正心理学，捜査心理学[注11]，証人証言心理学，被害者心理学，異常心理学，警察心理健康など，応用性がかなり強い領域が重視され始めた。第2に，犯罪心理学の構造に関する論争である。様々な研究者によって長期にわたる論争が引き起こされた。第3に心理学原理と刑法学の結合は法学的知識背景を持つ一部の研究者には犯罪心理学を検討するうえで重要な突破口となった。第4に，心理学的研究の将来性ある有望な道具として質問紙法が法心理学の領域に徐々に入り込んできた。第5に国際交流活動が中国法心理学の発展への激励となった。日本の犯罪心理学者麦島文夫，安香宏，松本恒之，森武夫が相次いで中国にその経験を伝え，交流した。中国心理学会法制心理専業委員会主任羅大華教授も日本犯罪心理学会第30回年次大会に招かれて発言している。

　正確な統計は困難だが，1991年末までに中国大陸で公開された法心理学領域の論文は2,000編近くになり，各種の専門書100余部，翻訳書は20余部になる。中国法学会で最も権威を持つ年鑑である『中国法律年鑑』は，二度にわたって法制心理学の発展概況に関する項目を収録している。中国の法心理学は全国の専門関係者の共同努力によって，百花斉放の発展段階に入ったと言える。

注11：〈訳注〉原語は「偵査心理学」

第1部　日中の司法と法心理学―刑事司法を中心に―

3 価値が明らかに（1993〜2002年）

　中国法心理学の興隆に先立つ10年間，当時の社会からの切迫した要求により新興領域としての法心理学は広く注目され，その発展速度は驚くようなものであったが，同時に緻密さには欠けるものでもあった。1993年からは中国の改革過程の進展に伴い，社会科学を含む多くの学問が理論体系と領域の境界をしだいに確立していき，かなり安定した学術的構成を作り上げ，各々の研究対象を明確にして社会現象を解釈し，また社会問題を解決する生きた力となっていた。このような大きな背景下で中国法心理学も発展を問われていた。まず，研究者の分化が問題となり，初期に法心理学研究に従事した多くの研究者が，様々な原因で学界から消えていき，あるいは犯罪学などのよりふさわしい文化系的素養を持つ研究領域に進んでいった。次に心理学的知識背景を持つ教師が次々に法心理学領域に入ってきて，彼らの唱える科学的な研究方法がしだいに法心理学の研究において認知されてきた。そして法学的方法によって展開した初期の研究成果はそれによって問い直されることになった。さらに，法心理学，特に犯罪心理学の知識は大学においてすでに広く普及し，司法系統に従事する人々は適切な心理学的視点を備えるに至っていて，単純な事例分析や調査研究報告ではすでに彼らの要求が満たされず，応用可能性を重視したより多くの研究を指導することが求められていた。最後に学科調整などの理由で，一部の学校の犯罪心理学教育研究室が合併されたり人員削減されたりした。

　中国心理学会法制心理専業委員会は研究水準を高め，専門領域の細分化を行い，中国の現実と法心理学の状況を結びつけて社会に貢献することを目標とするなかで，以下のような作業を展開した。

　第1に様々な形式で課題別研究会を組織し，より深まった研究を行う。会議のテーマ設定では社会の重要課題を重視する。たとえば青壮年法心理学研究者研究討論会，犯罪心理矯正治療問題の研究討論会，毒物犯罪問題の研究討論会，農民訴訟心理問題の研究討論会，犯罪心理学教育学習実践研究討論会などである。これらの会議の実施により，中国の法心理学界での専門テーマ研究の展開や，より深まった研究のための土壌が培われ，さらなる社会貢献の条件を作り出した。

第 2 章　中国における法心理学

　第 2 に，1994 年に中国心理学会法制心理専業委員会は党中央政法委員会の委託を受け，全国規模での犯罪原因調査に関わり，「犯罪心理の調査報告」を完成させた。この課題の 8 つの下位項目の中で，当時政府の高官や公衆が注目した強盗犯罪の心理，組織犯罪の心理，公共的安全を害する犯罪の心理，重大窃盗及び常習的窃盗の犯罪心理，殺人の犯罪心理，贈収賄の犯罪心理，青少年の犯罪心理，再犯心理の原因と対策について系統的な解釈と予測を進めた。これは中央政府レベルの政策決定面でこの領域の学術的価値を初めて明確に示したことであった。このほか，専業委員会のその他の委員も，最高人民検察院や公安部，中国人民銀行の金融犯罪の原因と対策といった項目で社会的貢献を果たしている。

　第 3 に心理学関連の専門的技術に関する応用的価値を持った研究に，全国の法心理学研究者が熱心に携わっている。なかでも犯罪心理の測定試験技術は比較的早くに司法と法律執行部門の認知を得，多くの重大事件の捜査で従来の刑事捜査手法では得られない力を発揮している。中国人民公安大学犯罪心理測定試験技術研究センターでは，かつて 9 次にわたって養成講座を行い，全国の政治法律部門関係者に犯罪心理測定試験の理論と方法を広めている。監獄部門で犯罪者への心理矯正治療技術推進は中国司法改革の要となる課題であり，それは伝統的な犯罪者改造心理矯正治療に理念と方法両面での根本的改変を促している。中国心理学会法制心理専業委員会と法心理学研究者は，科学的方法による 6 年をかけた大量の調査・統計を通し，中国的な特色のある「中国犯罪心理個性点数測量テスト」尺度を編成したが，これは中国の監獄部門への，中国の国情に合ったテストの初の系統的導入となった。一部の研究者と監獄部門が協力して，世界の司法部門が力を入れている犯罪リスク評価の問題に注目し始め，心理学や社会学的方法を用いてモデル形成の可能性を模索した。現在に至るまでなお力を発揮しているもう一つの創造的な仕事としては，司法従事者の心理健康に関する研究がある。深圳市公安局は香港警察の管理方法を参考に，警官の心理健康維持を目的とする常設機関を全国に先駆けて成立させた。司法部[注12]の指導のもと，全国の監獄部門と揚州医学院などの機関が共同で，心理カウン

注 12：〈訳注〉法務省に相当。

セラーの大規模な養成を開始したが，これは当時としては革新的な試みであり，その価値はこの15年来さらに大きくなってきている。今日までに，中国全土の13万人近い三級以上の心理カウンセラーのうち，3分の1が監獄で仕事をしている司法警察官[注13]である。司法部は2011年にさらに各監獄の副監獄長の中で少なくとも1人は二級以上の心理カウンセラーの資格を持つことを求めた。

　第4にこの領域の学問的リーダーが多く現れ始めたことであり，心理学的知識の素養を持つ法心理学研究者が大量に参加している。1983年から今世紀の初めにかけて，中国心理学会法制心理専業委員会は幾度もの改選を経て，年齢構成はもちろん，専門知識の背景の面でも大きく変化している。中国の法心理学領域で突出した貢献を行った最初の世代の研究者は，不断の努力で一歩ずつリーダーの地位を確立し，専門関係者と社会の認知を得ていった。中国心理学会法制心理専業委員会の委員の中では，羅大華教授による犯罪心理学の基本理論と証人の証言信用性に関する研究，何為民教授の犯罪者心理矯正治療及び各種類型の犯罪心理に関する研究，林秉賢教授の犯罪者心理矯正治療と刑務官の心理健康に関する研究，方強教授による法心理学の基本理論に関する研究，邱国樑教授の司法心理学と犯罪動機に関する研究，李世棣教授による警察官の心理健康と犯罪の心理学的原因に関する研究，武伯欣教授の犯罪心理測定技術に関する理論と実践はいずれも専門関係者と社会に識られたものである。

　心理学本体の復興と発展によって，心理学の専門的訓練を受けた大学卒業生や修士修了生が公安司法大学や関連部門に進み始め，より科学的な研究方法を持ち込み，法心理学の心理学界における影響力を強めている。同時に彼らの活躍によって，米国など発達した西側国家の法心理学の専門著作が中国語に大量に翻訳され，中国法心理学の学問的価値を強化した。

　確認できた範囲では，1990年代の中国法心理学界で出版された著書や教材は71種，発表された論文は937編になる。

　全体としてみると，90年代の法心理学は創生期の喧々囂々(けんけんごうごう)たる状態から理性と細分化を特徴とする発展期に入っている。法治国家化が唱えられて各種の

注13：裁判所または検察の管轄下にある警察，法警。

法律専門家が急激に求められるという大きな社会的背景のもとで，国内の高等教育機関は次々と法律専攻を設け，伝統的な政治法律系の大学は絶えず新たな専攻を設立し，法心理学の発展も新たな専門化の道に足を踏み入れた。人材育成の面では大量の心理学専攻卒業生や教師が教育や科学研究あるいは実践部門へと進んでいき，無視できない新たな力となっている。専門領域の細分化に伴い，いくつかの研究領域では成果の著しい学問的リーダーが次々と出現している。学科設立の面では，各大学は自らの特性に基づいて犯罪心理学以外の多くの新課程を設けてきており，たとえば犯罪者矯正心理学，捜査尋問心理学，警察心理健康，異常犯罪心理学など，法心理学の中の重要な応用的領域——すなわち刑事司法心理学の学問的基礎——を一歩ずつ打ち固めているが，それも各大学にかなり安定して優勢な動きである。研究面では法学的志向の研究方法も心理学的志向の研究方法もそれぞれに長所を持ち，実践的経験からの帰納や実証と理論的検討は互いに補い合って優れた結果を表している。人材育成の面では，仮に80年代の法心理学が犯罪心理学を先頭に教師の資質養成と知識の普及を実現してきたとすれば，90年代の特徴はすなわち学部生を主たる対象とする専門的養成の実現として表現できる。一定の心理学的知識を持つ大勢の法律専攻学生が司法の実践部門に進み，その業務において意識的に心理学的知識を用い，さらに法心理学の専門的土壌を育んでいる。司法実践の部門が法心理学に求める目標はますます明確になり，実践に貢献することが可能となり，司法の公正性と効率を高める法心理学的技術が広く重要視された。

4 安定的発展（2003年〜）

この10年来，中国法心理学は順調に発展し，法学，心理学，司法実践や社会貢献の面でさらに広汎な発言権を獲得し，中国の司法過程を推進させる力を備え，社会の安定維持に不可欠な重要領域となっている。

まず法心理学に関連する専攻の設置と課程は基本的な形を整え終え，大学の教学大綱や育成方針の中で地位を得ている。

中国政法大学を例に取れば，当初からあった犯罪心理学の教師集団を基礎として人材を導入し，現在15名の心理学教師の中で博士号を持つ教師が12名，

教授が4名，副教授7名，博士生導師[注14] 2名である。学部と修士課程に心理学専攻を設け，基礎心理学研究所，法心理学研究所，心理学実験室と資料室，3つの教学科学研究機関を設けている。心理学の一級修士学位授与資格を持ち，基礎心理学，応用心理学，犯罪心理学の3つの二級専攻を設け，なかでも学際領域としての犯罪心理学専攻課程は中国で唯一である。刑法学の博士専攻でも最も早く犯罪心理学領域を設け，法科に強い学校という基本的背景の下で，法心理学は有力な領域として発展している。中国政法大学の心理学専攻は伝統を堅持し，法心理学を中心とする特色を有する。課程設置の面では，法心理学が必修であるばかりでなく，司法心理学や異常行動の神経心理学，犯罪心理学の専門選択と必修選択の科目群を設置している。

　この他の大学，南京大学，華東師範大学心理系，西南政法大学，中国人民公安大学，杭州師範大学なども法心理学領域の博士課程を設け，高度な人材育成のための条件が整っている。

　次に法心理学，犯罪心理学はいくつかの大学で重要な領域となっている。歴史的に見ると，中国の法心理学の発展はいくつかの大学による大きな努力に依存しており，結果的にそれらが法心理学領域におけるいくつかの主要なモデルとなった。

　それらのうち，国内で長期にわたって法心理学研究の発展に尽くし続けた大学や機関には，中国政法大学の他，天津法制心理学会，南京大学，西南政法大学，華東政法大学，中国人民公安大学，中央司法警察学院，甘粛政法学院，中国刑事警察学院，四川警察学院，広東警察学院，山東警察学院，湖南警察学院，南京森林警察学院，浙江司法警察学院，河南司法警官学院，天津公安警察職業学院などがある。

　また青壮年研究者が中国法心理学の歴史的使命を担い発展させる核となっている。

　2010年中国心理学会法制心理専業委員会が改選され，合わせて正式名称も中国心理学会法心理学専業委員会と改められた。新旧交代が完成すると同時に，30名の青壮年理事によって構成される学術団体となった。全国各地から集ま

注14：〈訳注〉博士課程担当有資格教師。

っている 30 名の理事の中で，法学や哲学の背景を持つ理事が 11 名，心理学，教育学の背景を持つ理事が 19 名である。60 歳以上の理事は 1 名，50 歳以上が 13 名，博士号を有する理事が 15 名で，持続的発展が可能な潜在力を備えている。

　同時に，新たな世代の学術リーダーも研究と革新の中で成長している。馬皚は犯罪政策決定と集団犯罪の研究，劉邦恵は司法警察官の心理健康と犯罪者精神病態人格の研究，李玫瑾は犯罪プロファイリングと犯罪の心理的原因に関する研究，章恩友は犯罪者の心理矯正治療と司法警察官の心理健康に関する研究，狄小華は修復的司法と犯罪者心理矯正治療の研究，任克勤は経済犯罪の心理と捜査心理学の研究，黄興瑞は犯罪リスク評価と刑罰の効果に関する研究，陳真は警察心理学と少数民族地区の犯罪の研究，高鋒は人質事件の交渉と犯罪者の特性の研究，楊波は犯罪者の人格と異常行動の研究，範剛は犯罪者心理測定試験技術と犯罪の心理的原因の研究，劉援朝は司法警察官の心理健康と重大な突発事件の危機介入に関する研究を行い，これらは中国内では比較的知名度が高い。

　最後に，中国心理学会法制心理専業委員会は研究討論会の組織，図書の編集出版，社会的貢献の展開といった形式を通して，絶えず法心理学の社会的影響を拡大している。

　長期にわたり中国法心理学の事業を支え続けてきた群衆出版社は，中国政法大学出版社などの出版機関の援助のもとで，中国心理学会法制心理専業委員会が編纂し始め，青壮年学者の専門書や専門的研究を主とした『21 世紀法心理学叢書』を出版している。同時に全国規模の学会の後にはほぼ毎回，会議における優秀論文を編集出版している。これは法心理学の知識の普及に力を与えて，また発展する若い研究者に成果公表の場を提供している。2006 年，羅大華教授の主編による群衆出版社の『中国法制心理科学研究論集』は，領域成立以来 154 編の優秀論文を選び，現代中国法心理学の成果を整理した。この 10 年間に公開された約 1,000 編の論文は，厳密な心理学的方法を用いた研究が主流を占め，論文発表の場も過去は法学学会誌にのみ依存していたのとは異なり，今では心理学の学会誌上で論文を発表することが主流となっている。100 部にのぼる学術専門書のうち，4 分の 1 は翻訳書で，ますます多くの中国外の理念や方法が中国で実践されている。

第1部　日中の司法と法心理学―刑事司法を中心に―

　社会的貢献の道もまた多彩化しており，講習会で養成を行い，学術誌で重要な事例を評価するといった伝統的な方法の他にも，中国心理学会法制心理専業委員会は司法の現場とともに科学研究の拠点作りをする形で研究実践の環境を整えている。科学研究項目の申請面では，法心理学的方法の持つ高いオリジナリティによって，国家レベルから省レベル，さらには学内レベルに至るまで多くの項目が採択されている。中国政法大学社会学院心理学専攻を例に取れば，この8年間に国家レベル及び省レベルで8項目が採択されており，権威ある中心的学術誌に発表された論文は40編になる。影響力の大きなテレビメディアやインターネットで法心理学の視点から事案や社会問題を分析することは，すでに法心理学研究者にとって社会的な責任になっている。なかでも李玫瑾，馬皑，高鋒等の委員は長期間中央電視台（CCTV），鳳凰衛星テレビなどのメディアにゲストコメンテーターとして出演し，高い社会的評価を受けている。

　2003年以来，中国心理学会法制心理専業委員会は相次いで4回の全国規模の学術大会と4回のテーマ別研究討論会を挙行し，実務的で効率的かつ応用可能性を重視した学会の気風を継承している。

　2011年10月21日，中国政法大学で「法律における心理学の価値」を主題とする第1回国際法律心理学大会と中国心理学会法律心理学専業委員会第15回学術大会が開かれ，国内外の法心理学会との歴史的で創造的な全方位的な交流を実現した。この会には多くの国際的に著名な法心理学の専門家の参加を得た。参加した130名余りの代表には，米国，カナダ，スイス，日本，韓国，ロシア，イスラエル，香港，台湾そして中国という10の国家と地区の法心理学の専門家が含まれ，アメリカ法心理学会前任会長のMargaret Bull Kovera教授，カナダ心理学会神経心理学分会会長David Nussbaum教授，日本の法と心理学会前理事長浜田寿美男教授，同前会長厳島行雄教授，欧州法心理学会会長Pär Anders Granhag教授，韓国法心理学会会長朴光培（Park Kwanbai）教授が来臨してこの会議に一里塚としての価値を与えている。また中国法心理学と海外との全面的な接触開始を感じさせるものとなった。

　現在，中国の法心理学は司法の現場で専門的技術として広く知られ，利用されている。法意識の普及注15問題の研究，犯罪心理と多様な類型の犯罪者の研究，変態心理と異常行動の心理学的研究，群衆事件の対策研究，犯罪プロファ

イリング技術，犯罪心理測定試験技術，専門的交渉人の育成，尋問の心理学的方法，裁判官の意思決定モデル，証言の信頼性判定，犯罪者の心理的矯正治療技術，再犯可能性の予測と司法人員の心理的健康調節などの技術はすでに実験室を出て，司法システムの中で現実的な日常の業務方法となり，30年前の第一世代の法心理学者が描いた遠い風景を現実のものとしている。

　30年の間，中国法心理学は一つの新しい学問領域として無から有へ，小から大へと歩み，今日の姿を達成したのは，数世代の人々の努力と模索を経てのことである。学問は命あるものであり，それは後進に受け継がれて立ち止まることがない。それは思想を持ち，それに携わる者の創造により，まばゆい輝きを生む。路は漫々として其れ修遠なり。吾将に上下して求め索ねんとす[注16]。中国の法心理学の道も艱難と曲折が定められた運命であるとはいえ，まさにその努力の故にこそ，われわれは今日の収穫をひとしお貴重なものとして感じさせられるのである。

【参考文献】

羅大華主編　（1994）．中国法制心理科学研究十年　中国政法大学出版社
羅大華主編　（2002）．20世紀90年代中国法制心理科学研究　中国政法大学出版社
羅大華主編　（2006）．中国法制心理科学研究文萃　群衆出版社
馬 皑主編　（2013）．法律実践中的心理学　中国政法大学出版社

注15：〈訳注〉「法律社会化」を文脈から意訳。
注16：〈訳注〉楚の屈原の詩，離騒より「路漫漫其修遠兮，吾将上下而求索（真理や目標を追求する道は長く遠い。しかし私はそれを試行錯誤して求め尋ね続ける）」。

第3章

日中の法システムの特徴
―刑事法を中心に―

松宮孝明・張 小寧

1 日本における刑事裁判の進め方

(1) 日本における刑事手続の概観
1 捜査，起訴，公判

　犯罪者を発見して刑罰を言い渡すという刑事手続は，捜査，起訴，公判という手続きに分かれている。捜査権は主として警察が持ち，補充的に検察やその他の特別の機関が有する。起訴については，日本では，私訴手続がなく，起訴はすべて検察官（または検察官の役割をする指定弁護士）が行うものとされており，起訴は検察官の行う公訴に限られる。日本の刑事裁判には略式手続や即決裁判などの簡易な手続きもあるが，以下では，通常事件の手続きを概観する。

　起訴後は，公判の準備手続の期間があり，その後に，裁判所が定めた期日に法廷を開いて審理を開始する（公判）。ここでは，起訴状の朗読や検察官の冒頭陳述，被告人による罪状認否などの「冒頭手続」を経た後，裁判所による証拠調べが行われる。証拠調べが終了すれば，検察官はその立場から，証明されたと思われる事実及び法律の適用について意見を述べる。検察官によるこの主張を「論告」といい，これに続いて刑罰を求める「求刑」が行われる。さらに，被告人と弁護人も意見を述べる。弁護人が述べる意見は「最終弁論」，被告人が述べるそれは「最終陳述」と呼ばれる。その後，裁判所は事件について有罪・無罪の判決を言い渡す。この判決を第一審の判決という。

第3章　日中の法システムの特徴—刑事法を中心に—

2 上訴と再審・非常上告

　検察官または被告人ないし弁護人がこの判決に不服のある場合は，上訴手続がある。これには，高等裁判所への控訴と最高裁判所への上告がある。また，即時抗告ができる旨の規定のある場合以外で，裁判所の決定に対しては，抗告ができる。

　事実認定の誤りには再審の制度があり，法令解釈の誤りには非常上告の制度がある。

　以上を概観すると，図 3-1 及び図 3-2 になる。

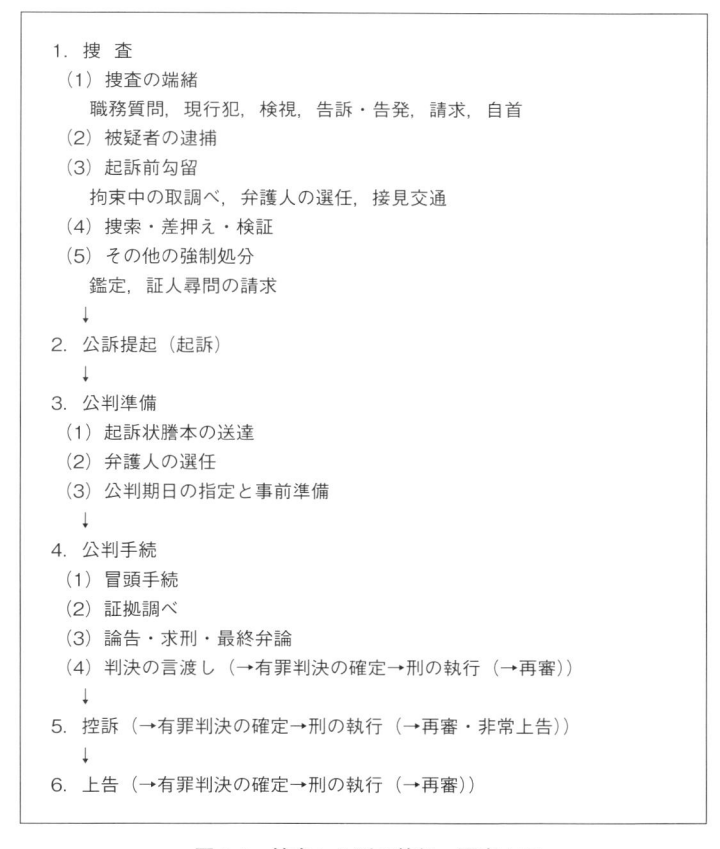

---

1. 捜　査
   (1) 捜査の端緒
       職務質問，現行犯，検視，告訴・告発，請求，自首
   (2) 被疑者の逮捕
   (3) 起訴前勾留
       拘束中の取調べ，弁護人の選任，接見交通
   (4) 捜索・差押え・検証
   (5) その他の強制処分
       鑑定，証人尋問の請求
       ↓
2. 公訴提起（起訴）
   ↓
3. 公判準備
   (1) 起訴状謄本の送達
   (2) 弁護人の選任
   (3) 公判期日の指定と事前準備
   ↓
4. 公判手続
   (1) 冒頭手続
   (2) 証拠調べ
   (3) 論告・求刑・最終弁論
   (4) 判決の言渡し（→有罪判決の確定→刑の執行（→再審））
   ↓
5. 控訴（→有罪判決の確定→刑の執行（→再審・非常上告））
   ↓
6. 上告（→有罪判決の確定→刑の執行（→再審））

図 3-1　捜査から刑の執行，再審まで

```
1. 冒頭手続
   (1) 人定質問
   (2) 起訴状の朗読
   (3) 被告人及び弁護人の意見陳述
       ↓
2. 証拠調べ
   (1) 冒頭陳述
   (2) 証拠調べ請求と証拠決定
   (3) 証拠調べの実施
       ↓
3. 論告・求刑・最終弁論
   (1) 論告
   (2) 最終弁論・最終陳述
   (3) 結審
       ↓
4. 判決の言渡し
```

図 3-2　公判手続

(2) 捜査
1 捜査の内容

捜査とは，罪を犯したと疑われる者（＝被疑者）の身柄を確保し証拠を収集する捜査機関の活動をいう。その目的は，犯罪の嫌疑を明らかにすることによって起訴・不起訴を決定し，起訴される場合は公判に備えることである。これは，任意捜査と強制捜査に分かれる。

任意捜査には，被疑者や参考人の取調べ，鑑定・通訳・翻訳の嘱託，公務所等への照会などがある。強制捜査には，逮捕・勾留，身体検査，鑑定留置，証人尋問，捜索・差押え，検証，鑑定処分，通信傍受などが含まれる。日本では，強制捜査は，刑事訴訟法に特別の定めがある場合でなければ，することができない。

2 逮捕

日本国憲法 33 条には，「何人も，現行犯として逮捕される場合を除いては，権限を有する司法官憲が発し，且つ理由となつてゐる犯罪を明示する令状によ

らなければ，逮捕されない。」と書かれている。言い換えれば，「現行犯」つまり罪を犯している最中や直後であれば令状がなくても逮捕されるし，そうでなくても令状があれば逮捕されるのである。憲法が現行犯以外の場合に逮捕に令状を要求しているのは，市民の身体の拘束を，できるだけ裁判所のコントロールの下に置こうとしたからである。

これを受けて刑事訴訟法は，裁判官の発する令状（刑事訴訟法では「逮捕状」）に基づいて，及び現行犯を理由に，人を逮捕できる場合を定めている。さらに，緊急で裁判官の令状を求めることができない場合には，事後に令状を求めることを条件に，被疑者の逮捕を認めている。これを「緊急逮捕」という。

警察官が被疑者を逮捕した場合には，留置の必要があれば48時間以内に，書類及び証拠物とともに被疑者の身柄を検察官に送致しなければならない。検察官は，さらに留置の必要があれば，被疑者を受け取ったときから24時間以内に，裁判官に被疑者の勾留を請求しなければならない。これは，令状制度と並んで，逮捕に伴う身体の拘束をできるだけ早い時点で裁判所のコントロールの下に置き，不必要な拘束や不当な拘束を行わせないためである。また，私人が現行犯人を逮捕したときは，ただちに犯人を検察官または警察官に引き渡さなければならない。これによって，私人による現行犯逮捕も裁判所のコントロールの対象となるのである。

3 勾留

「勾留」とは，被疑者や被告人を勾留場所に留置して，その自由を奪うことである。裁判所または裁判官は，被疑者や被告人が罪を犯したことを疑うに足りる相当な理由がある場合で以下のいずれかに当たるときは，これを勾留することができる。すなわち，①被疑者・被告人が定まった住居を有しないとき，②被疑者・被告人が罪証を隠滅すると疑うに足りる相当な理由があるとき，③被疑者・被告人が逃亡しまたは逃亡すると疑うに足りる相当な理由があるとき，のいずれかである。

勾留の期間は，起訴後であれば公訴提起から2か月で，とくに継続の必要があるときは1か月ごとに更新できる。これに対し，起訴前の勾留期間は10日間に限られており，やむをえない理由がある場合に限り10日間延長すること

ができる。もっとも，内乱や騒乱などの重大な犯罪に限っては，さらに5日間の延長が可能である。

問題は，勾留の場所である。本来，被疑者・被告人は，法務省管轄下の刑事施設に勾留されることとされている。しかし，これには，警察署にある留置施設を監獄に代用させてよいとする例外規定がある（刑事収容施設法3条3号。これを俗に「代用刑事施設」ないし「代用監獄」という）。しかも現実には，起訴前の段階ではほとんどの被疑者が，この留置施設つまり「代用監獄」に勾留されている。このように捜査機関の下に被疑者の身柄を置くことは，次に述べる被疑者の取調べに当たって虚偽の自白を引き出す危険を高め，冤罪の温床となるとの声があり，憲法31条及び「市民的及び政治的権利に関する国際規約」9条の解釈としても許されないと指摘されている。

4 取調べ

捜査機関は，捜査の目的を達するため必要な取調べをすることができる。「取り調べる」とは，一般には，「詳しく調べる」「詳しく尋ねる」という意味である。しかし，公判前の「取調べ」といえば，それは特殊に被疑者や被害者・目撃者などの被疑者以外の者（これを「参考人」という）に，事件について詳しく尋ねることを意味する。

取調べは任意捜査の一種である。したがって，これを相手方に強制することはできない。相手方は，取調べのための捜査機関の出頭要請に対して，出頭を拒み，または出頭後，いつでも退去することができる。ただし，それは，逮捕または勾留されている場合を除いてである（刑訴198条1項但書，223条2項）。

実務では，この但書は，逮捕または勾留されている者に取調べを受忍する義務があることを意味すると解されている。これは，具体的には，逮捕または勾留中の被疑者は，たとえば体調が悪くても捜査機関の出頭要請を拒むことはできないし，取調べ中は気分が悪くなってもその場から退去する自由がないということを意味する。また，ほとんどの被疑者の勾留場所は，前述の「代用監獄」としての警察署の留置施設である。このことが，時間的に無理な取調べを誘発する温床であり，これでは，被疑者に憲法38条1項や刑訴法198条2項で保障された「自分にとって不利益な供述を拒む権利」，つまり「黙秘権」の意味

がなくなってしまうとの指摘がある。「自白」をするまでは体調が悪くても取調室から出られないし，取調べがいつ終わるかもわからないからである。

取調べ中に被疑者や参考人が語った内容は，取調べを担当した捜査官による供述調書にまとめられる。この供述調書の体裁は，一問一答式ではなく，相手方が一人ですべてを語ったように書かれる。そのため，供述調書を見ただけでは，そこに記載されている情報が相手方から発せられたのか，それとも捜査官から提供されたのかはわからない。

(3) 起訴
1 起訴と起訴猶予
検察官は被疑者が罪を犯したと認めるに足る十分な証拠がある場合でも，「犯人の性格，年齢及び境遇，犯罪の軽重及び情状並びに犯罪後の情況により訴追を必要としないときは，公訴を提起しないことができる」（刑訴248条「起訴猶予処分」）。このように，検察官に公訴をするかしないかの裁量権を与える方式を「起訴便宜主義」という。日本では，この起訴猶予裁量の幅がきわめて大きく，日本の刑事司法の大きな特徴となっている。逆に，犯罪の十分な嫌疑があれば必ず公訴を提起しなければならないという方式を「起訴法定主義」という。

起訴便宜主義による起訴猶予は，一方で，軽微な事件で処罰の必要のないときに，被疑者に裁判の負担をかけず裁判所の手を煩わせないで，刑事司法の柔軟かつ妥当な運用を可能にするという長所をもつ。しかし他方で，起訴猶予の基準が法律によって明確にルール化され公平な第三者による審査が可能でないと，その恣意的な運用を招き，「法の支配」や「法治主義」を逸脱する結果を導くことがある。このような弊害を防ぐために，検察審査会法は，検察審査会による不起訴処分の審査を定め，さらに刑訴法は，公務員による職権濫用罪については，裁判所の職権で事件を審判に付し弁護士が検察官役を担う準起訴手続を定めている。

2 不起訴と検察審査会
検察官が，犯罪の疑いが十分でないとか起訴猶予がふさわしいといった理由で被疑者を不起訴にした場合，被害者らがそれに不満のある時は，検察審査会

に不起訴処分の審査を求めることができる。検察審査会とは，公訴権の実行に関し民意を反映せしめてその適正を図るために地方裁判所及びその支部の所在地に置かれる機関である。それは，衆議院議員の選挙権を有する者の中から抽選で選ばれた11名の検察審査員（任期6か月）で構成される。検察審査会は，犯罪の被害者や告訴人等から不起訴処分に対する審査の申立てがあったときに審査会議を開き，事件記録を調べ，場合によっては証人を呼んだり公務所に照会して必要事項の報告を求めるなどして，不起訴処分が妥当であったかどうかを調べる。審査の結果，不起訴処分が妥当であったと判断すれば「不起訴相当」，あらためてより詳しく捜査を望むときは「不起訴不当」，積極的に起訴が相当であると判断すれば「起訴相当」の議決をする。前二者は過半数の賛成でよいが，「起訴相当」は8名以上の多数によらなければならない。

　検察審査会が「起訴相当」と議決した事件について再度捜査をした検察官から，再び不起訴とした旨の通知を受けた時（3か月以内または検察官が延長を要するとして期間を延長した場合は指定した期間に検察官からの対応の通知がない場合も含む）は，検察審査会は，再び審査を実施する。この際，専門家として弁護士を審査補助員に委嘱して，審査を行わなければならない。ここで再び「起訴相当」と判断をした場合は，検察官に検察審査会議に出席して意見を述べる機会を与えたうえで，今度は8名以上の多数で「起訴をすべき議決」（起訴議決）がされる。この議決には，強制起訴の効果が認められている。

（4）　公判

1 公判の準備

　刑事事件において公判を開くためには，まず被告人となる人物に起訴状の写し（「起訴状謄本」）を送達しなければならない。同時に，被告人に弁護人がついているかどうかを問い合わせ，ついていないときには，裁判所は被告人に弁護人を選ぶ権利があること，自分で弁護人を選ぶことができないときは国で弁護人を選ぶよう請求できることを知らせなければならない。また，一定の重大事件では，弁護人なしで公判を開くことはできない。

　公判の期日は裁判長が指定する。その際，検察官及び弁護人の都合などを確かめたうえで期日指定をするのが普通である。検察官，弁護人など訴訟に関わ

る者は，第一回の公判期日までに，できるかぎり証拠を収集し，整理して，裁判が迅速に行われるよう準備しなければならない。その際，検察官は，公判で取調べを請求する予定の証拠書類や証拠物については，なるべくすみやかに被告人または弁護人に閲覧の機会を与えなければならない。

② 公判前整理手続及び期日間整理手続

裁判所は，充実した公判の審理を継続的，計画的かつ迅速に行うため必要があると認めるときは，検察官及び被告人又は弁護人の意見を聴いて，第一回公判期日前に，決定で，事件の争点及び証拠を整理するための公判準備として，事件を公判前整理手続に付することができる。公開，非公開の規定はないが，慣例として大半が非公開で行われている。裁判員裁判では，対象となる刑事裁判すべてがこの手続きに付される。また，裁判所は，審理の経過にかんがみ必要と認めるときは，検察官及び被告人又は弁護人の意見を聴いて，第一回公判期日後に，決定で，事件の争点及び証拠を整理するための公判準備として，事件を期日間整理手続に付することができる。

検察官は証明予定事実を明らかにし，取調べ予定の証拠を開示する。あわせて，弁護人も争点を明示し，自らの証拠を示さなければならない。この手続きには，被告人も出席できる。もっとも，被告人に弁護人がなければ，公判前整理手続を行うことはできない。採用する証拠や証人，公判日程はこの場で決まり，終了後は新たな証拠請求が制限される。そのため，後に新たな証拠調べ請求が認められないことで，被告人に不利になる場合もあるといわれている。

なお，争点整理に際しては十分に当事者が証拠の開示を受ける必要があることから，検察官及び弁護人に一定の類型の証拠開示義務が定められ（類型証拠開示），裁判所による証拠開示に関する裁定制度が設けられている。

③ 証拠開示

弁護人は，被告人が起訴された後は，裁判所にある証拠書類，証拠物を閲覧し謄写する権利を持つが，検察官が手元に置いている証拠，とくに公判で取調べを請求する予定のない証拠については，前述の類型証拠開示以外では，これを閲覧・謄写する権利についての明文規定はない（もっとも実際には，弁護人

に閲覧させることが多いが）。そこで，たとえば「松川事件」では，被告人のアリバイを証明するメモなどが検察官の手元にあるのに，検察官がこのメモの開示を拒否することによって，無実の人間が有罪にされそうになった。「松川事件」とは，1949年に福島県松川駅近くで起こった列車転覆事件であり，当時の国鉄の労働組合員ら20名が被告人として起訴されたが，そのアリバイを証明するメモの存在が最高裁の段階で初めて明らかになり，最終的に全員が無罪となったものである。そこで，何らかの方法で検察官の手持ち証拠を弁護人に開示させることができないかという問題が生ずる。

　これについては，証拠調べの段階で弁護人から具体的必要性を示して一定の証拠閲覧の申し出があれば，裁判所の訴訟指揮権に基づいて，検察官に対し，その証拠を弁護人に閲覧させるよう命ずることができるとされた。もっとも，検察官の手元にどのような証拠があるのかが，あらかじめ弁護人にわかっていないときには，この方法では解決にならないので，最近では，請求により，検察官手持ち証拠のリストの開示を義務づけるべきだという意見がある。

4 冒頭手続

　第一回公判では，まず裁判長は被告人に，被告人としてここにいるのが，起訴状に記載されている人物であることを確認するための質問をする。これを「人定質問」という。具体的には，起訴状に書かれている氏名・生年月日・職業・住所または居所・本籍などについて，被告人に確認するという手続きがとられる。

　人定質問に続いて，検察官が，被告人が犯したとする罪となるべき事実を記載した起訴状を朗読する。起訴状朗読に続いて，裁判長は被告人に，終始沈黙し，または個々の質問に対し陳述を拒むことができるし（黙秘権の告知），陳述すれば有利な証拠になることもあるし不利な証拠になることもあると告げて，被告人と弁護人双方に陳述する機会を与える。これは，俗に「罪状認否」と呼ばれる。たいていは，ここで被告人または弁護人から起訴事実のどの部分について争うかが明らかにされるが，場合によっては，警察の捜査に違法行為があったとか検察官の起訴に不平等な取扱いがあったという理由で，起訴自体が違法・無効だと主張されることもある。これを「公訴権濫用」の主張という。

第3章 日中の法システムの特徴―刑事法を中心に―

5 証拠調べ

　冒頭手続が終わると，検察官と被告人または弁護人の冒頭陳述が行われる。検察官の冒頭陳述は，これから証拠に基づいて立証しようとする事実を明らかにするもので，起訴状に記載されている事実をより詳しく述べたものになるのが普通である。被告人または弁護人の冒頭陳述は必ず行われるものではなく，また，実務上は検察官側の証拠調べが終わった段階で行われることが多い。

　冒頭陳述に続いて検察官からの証拠調べ請求に基づき，起訴された事実に関する証明が行われる。なお，被告人の自白は，犯罪事実に関する他の証拠が取調べられた後に請求すべきものとされている。これが終わると，被告人または弁護人が，被告人に有利な証拠調べを請求することができる。裁判所の職権による証拠調べは補充的なものである。

　証拠調べの請求に対して，裁判所は証拠調べをする旨の決定または請求を却下する旨の決定をする（「証拠決定」）。必ずしも請求されたすべての証拠が取調べられるわけではない。

　なお，この証拠調べの記録は公判調書にまとめられる。その形式は，一問一答式である。

6 伝聞証拠の禁止と例外

　裁判所で事実を認定するときは，証拠によらなければならない。しかも，強制，拷問または脅迫による自白や不当に長く抑留または拘禁された後の自白のように，任意になされたものでない疑いのある自白は証拠とすることができないし，刑訴法で許される例外を除いては，公判期日における供述に代えて書面を証拠とし，または公判期日外における他の者の供述を内容とする供述を証拠とすることもできない。このように，裁判官が事実の有無を判断する資料となりうるものであっても，何らかの理由で法が証拠としての利用を禁止している場合がある。これを「証拠能力の制限」という。このような制限があるのは，それが誤った事実判断を導く恐れのあるものであったり，あるいは拷問による自白のように，そもそも証拠とするにふさわしくない違法な方法で得られたものであったりするからである。

　また，刑訴法321条から328条までに規定されている例外を除いては，公判

期日における供述に代えて書面を証拠とし，又は公判期日外における他の者の供述を内容とする供述を証拠とすることはできない（伝聞証拠の禁止）。これは，出来事を体験したとされる者の供述でなければ，質問に対する応答その他の挙動でその供述の真偽を判断することができないからである。供述調書も，これによって禁止される伝聞証拠に当たる。もっとも，刑訴法321条から328条までに規定されている例外の範囲が広いため，日本の従来の裁判では，検察官または警察官の面前での供述を録取した調書が多用されてきた（「調書裁判」）。裁判員裁判では，これを改め，できるだけ公判での供述から事実を認定すべきであるといわれている。

7 判決

証拠調べが終わると，検察官が「論告」という形で事実と法律の適用について意見を述べる。この中で，検察官は適当と思われる刑についても意見を述べる（「求刑」）。これに続いて，被告人及び弁護人は最終の意見を陳述することができる。

これが終わると，判決が言い渡される。判決には，管轄違いや公訴棄却といった形式裁判と，有罪や無罪といった実体裁判がある。確定判決の存在や刑の廃止などの場合に言い渡される免訴については，実体裁判か形式裁判かについて争いがある。

とくに有罪の言い渡しをするときには，罪となるべき事実，証拠の標目及び法令の適用を示さなければならないし，正当防衛のような法律上犯罪の成立を妨げる理由や，自首のような刑の加重減免の理由となる事実が主張されたときは，これに対する判断を示さなければならない。

なお，実体裁判が確定すると，いわゆる「一事不再理効」が生ずる。これは，無罪とされた行為について刑事裁判を蒸し返されないことと，有罪とされた同じ行為に対して重ねて刑事責任を問われないことの双方を含む（憲法39条）。判決を受けた被告人の地位を不安定なものにしないためである。

8 裁判員裁判

2009年より，死刑または無期の懲役もしくは禁錮に当たる罪に係る事件や

裁判所法26条2項に掲げられた故意の犯罪行為により被害者を死亡させた罪について，国民の中から選任された裁判員が裁判官と共に刑事訴訟手続に関与する裁判員裁判が実施されている。この場合，公訴事実に争いがない事件の一部を除き，裁判官は3名（うち1名が裁判長），裁判員は6名で合議体を構成する。この場合，事実の認定と法令の適用，及び刑の量定は裁判官と裁判員の合議による。法令解釈や訴訟手続の判断などは，裁判官の専権である。

裁判員は，衆議院議員の選挙権を有する者の中から選任されるが，国会議員や国務大臣，一定の公務員，弁護士などの法曹関係者や法律学の教授または准教授といった者は除外されている。また，年齢等の理由で辞退できる場合がある。

裁判員候補者が裁判所に呼び出されて行われる裁判員選任手続は，公開しないものとされている。また，この選任手続きにおいては，裁判長が，裁判員の欠格事由がないか，裁判員にふさわしいかを判断するための質問を行うことができる。陪席の裁判官，検察官，被告人または弁護人は，直接にはこの質問を行うことができず，裁判長に質問を求めることができるだけである。

裁判員は，裁判長に告げて，裁判員の関与する判断に必要な事項について証人等を尋問することができる。裁判所外での証人尋問等に同席が許された場合も同じである。また，被害者等が意見陳述をしたときには，その陳述の後に，その趣旨を明確にするため，これらの者に質問することができる。

有罪及び量刑の判断は，評議において9名のうちの過半数つまり5名の賛成で行われるが，その中には，裁判官が最低1名は入っていなければならない。なお，裁判員は，この評議の経過ならびにそれぞれの裁判官及び裁判員の意見ならびにその多少の数を漏らしてはならず，その違反には罰則がある。

9 被害者参加

裁判所は，故意の犯罪行為により人を死傷させた罪や強制わいせつ，強姦等の罪などの事件の被害者等もしくは当該被害者の法定代理人またはこれらの者から委託を受けた弁護士から，被告事件の手続きへの参加の申し出があるときは，被告人又は弁護人の意見を聴き，犯罪の性質，被告人との関係その他の事情を考慮し，当該被害者等の手続きへの参加を許すことができる。被害者参加が許可されれば，被害者参加人またはその委託を受けた弁護士は，公判期日に

出席することができ，また，検察官の権限行使に関し意見を述べることができる。また，裁判所の許可があれば，申し出により，情状に関する事項についての証人の供述の証明力を争うために必要な事項について，証人を尋問することもできる。また，被害者等の意見陳述に必要として許可されれば，被告人が供述する場合にこれに対して質問することもできる。さらに，裁判所が許可すれば，申し出に基づき，事実または法律の適用について意見を陳述することもできる。そのほか，刑訴法は，被害者参加人について，付添いや遮へい等その保護のためのいくつかの措置を定めている（詳細は，刑訴法316条の29以下参照）。

(5) 上訴と再審・非常上告

1 上訴

裁判に不服があるときは，検察官または被告人等は，上訴をすることができる。上訴には，地方裁判所，家庭裁判所または簡易裁判所がした第一審の判決に対する控訴，高等裁判所がした第一審または第二審の判決に対する上告，即時抗告ができる旨の規定のある場合以外で，裁判所の下した決定に対する抗告がある。

2 再審

再審は事実認定の誤りを正すためのもので，以下の理由があるときに，有罪の言渡しを受けた者の利益のためにすることができる。

① 有罪判決の証拠となった証拠書類や証拠物が確定判決により偽造または変造であったことが証明されたとき
② 証言などが確定判決によって虚偽であったことが証明されたとき
③ 有罪の言渡しを受けた者が虚偽の告訴・告発など（これを誣告という）により有罪の言渡しを受けたことなどが，確定判決により証明されたとき
④ 原判決の証拠となった裁判が確定判決により変更されたとき
⑤ 特許権などを害した罪の事件においてその権利の無効の審決が確定したとき，または無効の判決があったとき
⑥ 有罪の言渡しを受けた者に対して無罪もしくは免訴を言い渡し又は軽い刑を言い渡すべき明らかな証拠が新たに発見されたとき

⑦原判決に関与した裁判官などが職務犯罪を犯したことが確定判決により証明されたとき

③ 非常上告

非常上告は法令解釈の誤りを正すためのもので，検事総長が，判決確定後その事件の審判が法令に違反したことを発見したときに，最高裁判所に対して申し立てるものである。必ずしも原判決が被告人に不利益な場合ばかりではないが，原判決が被告人に不利益な場合を除いて，非常上告の判決の効力は被告人に及ばない。

2　中国の刑事手続きについて

(1) 刑事訴訟の機関

中国では，刑事訴訟の機関は，主に人民法院（＝裁判所），人民検察院（＝検察庁）及び公安機関（＝警察機関）である。そのほか，刑事訴訟法4条によって，国家の安全に危害を及ぼす罪[注1]に対して，国家安全局は，公安機関と同じ職権を有する。刑務所は，犯罪者が刑務所において犯した犯罪事件に対する捜査権を有する。また，税関の捜査部門は，密輸犯罪に対する捜査権を有する。そのため，中国では，刑事訴訟の機関は，法院，検察院，公安機関，国家安全機関，刑務所，及び税関の捜査部門である。

① 人民法院
●主要な職権

憲法123条，刑事訴訟法3条，及び人民法院組織法1条によって，裁判機関は人民法院であり，裁判権は人民法院が専有する。法院は，基層法院，中級法院，高級法院，最高法院という4つのレベルがある。

注1：中国刑法各則の第1章に規定されている犯罪，刑法102条～113条。

●裁判の構成

裁判の構成には，独任廷，合議廷，裁判委員会の3種類がある。

【独任廷】 裁判官1人で事件を審理する方式（独任）である。刑訴法178条及び210条によって，独任廷で裁判できる場合は，以下の2つの条件が必要である。

①基層法院が簡易手続きで事件を審理すること
②3年の有期懲役以下の刑罰を処することが可能であること

【合議廷】 以下の場合に適用される。

①基層人民法院または中級法院が一審を審理する場合，裁判官3人または裁判官と人民陪審員[注2]を合わせて3人で合議廷を構成する。
②高級法院または最高法院が一審を審理する場合，裁判官3人から7人まで，または裁判官と人民陪審員を合わせて3人から7人までで合議廷を構成する。
③法院が上訴または（検察院が行う）控訴を審理する場合，裁判官3人から5人までで合議廷を構成する。
④最高法院が死刑事件を再審する場合，または高級法院が死刑の執行猶予事件を再審する場合，裁判官3人で合議廷を構成する。

【裁判委員会】 難しく，複雑かつ重大な事件を解決するため，各法院で（普通は，当該法院の指導者たちによって）構成される組織である。「人民法院組織法」11条及び刑訴法180条によって構成されるものである。

2 **人民検察院**

「人民検察院組織法」によれば，検察院の主要な職権は以下のとおりである。

注2：2005年5月1日全国人民代表大会常務委員会によって発布された「人民陪審員制度の完備に関する決定」によると，23歳以上の公民は人民陪審員になることができ，任期は5年である。ただし，人民代表大会常務委員会の構成員，人民法院，人民検察院，公安機関，国家安全機関及び司法行政機関の公務員，弁護士，罪を犯して刑事処罰に科されたことがある者，公職を罷免された者は，人民陪審員になることができない。人民陪審員が参加できる裁判は，一審である。ただし，簡易手続きの一審事件は除外される。人民陪審員は裁判官と合議廷を構成する際，人民陪審員が占める比率は1/3以上でなければならない。

①祖国反逆事件，国家分裂事件，国家の政策，法律，法令，政令の実施を著しく破壊する事件に対して，検察権を行使すること。
②直接に受理する刑事事件に対して，捜査すること。詳しくいえば，横領賄賂の罪[注3]，汚職の罪[注4]，国家機関公務員による公民の身体の権利及び民主的権利を侵害する罪[注5]に関する捜査権を有すること。
③公安機関の捜査する事件に対して，審査し，逮捕，起訴または不起訴の決定を下すこと，公安機関の捜査を監督すること。
④刑事事件の公訴を提起し，支持すること。
⑤人民法院の裁判の適法性に対して監督すること。
⑥執行機関の刑罰執行の適法性に対して，法律上の監督をすること。

3 公安機関

公安機関の職権は以下のとおりである。
①大多数の刑事事件に対して，捜査すること。
②強制処分の主な執行機関である。すなわち，保釈，住居の監視，拘留，逮捕は公安機関により執行される。
③刑罰の執行機関の一つである。すなわち，管制，政治的権利の剥奪は公安機関により執行される。

(2) 刑事訴訟の管轄
1 立件（＝事件）管轄

大多数の刑事事件に関する立件の管轄権は，公安機関が有している。検察院は，横領賄賂の罪，汚職の罪，国家機関公務員による公民の身体の権利及び民主的権利を侵害する罪に関する立件の管轄権を有している。私訴事件に関する立件の管轄権は，法院が有している。私訴事件とは，以下の3種類の事件である。
①親告罪である。

注3：刑法各則の第8章に規定されている横領賄賂の罪，及びその他の章の規定に従って第8章における条文により処罰される罪である。
注4：刑法各則の第9章に規定されている汚職の罪である。
注5：国家機関公務員による不法監禁罪（238条），不法捜査罪（245条），供述拷問強要罪（247条），証言暴力強要罪（247条），被拘禁者虐待罪（248条），報復陥れ罪（254条），選挙妨害罪（256条）である。

②被害者が証拠を有する軽微な刑事事件。
③以下の3つの条件を満たす事件。1）被害者が証拠を有すること，2）被告人が被害者の身体の権利または財産の権利を侵害し，刑事責任を負うべきであること，3）公安機関または検察院が追及せず，しかも書面の決定を下したこと。

2 審級（＝事物）管轄

一審の審理について，刑訴法 19 条〜 22 条は，以下のように規定している。
19 条：基層人民法院は，通常の刑事事件の一審を管轄する。ただし，本法により上級人民法院は管轄する事件は除外する。
20 条：中級人民法院は，以下の二種類の刑事事件の一審を管轄する。1）国家安全危害事件・テロ事件，2）無期懲役または死刑に処する可能性がある事件。
21 条：高級人民法院は，全省（自治区，直轄市）レベルの重大な刑事事件の一審を管轄する。
22 条：最高人民法院は，全国レベルの重大な刑事事件の一審を管轄する。

（3）強制処分

刑訴法における強制処分は，出頭命令，保釈，住居監視，勾留，逮捕である。
①出頭は，通常1回で12時間を超えてはならない。事件が特に重大かつ複雑であり，勾留または逮捕すべきである場合，出頭の連続期間は24時間を超えてはならない。
②保釈は，保証人保釈と保証金保釈との2種類がある。以下の4つの場合に適用する。1）管制（受刑者の政治的権利の行使等の自由に一定の制限を加える刑罰），拘留に処しまたは付加刑を独立に処する可能性がある場合。2）有期懲役以上の刑罰に処する可能性があるが，保釈を適用しても社会危害性がない場合。3）重い病気にかかり，自身で生活できない者，または妊娠中もしくは自身の嬰児を哺乳している婦人，保釈を適用しても社会危害性がない場合。4）勾留または逮捕の期限が満期に達したが，事件はまだ解決しておらず，保釈を適用すべき場合。保釈は12か月を超えてはならない。

③住居監視は以下の5つの場合に適用される。1）重い病気にかかり，自身で生活できない者，2）妊娠中もしくは自身の嬰児を哺乳している婦人，3）自身で生活できない者の唯一の扶養人，4）事件の特別な状況または事件の解決のため，住居監視を適用した方がよい場合，5）勾留または逮捕の期限が満期に達したが，事件はまだ解決しておらず，住居監視を適用すべき場合。住居監視は6か月を超えてはならない。

④勾留の決定権は公安機関と検察院が有するが，執行権は公安機関に専有される。勾留を執行する場合，以下の手続きが重要である。1）24時間以内に勾留される者を留置場に送る。2）24時間以内に勾留される者の親族に知らせなければならない。ただし，知らせることができない場合，または国家安全危害罪もしくはテロ犯罪を犯し知らせれば捜査を妨害する可能性がある場合は，除外される。3）24時間以内に訊問を行わなければならない。

⑤逮捕は，刑訴法78条によって，逮捕の決定権と執行権は分けられており，前者は検察院または法院に属しているのに対して，後者は公安機関によって行われる。刑訴法79条にしたがって，逮捕には以下の3つの要件がなければならない。1）証拠要件。2）罪責要件，すなわち，有期懲役以上の刑罰に処する可能性があること。3）社会危険性要件。

（4）立件

刑訴法110条によって，法院，検察院または公安機関は，犯罪事実があり刑事責任を追及すべきであると考える場合，立件すべきである。通説によると，立件は2つの実質的要件と1つの手続き要件を必要とする。

①立件の実質的要件の1：犯罪事実があること。

②立件の実質的要件の2：刑事責任を追及すべきこと。

刑訴法15条によると，以下の場合であれば，立件しない。1）情状が著しく軽く，危害も大きくないため，犯罪と認定しない場合。2）公訴時効の期限が過ぎた場合。3）特赦令により刑罰を免じる場合。4）親告罪について，告訴がないまたは取り消された場合。5）被疑者または被告人が死亡した場合。6）他の法律により刑事責任を免じる場合。立件の手続き要件：管轄規定に該当すること。公安機関または検察院は犯罪事実または被疑者を見つけるとき，管轄の

範囲にしたがい立件し捜査すべきである（刑訴法107条）。

(5) 捜査
1 被疑者訊問
　刑訴法116条1項によって，犯罪の被疑者に訊問する場合，検察院または公安機関の捜査員が行わなければならない。訊問する捜査員は2人以上でなければならない。同条2項によって，被疑者が留置場で勾留される場合，訊問はその留置場で行わなければならない。

　刑訴法118条により，捜査員が被疑者に訊問するときは，まず，犯罪行為があるか否かについて質問をすべきであり，被疑者が有罪の情状または無罪の弁解をした後，捜査が続いて質問を出す。被疑者は捜査員の質問について事実のとおりに答えなければならない。黙秘権の保障はないということである。ただし，本事件と関係ない質問に対しては，供述を拒否する権利がある。捜査員は，訊問するとき，自身の罪について事実のとおりに供述すれば寛大に処理される旨を被疑者に知らせなければならない。

　刑訴法121条により，被疑者に訊問するとき，録音または録画できる。無期懲役または死刑に処する可能性がありまたはその他の重大な犯罪事件である場合には，録音または録画しなければならない。録音または録画するときは，全過程で行うべきである。

2 証人・被害者尋問
　刑訴法122条により，証人，被害者に尋問するときには，現場で行うことができ，または，証人の就職先，住所または証人等の指定する供述場所で行うこともできる。必要な場合，公安機関または検察院に来て証言を提供する旨を証人に知らせることもできる。

　刑訴法123条により，事実のとおりに証拠・証言を提供すべきであり，偽証または隠匿すれば刑事責任を追及する旨を証人に知らせなければならない。

3 現場検証，物品検査，身体検査，死体検視
　現場検証，物品検査，身体検査，死体検視を行うときには，以下の基本的手

第 3 章　日中の法システムの特徴—刑事法を中心に—

続きによって行わなければならない。
　①捜査員によって行われること。
　②検察院または公安機関の証明書を持つこと。
　③検証または検査の客観性を確保するため，事件と関係がない者を立会人として招くこと。
　④記録を作って，検証または検査に参加した者及び証明者に署名または捺印させること。

4 実験

　実験は，必要な場合のみ行う。行うときには，公安機関の責任者の許可を得なければならない。必要であれば，被疑者，被害者，証人，検察院の監督者を立ち会わせることができる。

5 捜査

　捜査を行うときには，捜査機関の責任者の許可を得て，捜査証を作らなければならない。捜査員は2人以上でなければならず，捜査証を提示すべきである。

6 物証・文書証拠の差押え

　物証または書証を差押えるときには，捜査員は，証明者と物証または書証の所持者とをともに調べ，その現場で二部の明細書を作成し，捜査員，証明者と所持者はともに署名または捺印し，一部を所持者に渡し，もう一部を事件の公文書に保存する。

7 預金・送金の調査または凍結

　預金・送金の調査または凍結の期限は，通常，6か月である。特別の原因があり延長すべき場合には，その凍結の期限が過ぎる前に継続の手続きを行わなければならず，しかも，毎回の継続期限は6か月を超えてはならない。

8 鑑定

　鑑定は，通常，法医，司法精神医学，毒物，麻薬，会計，刑事技術（指紋など），

または工業，運輸，建築の技術問題に関する場合に行われる。鑑定人になるためには，以下の条件が必要である。
　①鑑定の資格がある者。
　②捜査機関の派遣または推薦をもらうこと。
　③事件と利害関係がなく，客観的かつ公正な鑑定が可能な者。

9 識別

　識別は 2 人以上の捜査員の主催で行わなければならない。被疑者を識別する場合，捜査機関の責任者の許可を得なければならない。被疑者を識別する場合，識別される人数は 7 人以上でなければならない。被疑者の写真を識別する場合，写真は 10 枚以上でなければならない。

10 特別の捜査措置

　2012 年 3 月に，刑事訴訟法が改正され，その第二編第二章に「技術捜査措置」を追加し，第八節とした。特別の捜査措置とは，技術捜査，秘密捜査及びコントロールド・デリバリーである。

●技術捜査

　技術捜査とは，電話および電子盗聴，盗撮，郵便物検査等の特別の行為を含む捜査で，その適用範囲は以下の場合である。
　①事件範囲：公安機関による技術捜査は，国家安全危害犯罪，テロ犯罪，黒社会的組織（暴力団の意味）犯罪，重大な麻薬犯罪，その他の社会に重大な危害がある犯罪に限られる。検察院による技術捜査は，重大な汚職・賄賂犯罪，その他の職権により公民の身体権利に重大な侵害を与える犯罪に限られる。
　②対象範囲：指名手配されまたは逃走中の被疑者・被告人を追跡する場合，電子通信による位置確認等の捜査措置を採ることができる。技術捜査の決定の有効期限は 3 か月である。延長はできるが，毎回の有効期限は 3 か月を超えてはならない。

●コントロールド・デリバリー

　コントロールド・デリバリーは，麻薬等の禁制品または財物に関する犯罪の

場合のみ，公安機関によって行われる。

11 指名手配
　刑訴法153条により，指名手配の対象には，以下の5種類がある。①逮捕の許可または決定を出したが，逃走している被疑者，②保釈または住居の監視を適用されているが，逃走している被疑者，③勾留の決定を出したが，逃走している重大な被疑者，④勾留の場所から逃げた被疑者，⑤訊問または護送の途中で逃げた被疑者。また，脱獄の被告人または犯罪者である。

（6）起訴
1 起訴の審査
　刑訴法167条により，事件の公訴については，検察院が審査し決定する。刑訴法168条によれば，審査の内容は以下のとおりである。①犯罪事実及び情状が明らかであるか否か，証拠が確実かつ十分であるか否か，②他の犯罪行為または刑事責任を追及すべき者について情報を提供したか否か，③刑事責任を追及しない状況に該当するか否か，④民事訴訟を不随的に起訴する事件に該当するか否か，⑤捜査活動は適法か否か。
　審査は以下の手続きに従い行うべきである。まず，事件の記録を審査し，次に，被疑者に訊問し，次に，被害者の意見を聞き，次に弁護人または代理人の意見を聞き，最後に，捜査が足りない場合，捜査の補充を行う。捜査の期限について，検察院は1か月以内に決定を下すべきであり，重大かつ複雑な事件については，半月延長できる。捜査補充の場合，1か月以内に完成すべきである。

2 公訴事件の起訴
　公訴事件の起訴には以下の条件が必要である。刑訴法172条により，①犯罪事実について明らかに調査し，その証拠が確実かつ十分であること，②被疑者に対して刑事責任を法律により追及すべきこと，③管轄の規定に該当すること。

3 私訴事件の起訴
　私訴事件には以下の3種類がある。

①親告罪：侮辱罪・誹謗罪（刑法246条1項），婚姻の自由に暴力的に干渉する罪（257条1項），虐待罪（260条1項），横領罪（270条）である。

②被害者が証拠を有する軽微な刑事事件：1）故意の傷害罪（刑法234条1項）。2）不法住宅侵入罪（刑法245条）。3）通信自由侵害罪（刑法252条）。4）重婚罪（刑法258条）。5）遺棄罪（刑法261条）。6）偽物及び不良商品を生産し又は販売する罪（刑法各則の第三章第一節に定める罪であるが，社会秩序または国家的利益を著しく害する罪は除外される）。7）知的財産権を侵害する罪（刑法各則の第三章第七節に定める罪であるが，社会秩序または国家的利益を著しく害する罪は除外される）。8）刑法各則の第四・五章に定めており，被告人を3年以下の有期懲役に処する可能性のある罪である。

③以下の3つの条件が満たされる事件：1）被害者が証拠を有すること。2）被告人が被害者の身体的権利または財産的権利を侵害し，刑事責任を負うべきであること。3）公安機関または検察院が刑事責任を追及せず，しかも書面の決定を下したこと。

（7）一審
1 公訴事件の一審
●開廷前の準備

刑訴法182条により，開廷前には，以下の準備をすべきである。合議廷の構成員または独任廷の裁判官を確定すること。開廷の10日間以上前に，検察院による起訴状の副本を被告人及び弁護人に送ること。開廷の3日間以上前に，開廷の時間，場所を検察院に知らせること。開廷の3日間以上前に，召喚状または通知書を当事者，弁護人，訴訟代理人，証人，鑑定人及び調査・検査の記録の作成者，通訳者に知らせること。公開裁判の場合，開廷の3日間以上前に，事件のあらまし，被告人の名前，開廷の時間及び場所を公布すること。裁判官は，公訴人，当事者，弁護人，訴訟代理人を集めて，忌避，出廷の証人，違法証拠の排除などの問題について，状況を尋ね，意見を聞くことができる。

●裁判手続き

裁判は，開廷，法廷審理，法廷弁論，被告人の最終陳述，評議と判決の言い

渡し，の5つの段階に分かれる。
①刑訴法185条により，開廷の具体的手続き及び内容は以下のとおりである。まず，裁判長は，開廷を宣言し，被告人が出廷したら，被告人の基本的情報を調べる。次に，裁判長は，事件の出所及びあらまし，民事訴訟を一緒に提起する場合原告と被告の名前，裁判を公開するか否かについて述べる。裁判が公開でない場合，その理由をも述べる。次に，合議廷の構成員，書記官，公訴人，弁護人，訴訟代理人，鑑定人及び翻訳者の名前を述べる。次に，裁判長は，当事者，法定代理人に，忌避の申込み等の権利があることを知らせる。最後に，裁判長は，当事者，法定代理人に忌避を申し込むか否か，誰に対して忌避を申し込むか，その忌避の理由について，各別に尋ねる。
②刑訴法186条〜193条によれば，法廷審理の手続きは以下のとおりである。1）公訴人が起訴状を朗読する。2）被告人，被害者が陳述する。3）被告人，被害者，民事訴訟を一緒に提起する場合，民事訴訟の原告と被告に対して，訊問または質問する。4）証人，鑑定人に対して質問する。5）物証を提示し，鑑定の意見及び記録について述べる。6）新たな証拠を調べる。7）証拠を調査し，確定する。
③刑訴法193条1項及び2項により，法廷弁論は以下の順序で行う。公訴人の発言，被害者及び訴訟代理人の発言，被告人自身の弁解，弁護人の弁護，公訴側と弁護側の弁論。
④刑訴法193条3項により，裁判長は弁論の終結を宣言した後は，被告人が最終陳述の権利を有する。
⑤被告人の陳述が終わったら，裁判長は法廷審理の終結を宣言し，合議廷が評議を行う。評議が終わったら，判決を言い渡す。判決の言渡しは，当日の言渡しと後の期日の言渡しに分かれる。判決の言渡しは必ず公開する。

2 私訴事件の一審

刑訴法205条〜207条により，私訴事件の一審の手続きには以下の特徴がある。①法院は刑事調停を行うことができる。②判決が言い渡される前に，私訴人は，被告人と和解しまたは起訴を取り消すことができる。③訴訟中，被告人

またはその法定代理人は私訴人に対して反訴をすることができる。

(8) 二審
1 上訴及び（検察院が行う）控訴
　上訴の主体は，私訴人，被告人またはその法定代理人，被告人の承諾を得た弁護人及び近親者，民事訴訟を一緒に提起する当事者及びその法定代理人である。控訴の主体は，検察院である。刑訴法219条により，上訴及び控訴の期限は以下のとおりである。判決に不服がある場合，10日であり，裁定に不服がある場合，5日である。

　刑訴法220条により，上訴人は，原審の法院に上訴することができるし，直接に二審の法院に上訴することもできる。

2 二審の手続き
　二審の審理には公開と非公開の方式がある。
●公開の審理
　刑訴法223条1項及び2項により，以下の事件については，合議廷を作り，公開で審理すべきである。①被告人，私訴人及びその法定代理人に一審の判決で認定された事実・証拠について異論があり，罪責の認定または量刑に影響する可能性のある場合。②被告人が死刑判決を受けた上訴事件。③検察院が控訴した事件。④その他の場合。
●非公開の審理
　非公開で審理する場合，以下の手続きに従うべきである。①3人から5人までの裁判官で合議廷を構成する。②合議廷の構成員はともに記録を読み，閲読記録を作成する。③被告人に訊問する。④訴訟関与者の意見を聞く。⑤合議廷の評議によって，決定を下す。

3 二審の結果
　刑訴法225条～227条により，以下の状況によって，二審の決定を下す。
　　①一審の事実に関する認定が正しく，証拠が確実・十分であり，法律の適用
　　　が正しく，量刑が適当であると認定する場合，上訴または控訴を棄却し，

原審を維持しなければならない。
②一審の事実に関する認定は正しいが，法律の適用に誤りがありまたは量刑が適当でない場合，原判決を取り消し，あらためて判決しなければならない。
③一審では事実が明らかではなくまたは証拠が十分ではない場合，二審の法院はその事実を明らかにしたうえで判決を変更することも可能であり，また，原判決を取り消し，一審の法院に差し戻すことも可能である。

4 二審の時限

二審は2か月以内に終結すべきである。ただし，死刑に処する可能性のある事件，民事訴訟を一緒に起訴する事件，交通の不便な場所での重大かつ複雑な事件，重大な犯罪集団事件，被告人が逃走した重大かつ複雑な事件，犯罪の関係者の範囲が広く，証拠を採ることが難しく重大かつ複雑な事件である場合，省，自治区または直轄市の高級法院の許可を得て，2か月延長できる。

（9）死刑事件に関する最高人民法院による許可

死刑の許可について，刑訴法235条は，「死刑は，最高人民法院が許可をする。」と規定している。死刑の執行猶予は，「高級人民法院が判決を下し，または許可をすることができる。」と規定している。死刑[注6]事件については，以下の手続きにしたがわなければならない。
①中級法院が死刑判決を下す一審事件では，上訴・控訴の期限が過ぎてから3日間以内に高級法院に報告して許可を得なければならない。高級法院が許可する場合には，法により最高法院に報告して許可を得なければならない。高級法院が許可しない場合には，事件を再審理または中級法院に再審理させなければならない。
②中級法院が死刑判決を下す一審事件では，被告人が上訴しまたは検察院が控訴する場合で，高級法院が二審で死刑判決を維持するときには，最高法院に報告して許可を得なければならない。高級法院が二審で死刑の執行猶予に変更するときには，最高法院に報告する必要はない。

注6：死刑の執行猶予を除く。

③高級法院が死刑判決を下す一審事件では，被告人が上訴しないまたは検察院が控訴しない場合，その上訴または控訴の時限が過ぎてから3日間以内に最高法院に報告して許可を得なければならない。

（10）執行
1 死刑の執行
　最高法院が死刑事件を許可する場合，最高法院の院長は死刑執行の命令に署名し発布しなければならない。原審の法院は死刑執行の命令をもらってから7日間以内に執行しなければならない。

2 死刑の執行猶予，無期懲役，有期懲役，拘留の執行
　刑訴法253条により，判決の効力が発生してから10日間以内に記録を公安機関，監獄またはその他の執行機関に送らなければならない。死刑の執行猶予，無期懲役または有期懲役に処される場合，公安機関は犯罪者を監獄に送り執行しなければならない。ただし，有期懲役に処し，その実際の執行期間が3か月以下である場合には，留置場で執行しなければならない。拘留に処される場合，公安機関が執行しなければならない。未成年の犯罪者に対しては，未成年管理教育所で執行しなければならない。

3 有期懲役と拘留の執行猶予
　有期懲役と拘留の執行猶予に処される犯罪者に対して，公安機関と地域コミュニティは共同で監督する。

4 管制，政治的権利の剥奪
　管制に処される犯罪者に対しては，公安機関と地域コミュニティは共同で監督する。政治的権利の剥奪については，公安機関が執行する。

5 罰金，財産の没収
　法院は罰金を執行する。財産の没収は一般に法院が執行する。ただし，必要な場合には，公安機関と共同で執行することができる。

第2部

中国の法心理学研究から

第4章

刑期終了者再犯リスクアセスメント尺度 (RRAI) の研究 注1, 注2

孔 一・黄 興瑞 （翻訳：渡辺忠温）

〈概要〉同時期に出所した浙江省の受刑者グループの比較研究から，再犯は犯罪傾向の積み重ねや社会化機能の不全，社会的資源の格差の結果であることが明らかになった。刑期終了者の再犯リスク要因を抽出するためには，犯罪者の生活歴を手がかりとして，その生活史の中で重要な人物や出来事，関係が犯罪履歴に及ぼす影響について分析すべきである。そこで，本研究では51項目の関連要因を選び出し，数量化の後に，同一基準に基づいて再犯予測要因を確定し，データの標準化を行って，刑期終了者の再犯可能性を評価する構造化された尺度：RRAIを作成した。

● キーワード：再犯　刑期終了者　人生の経歴　再犯リスクアセスメント　尺度

再犯率は，刑務所による矯正効果の「最も重要な指標」で，刑期終了者に生活の場を確保して更生を援助することは，基本的な社会政策の一つとなる。だが刑期終了者が再度収監される割合は年々増加し注3，刑期終了者が悪質な事件，

注1：〈訳注〉出典は雑誌『中国刑事法』2011年, 10 (13), 1-16。本論文の訳出にあたっては，紙数の制約上，全体の趣旨を損なわない範囲で省略を行い，また読者の便宜のため，表の配列等につき編集を行った。

注2：本論文は，孔一副教授が代表者である2011年度浙江省法学会重点研究プロジェクト「再犯予測研究—浙江省における再犯の再分析」（2011NA06）と2011年度杭州市哲学社会科学企画プロジェクト「刑期終了者再犯リスクアセスメント目録（RRAI）研究」（D11FX15）の最終的な研究成果である。

重大な事件，組織犯罪を引き起こす主要人物となっている[注4]。刑期終了者の再犯リスクについて，科学的で実行可能なアセスメントをどう行うか，また執行猶予や仮釈放の適用時の事前社会調査や，現在地域コミュニティ矯正の対象者についての再犯リスク評定と管理等級の決定にそれをどう拡大適用していくかは，現実的意義を持つ重要な課題である。同時に，再犯リスクアセスメント研究は，刑罰と犯罪抑制政策の見直しに一つの道筋を提供するものであり，研究パラダイムの転換期にある中国の犯罪学に新たな可能性を示すものである[注5]。

再犯リスクアセスメント尺度には，犯罪者の再犯の可能性をわかりやすく分類し，それによって刑罰の適用と執行時に「重くすべきものは重く，軽くすべきものは軽くする」だけでなく，さらに再犯率を高める要因の分析に基づく介入と矯正を行うという役割がある。このことはまさに「刑罰の個別化」の前提であり基礎である。またこうした研究から得られた，信頼できる再犯要因についての知識を利用すれば，家庭，学校，職場，司法機関，社会組織といった社会化機関に，犯罪予防と早期介入についての忠告と提案を行い，具体的な介入をデザインし，推進できる。

Andrews, D. A. と Bonta, J. の研究（彼らは広く用いられている著名なリスクアセスメントツール Level of Service Inventory-Revised (LSI-R) を共同で開発している）によれば，犯罪リスクアセスメントツールは四世代を経ている。臨床診断（第一世代。1950年代から70年代後期まで），精緻な予測（第二世代。1970年代後期から80年代初期），静的なリスクと動的な需要の総合的な評価（第三世代。1990年代），リスク評価とケース管理の結合（第四世代。21世紀）である。カナダ，アメリカ，イギリス，オーストラリアで使われているリスクアセスメントの「リスク－ニーズ－対応モデル（RNR）」は，1990年代にすでに標準化されていた。さらに，これらの国はすでに比較的広く通用す

注3：貴州省司法庁理論研究プロジェクトグループ「釈放解除された労働教養受刑者の再違法犯罪及びその管理対策についての研究プロジェクト報告」『中国司法』2011年，第7期掲載。
注4：李玫瑾『犯罪心理研究の犯罪予防コントロールにおける役割』中国人民公安大学出版社，2010年，p.2-3, p.9 より。
注5：西洋の犯罪学研究と実践は，原因の研究からリスクの分析，さらに介入にいたる過程を経ている。中国の犯罪学がもし原因の検討という古典的な時代にとどまり，リスク要因の具体的な分析と正確な計算を行わず，犯罪者の個別の事件の管理に参与しなければ，おそらく犯罪学の学問的知識の積み上げがなされないだけではなく，実践的な問題解決に役立たない。

る予測ツール，たとえば性犯罪のリスクアセスメントに用いる Static-99, Risk Matrix 2000（RM2000）や Rapid Risk of Sex Offender Recidivism（RRASOR），精神病の犯罪者のリスクを評価するのに用いる Reactions on Display（RoD），暴力犯罪のリスクを評価するのに用いる HCR-20，を作成し広く採用していた。現段階では，広範に用いられる予測ツールについての評価と修正が研究の焦点となっている。

本研究グループは Burgess, Glueck 夫妻，吉益脩夫，欧林，張甘妹などの学者による再犯予測についての古典的な研究をもとに，2003 年 11 月から 2004 年 5 月まで，有意抽出法（judgment sampling）を用いて浙江省の 715 名（初犯 345 名，再犯 370 名）を対象に質問紙調査を行い，統計手法を用いて，61 項目の社会的要因の中から再犯可能性の予測に関する 36 項目を，また 16 項目の心理的要因の中から 5 項目を抽出した。さらに有意性，独立性，有効性に基づいて，低年齢時の不良行為，不良行為のパターンなど 12 項目の要因を予測要因として選び，判決前，入所前，服役中，釈放前の 4 種類の再犯予測尺度を作成した[注6]。これは，国内で初めて大規模サンプル，群間比較，質問紙調査，統計分析を用いて研究され，公開発表された犯罪予測の分野での学術的な成果であり，理論と実務に一定の影響を与えたが[注7]，サンプリングの問題など，いくつか改善すべき点があった[注8]。

また北京，上海，江蘇，浙江などの省や市がそれぞれの地区の再犯リスクアセスメントツールを作成しており，一定の範囲で司法実践に応用されているものの，現在も再犯リスクアセスメントについての広く合意が得られた基本仮説，調査方法，分析技術は形成されておらず，目録の利用マニュアルや，既存の予

注6：黄興瑞・孔 一・曾 贇「再犯予測研究—浙江省における犯罪者再犯可能性についての実証分析」『犯罪と改造研究』2004 年，第 8 期。
注7：この研究は，司法部犯罪予防研究所科研成果二等賞（2006 年），中国監獄学会論文一等賞（2007 年），回帰社会学専業委員会再犯予測専題検討会一等賞（2008 年）をそれぞれ獲得した。
注8：孔一「再犯予測の基本概念分析とサンプル選択の方法評価」『江蘇警官学院学報』2005 年，第 6 期掲載。文姫「再犯危険性評価方法及び検定」陳興良（主編）『刑事法評論』（第 25 巻），北京大学出版社，2009 年，p. 300 掲載。
黄興瑞・孔 一・曾 贇「再犯予測研究—浙江省における犯罪者再犯可能性についての実証分析」『犯罪と改造研究』2004 年，第 8 期。
［カナダ］ロバート・B・コーミア「犯罪リスクアセスメント—カナダにおける発展状況の概述」，陳誠・王平（主編）『カナダリスクアセスメント』カナダ刑法改革と刑事政策国際センター，2007 年，pp. 6-11.

測ツールの信頼性，妥当性の検討結果の報告も，いまだ公開されていない[注9]。2008年3月から2010年9月まで，本研究グループは中国監獄学会回帰社会学（社会復帰学）専業委員会，司法部基層司，浙江省司法庁基層処の協力を得て，浙江省の刑期終了者の再犯状況について再調査を行った。以下，本研究の過程と結果を報告する。

1 研究仮説

本研究には，質問紙のデザインから調査計画の作成まで，背景となる一連の仮説がある。仮説には前提的（観念的）仮説と具体的作業（分析的）仮説の2種類がある。前提的仮説は質問紙の作成と調査実施に関する原則と基本的な考え方で，たとえば，主観的な心理は自己報告から把握できるかどうか，環境変数はコントロールすべきかどうか，またそれが可能かどうかといったことである。具体的作業仮説は再犯と関係しそうな要因は何かで，たとえば薬物使用が再犯と関係するかどうか等である。前者は形而上学的思辨に属し，議論はできるが結論を出すのは難しい。後者は標準化の方法によって検証可能である。ただし前提的仮説は，具体的作業仮説を大きく制約している。

(1) 前提的（観念的）仮説

①個人が犯罪を犯す可能性は，静的で共時的な社会環境や自然環境，及び個人の生理，心理，社会属性とすべて関連している[注10]。動的で継時的な環境変化と個人の生活歴も関連する[注11]。一時的な状況も関連がないわけではない。前者2つは犯罪発生の危険性を示し，後者は犯罪発生の偶発的部分である。犯罪リスクアセスメントは大規模データに基づいて危険性を求めるもので，偶発的な文脈要因[注12]は除外する。また環境要因は広汎で複

注9：曾賛「段階的年齢生涯境遇犯罪理論の提出と証明—再犯リスク測定の視点から」『中国法学』2011年，第3期掲載。
注10：Mike Maguire, Rod Morgan, & Robert Peiner, 2007, *Oxford handbook of criminology*, Oxford University Press.
注11：Sampson, Robert. J., & John H. Laub, 1993, *Crime in the Making: Pathways and Turning Points through Life*. Cambridge. MA: Harvard University Press.
注12：〈訳注〉原語は「情景因素」。

雑であり把握できないので，環境要因も除外する必要がある。本研究では同じ時期と場所にいた刑期終了者を選ぶことで，理論的には環境の影響を除外したことになる。

② 再犯可能性と関連する個人要因には，個人内部の観念や態度，心理と，外部の行為，出来事がある。内部の観念や態度，心理は，自己報告や「刺激－反応」についての観察，専門的な心理尺度によって測定される。だがこうした状態は，表には現れず，主観的で，外部環境や測定方法の影響を受けやすく，把握が難しいと思われる。また調査時点の対象者の測定結果は，決して当時（刑務所入所前）の実際の心理状況を代表できないとわれわれは考える。だが内部の状態は外部の行為や反応を通して表現されるものであるので，本研究は主にインタビューに関連する客観的な行為と出来事を測定することに重点を置く[注13]。

③ 再犯と個人の生活史上の経験や現在の臨床心理特性，現在（あるいは将来）の犯罪者管理という要因はお互いに関連しあっている[注14]。したがって有効な再犯リスクアセスメントは，質問紙調査，心理測定，現在の環境を総合的に検討したうえで作成し，実践的な検証を通して絶えず修正していくべきものである。よってリスク等級の得点区間は質問紙内部の得点分布から決定するのではなく，まず関連する理論モデルに基づいて区分し，あわせて実際の調査結果に基づいて修正していく必要がある。

(2) 具体的作業（分析的）仮説

本研究の具体的作業（分析的）仮説は主に4つのルートから得られた。①先行研究。②典型的事件。③警官や犯罪者との話し合い。④理論的演繹。

最後に，われわれが再犯と関連すると仮定する要因には，次のようなものがある。①低年齢時の家庭，学校の状況。②低年齢時の行為。③初犯時の状況。④犯罪前1年の逸脱の状況。⑤初回の逮捕時の状況。⑥初回の受刑状況。⑦初回出所時の状況。⑧初回出所後の状況。⑨出所1年以内の逸脱の状況。⑩その他。

注13：張甘妹『再犯予測研究』法務通訊雑誌社，1987年，p.130.
注14：J. Bonta, 2007, Offender risk assessment and sentencing, *Canadian Journal of Criminology and Criminal Justice*.

第4章 刑期終了者再犯リスクアセスメント尺度（RRAI）の研究

2 研究方法

(1) 調査対象

本研究の実験群と統制群は，2005年1月1日から2005年12月31日の期間に出所した浙江に籍を置く刑期終了者で，5年以内の再犯者313名と非再犯者288名。

(2) 標本の構成

再犯者311名は，それぞれ浙江省第二，第四，第六，南湖刑務所，女子刑務所に収監されている者であり，すべて2005年1月1日から2005年12月31日の期間に出所し，その後再入所した浙江省籍の犯罪者である（4名の犯罪者は所外で治療を受けていた，あるいはその他の原因で調査していない）。また，金華刑務所，喬司刑務所の調査対象者も同様の浙江省籍の犯罪者である（それら2つの刑務所で条件に合う収監者の55％にあたる）。非再犯者288名の浙江省籍の刑期終了者は，中国監獄学会回帰社会学専業委員会と浙江省司法庁基層処が追跡監視している，杭州拱墅区，寧波鄞州区，紹興紹興県，舟山市など18の県市区の，2005年1月1日から2005年12月31日までの期間に出所し，社会復帰した浙江省籍の刑期終了者である。

(3) 調査方式

すべての再犯者調査は，研究グループメンバーの黄興端教授と孔一副教授（第六，南湖刑務所では曾贇博士が調査に参加した）が刑務所で実施した。基本的な手続きは以下のとおりである。まず関連部署で条件に適合する犯罪者名簿を検索し，さらに刑務所（監区）ごとに，条件に適合する収監者を刑務所の教室あるいは講堂に集めた。研究グループのメンバーがその場で質問紙を配布し，まとめて回答を記入させ，また被調査者からの質問にはその場で回答した。最後に回答し終わった質問紙をチェックし，間違った回答や回答漏れを発見した場合にはすぐに回答者に確認して補足した。非再犯者については，各司法所[注15]

注15：〈訳注〉日本の保護観察所の機能を含む司法機関。

で調査した。被調査者は，各司法所で調査の条件に適合する対象者の10％にあたり，一般的には1～3名である。調査は多くは単独で進められ，調査終了後に，研究グループのメンバーが各地区の一部の調査対象者を再訪した。

（4）質問紙の整理，入力とデータクリーニング

質問紙回収後，統一して整理，番号つけ，コーディングを行い，SPSS17.0のデータベースに入力。データクリーニングを行った。

（5）分析方法

再犯群と非再犯群で有意差の有無について，カイ二乗検定または分散分析を行い，$p<0.05$の有意水準に達した各要因について，$\lambda \cdot \tau$あるいはE^2係数を求めてその予測効力を分析した[注16]。最後に，選び出した予測効力ある変数についてデータを変換し，構造化された定量的リスクアセスメント尺度を作成した。

3 調査結果

調査の結果の概要を表で見てみよう。表4-1は調査対象者の基本情報である。
表4-2では，父母がいつも言い争いをしたり暴力を振るうことは，子どもに重大なネガティブな影響を及ぼし，その影響は法定離婚と実質離婚（長期別居）さえ超えていた[注17]。家庭における（目に見える／見えない）暴力は，常に子どもを畏れの中に置き，安全感がないからである。子どもは暴力を問題解決の正常なやり方だと考えてしまう。彼らは深く愛する父母が，お互いに傷つけあっているのを目の当たりにしながら，どちらか一方さえ守ることができない。時間が経つにつれ感情は冷たく，さらに冷酷にまでなっていく。父親の溺愛は，子どもの規範意識や自己制御形成の手助けにならない。母親と父親の乱暴さも，同様に子どもが暴力を恐れたり，暴力に走ったりすることにつながり，

注16：〈訳注〉 λは名義尺度，τは順序尺度，E^2係数はその他の数値に適用される。
注17：〈訳注〉各質問項目への選択肢内容は表4-11～表4-16に提示されているので，そちらを参照されたい。

第 4 章　刑期終了者再犯リスクアセスメント尺度 (RRAI) の研究

表 4-1　基本状況：性別，出生年代，民族，宗教信仰

変数	属性	再犯群群内％（有効標本数）	非再犯群群内％（有効標本数）
性別	男	96.3（284）	94.7（269）
	女	3.7（11）	5.3（15）
出生年代	1940 年代	0.3（1）	2.2（6）
	1950 年代	2.0（6）	15.7（43）
	1960 年代	16.2（49）	22.6（62）
	1970 年代	39.1（118）	32.8（90）
	1980 年代	42.1（127）	26.6（73）
	1990 年代	0.1（1）	0.0（0）
民族	漢族	99.0（302）	100.0（286）
	その他	1.0（3）	0.0（0）
宗教信仰	無宗教	85.3（233）	86.0（203）
	仏教	13.9（38）	13.1（31）
	道教	0.4（1）	0.0（0）
	キリスト教	0.4（1）	0.8（2）

表 4-2　低年齢時の家庭（14 歳以前），学校状況・行為

変数（λまたはτまたは E^2 係数，有効標本数 N）	
家族構成（.064, 574）	父母間の関係 ***（.329, 553）
父親同居状況（.079, 531）	母親同居状況（.071, 526）
父親の教育方法 **（.173, 512）	母親の教育方法 *（.145, 500）
退学時の学習成績 ***（.197, 571）	学校での処分歴 ***（.175, 566）注18
無断欠席 ***（.333, 566）	転校 ***（.187, 551）
恋愛 ***（.177, 546）	徹夜でネットカフェで遊ぶ ***（.222, 549）
嘘をつく ***（.283, 553）	喫煙 ***（.268, 569）
飲酒 ***（.183, 561）	賭博 ***（.292, 562）
無賃乗車 ***（.245, 559）	親の金をだまし取る ***（.364, 560）
金銭や物を借りて返却しない *（.136, 554）	家出 ***（.295, 561）
薬物使用（.104, 546）	薬物購入（.083, 554）
他人の物を強要 ***（.182, 556）	人を殴る ***（.314, 555）
窃盗 ***（.250, 558）	公共物破壊 ***（.220, 552）
放火 **（.161, 550）	

※　*$p<0.05$，**$p<0.01$，***$p<0.001$
　　λまたはτまたは E^2 は誤差減少率（PRE）の意味を持つ。
　　すなわち，x から y の値を予測する時に減少する誤差と誤差全体との比率である。以下同。

注 18：〈訳注〉原語は「受罰状況」。

温かい気持ちや愛を体験できず,逆に冷酷さや恨みを受けることになる。学習成績が悪いと,子どもが学校を出て早めに社会に出る原因になりやすく,学校で処分された経験は,子どもに問題行動があることを示し,レッテル貼りの効果によって逸脱行動が強化されることにもなる。

　幼い頃に高い頻度で様々な規範を犯し,非道徳的行為を行うと,そのまま犯罪行為に発展することが多い。早くから逸脱行為を行っていた子どもは,より罪を犯しやすく,またより多く罪を犯す。逸脱行為はいつも,家庭や学校といった早くから規範的な要求を受ける場面や領域で始まる。親の金をだまし取る,無断欠席,というのは,この最初の社会化の場が持つ規則に対する違反である。外在的な規範の強制力が個人の心の中に映し出されて,内的な警戒ラインを作り出す。その道徳や規律の境界線が何度も越えられると,規範が持つ強い抑止力も問題児の心の中では限りなく弱まり,行為を制約する規範というものがそもそも存在しないかのように誤解する問題児さえ生まれる。たとえば,無理やりお金を借りる(そして返さない)子どもは,警察に逮捕されてそれを強要と言われると非常に驚き,理解することができない。繰り返し逸脱行為を行ううちに,問題児は逸脱行為に快感を覚えるし,さらに規範自体や規範を求める者に軽蔑の念を持つ。そしていったんこれらの行為が繰り返されて習慣形成されると,一種の心理または道徳的な病になる可能性がある。それは強固で直しにくいものである[注19]。

　表4-3によると,罪を犯して処罰されることは,個人の生活史の中で重大な転機である。そこで犯罪から手を洗う可能性もあれば,犯罪者としての生涯の出発点になる可能性もある。早すぎる時期に(たとえば未成年の時期に)刑罰を経験すると,正常な知識学習と技能訓練が中断される。影響を受けやすい好奇心旺盛な若い時期に犯罪者の集まりに身を置けば,犯罪の方法や捜査に対抗するテクニック,自己正当化の技術,犯罪を促す価値観など,犯罪に関わることを伝授されるのは避けがたい。犯罪者は,往々にして社会経済的な足場が弱く,無職や低い職業的地位,少ない収入,住所不定等の状況に置かれる。人間関係も多くは否定的なものであり,親族との関係が良くなかったり,友人の中

注19:孔一「規範の内外解読:道徳の突破と倫理の解消―犯罪形成過程の実証研究」 王牧(主編)『犯罪学論叢』(第7巻),中国検察出版社,2009年,p.46.

に犯罪者が多かったりする。良い結婚は犯罪には解毒剤となり，逆に恋愛の挫折は犯罪の促進剤となる。再犯群の中で恋愛中の支出増や，見栄を張った行い，あるいは恋愛の相手との最近の別れを経験した者の割合は，非再犯群よりも高い。

表4-4では，犯罪常習者は非再犯者とくらべて，犯罪前により多く違法，背徳，不良の行為に携わっている。犯罪行為はこれらの行為と，ただ反社会性の法的レベルが異なるだけであり，実質的には決して本質的な違いがあるわけではない。一部の犯罪者にとっては，犯罪は一般的な逸脱の延長・拡大であり，完全

表4-3 初犯時の状況

変数（λまたはτまたはE^2係数，有効標本数N）	
初犯の年齢 *** (.300, 511)	学歴 (.099, 584)
婚姻 *** (.412, 438)	居住状況 *** (.220, 570)
同居親族の人数 (.000, 551)	親族との関係 *** (.159, 579)
家庭の経済状況 *** (.188, 575)	職種 *** (.279, 578)
就職状況 ** (.144, 546)	収支状況 (.069, 555)
犯罪類型 *** (.243, 563)	計画性の有無 (.050, 564)
犯罪動機 *** (.239, 552)	犯罪後の後悔の状況 *** (.208, 574)
友人の違法行為 *** (.269, 575)	薬物使用を見たことがあるかどうか *** (.236, 576)
不幸な出来事の数 (.001, 454)	

表4-4 犯罪前1年の逸脱の状況

変数（λまたはτまたはE^2係数，有効標本数N）	
飲酒 *** (.205, 558)	徹夜でネットカフェで遊ぶ *** (.204, 543)
薬物使用 ** (.147, 547)	薬物購入 * (.152, 542)
金銭や物を借りて返却しない ** (.156, 547)	飲酒運転 *** (.234, 544)
人を殴る *** (.326, 552)	武器を使って人を傷つける *** (.275, 548)
賭博 *** (.317, 560)	公共物破壊 *** (.220, 552)
窃盗 *** (.238, 545)	詐欺 *** (.183, 543)
にせの手形を偽造あるいは使用 (.136, 544)	盗品売却 *** (.202, 550)
買春 *** (.327, 546)	

に同じことでさえある。大量の逸脱行為を経て，重大な犯罪も犯罪者の目には些細なことになるかもしれない。

表4-5では，比較的早期の逮捕経験（たとえば18歳以下）は，初犯年齢同様，再犯の重要な要因である。集団犯罪，省や市をまたいだ犯罪は，犯罪者が，かなり深い反社会的交わりを持ち，犯罪が専門化する傾向があることを示し，これらすべてが出所後の社会復帰に大きな障害となる。再犯群の初回逮捕前の未検挙犯罪件数は明らかに非再犯群よりも多く，処罰されない犯罪が多い場合に，その後の犯罪行為は強化（促進）される。このことは犯罪で得られるものによって犯罪が促され，さらに処罰がないことで法による制裁への恐れが弱まり消える，ということを意味している。警察から非合法な暴力を受けると，犯罪者の国家社会に対する不満，さらには恨みを呼び起こし，新たな強烈な犯罪動機になる可能性がある。法の執行者が非合法なやり方で法律の威厳と信用を破壊するからである。司法による暴力が合法的な制裁の範囲を超えると，懲罰を公正なものから恣意的なものに変え，そのせいで処罰される者から二度と信頼されなくなる。処罰される者にとって非合法的な法の執行者は，二度と超然とした国家の代表にはなりえない可能性があり，それゆえ個人と国家の関係は，個人と特定の集団あるいは特定の個人との関係に転化し，その恨みの気持ちに明確な目標や方向性を与えることもある。また同時に，拷問され虐待される人々は，もともと権力や社会的資源を持たない社会的弱者集団に属している可能性も高い[注20]。

表4-6では，実刑判決を受けた者は再犯率が高く，執行猶予が宣告された者

表4-5 初回の逮捕時の状況

変数（λまたはτまたはE^2 係数，有効標本数 N）	
初回の逮捕時の年齢 *** （.327, 514）	共犯状況 *** （.238, 517）
犯行場所の範囲 *** （.246, 522）	犯行回数 *** （.034, 544）
取調時の警察による殴打 *** （.417, 565）	拘置所での警察による殴打 *** （.296, 562）
拘置所での他の犯罪者からの殴打 *** （.194, 566）	後悔の有無 *** （.200, 568）

注20：孔一「拷問と自白強要調査報告」『少年犯罪研究』2000年，第2期。

第4章　刑期終了者再犯リスクアセスメント尺度（RRAI）の研究

は再犯率が比較的低いという結果は，実刑自体が再犯の重要な原因の一つであることを示している。財産刑（財産の没収や罰金）が付加されれば，こうした傾向により拍車がかかる。このことは犯罪類型の面からも説明できる。再犯率が最も高い罪名は，下層社会の犯罪者によって行われる窃盗や強盗などの財産罪なのである。再犯リスクが高い者は，刑務所の中で，たとえば脱走や自殺，その他の重大な規律違反に，より高い違反率を示し，監視強化・懲罰・刑期追加といった処罰をより多く受ける。また再犯リスクが高い者は，服役期間における罪への後悔の程度がやはり非再犯群より低い。

表4-7では，初犯の年齢同様，釈放時の年齢と再犯リスクには負の相関があ

表4-6　初回の受刑状況

変数（λ または τ または E^2 係数，有効標本数 N）	
罪名 *** （.205，558）	主刑 ** （.147，547）
付加刑 *** （.317，560）	刑期 （.002，435）
判決に対する考え *** （.204，543）	後悔の有無 *** （.326，552）
服役期間における自殺未遂の回数 *** （.275，548）	服役期間における脱走の回数 *** （.238，545）
服役期間における犯罪の回数 * （.152，542）	省レベルの賞遇授与回数 （.001，370）
刑務所レベルの賞遇授与回数 （.000，391）	功労襃賞回数 （.000，387）
表彰の回数 *** （.054，405）	減刑の有無 *** （.152，528）
減刑の回数 （.002，272）	減刑の累計時間 （.015，254）
通信 （.035，561）	面会 * （.113，559）
送金と小包 ** （.137，552）	減点状況 *** （.447，343）
監視強化回数 ** （.018，556）	懲罰回数 （.003，555）
刑期追加回数 * （.010，550）	重大な規律違反の回数 *** （.028，425）
一般的な規律違反の回数 （.000，433）	技術証書の数 （.045，383）
釈放前の管理等級 *** （.268，464）	不幸な出来事の数 （.000，380）

表4-7　初回出所時の状況

変数（λ または τ または E^2 係数，有効標本数 N）	
釈放時の年齢 *** （.243，470）	入所期間 （.006，505）
出所の形式 *** （.303，531）	出所時点の後悔の有無 *** （.213，549）
学歴 （.093，550）	婚姻状況 *** （.353，542）

ることを示す。減刑と仮釈放という，選択的な（優遇としての）刑事政策は，再犯について正反対の効果を持つ。本来国家が更正を促すために用いられた減刑が，犯罪者には当然の権利になって以降，犯罪者を感化する働きは失われ，逆に真の選択を経た，制限付きの仮釈放は，再犯抑制機能を間違いなく発揮している。婚姻は常に犯罪の解毒剤となるが，未婚と既婚の中間の過渡期である恋愛は，二重の影響を持ち，刑期終了者の自信と思いやりの心を増す可能性があると同時に，支出の増加と面子から犯罪に走る可能性もある。再犯群は出所時の罪を後悔する心がやはり低い。一度目の出所時の状況の中で再犯と関係する要因を，有意性と相関の高さに基づいて並べると，順に，出所時の婚姻状況，出所の形式，釈放時の年齢，出所時における後悔の有無となる。実際の拘禁時間，学歴とは関係がなかった。

表4-8では，出所後1年で，再犯群において既婚の割合が明らかに増加し，「現在恋愛中」の割合もまた大幅に増加するのは，社会復帰者にとって結婚する前の時期が，希望に満ちあふれているだけではなく危険も潜んでいることを示している。再犯群は，出所後にしばしばより劣悪な状況に置かれる。住所不定，家庭関係は緊張し経済状況は困難，失業して収入が支出に及ばない，刑務所仲間や以前の仲間との付き合いで友人に違法行為常習者がいる，犯罪が集中する場所に出入りする，などである。たとえば2回以上薬物使用をしたことがある者の，再犯群と非再犯群の比率は36.9：1.2である。再犯リスクが高い者は，

表4-8　初回出所後の状況

変数（λまたはτまたはE^2係数，有効標本数 N）	
学歴（.093, 552）	婚姻状況 ***（.381, 538）
居住状況 ***（.271, 537）	同居親族の人数（.004, 529）
親族との関係 *（.146, 546）	家庭の経済状況 ***（.185, 546）
職種 ***（.334, 541）	就職状況 ***（.249, 530）
収支状況 **（.166, 418）	友人構成 ***（.350, 442）
友人の違法行為 ***（.449, 548）	薬物使用を見たことがあるかどうか ***（.445, 545）
不幸な出来事（.003, 407）	予測犯罪率 ***（.053, 427）
予測処罰率 ***（.101, 434）	環境の犯罪への影響の見積もり（.005, 438）

第 4 章　刑期終了者再犯リスクアセスメント尺度（RRAI）の研究

それゆえにこそ社会の犯罪発生率を高く，処罰を受ける可能性は低く見積もりがちになる。

表 4-9 では，再犯リスクが高い者は出所後，犯罪前より多くの種類の，より高頻度の逸脱を行うことがわかる。これは次のような理由からである。①逸脱は犯罪に伴う行為で，両者の間には程度の差があるにすぎない。②多くの一般的な逸脱の積み重なりが重大な犯罪行為につながる。③行為や態度，考え方と習慣の一貫性を示している。合法的生活の機会が狭まるほど[注21]，逸脱や犯罪が通常の行動様式や生活様式になってしまう。

表 4-10 では，刺青は犯罪者が自ら行うラベリングであり，それはある種強烈な感情，すなわちある集団への帰属意識とある種の生活様式を求める欲求を表している[注22]。極端な浪費は犯罪者の財産管理では常態であり，これは計画性の無さから財政的な危機に陥る可能性や宿命感，よからぬつきあいのため非合法の収入を乱費してしまう結果である。再犯者は，刑事司法部門と接する過程で，機関や同類部門による暴力被害に遭うことが多いが，これは彼らの立場によってもたらされる結果であるとともに，彼らの再犯要因ともなる。

表 4-9　出所 1 年以内の逸脱の状況

変数（λ または τ または E^2 係数，有効標本数 N）	
飲酒 *** （.272，535）	徹夜でネットカフェで遊ぶ *** （.288，520）
賭博 *** （.421，536）	金銭や物を借りて返却しない * （.178，523）
酒酔い運転 *** （.314，523）	他人の物を強要 *** （.190，524）
人を殴る *** （.335，531）	武器を使って人を傷つける *** （.317，530）
薬物使用 *** （.246，524）	薬物購入 （.217，521）
公共物破壊 *** （.187，521）	窃盗 *** （.197，522）
盗品の売却 *** （.242，523）	詐欺 *** （.197，524）
にせの手形を偽造あるいは使用 （.120，519）	買春 *** （.430，528）

注 21：［米］エドウィン・サザーランド，ドナルド・クレッシー，デヴィ・ラッケンビル（著），呉宗憲他（訳）『犯罪学原理』（第 11 版）　中国人民公安大学出版社，2009 年，pp.344-346.
注 22：［伊］ジーナ・ロンブローゾ－フェレイロ（著），呉宗憲（訳），『犯罪者：チェザーレ・ロンブローゾ犯罪学の精義』中国人民大学出版社，2009 年，pp.26-27.

表 4-10　その他

変数（λ または τ または E^2 係数，有効標本数 N）	
刺青 *** （.253，466）	極端な浪費 *** （.259，457）
収容審査の回数 *** （.326，401）	収容審査期間に警察に殴打される *** （.287，367）
収容審査期間に他の被収容者に殴打される * （.174，367）	治安拘留の回数 （.036，373）
治安拘留期間に警察に殴打される （.120，331）	治安拘留期間に他の拘留対象者に殴打される （.040，328）
強制薬物中毒治療の回数 （.005，547）	強制薬物中毒治療期間中に警察に殴打される （.078，221）
強制薬物中毒治療期間中に他の薬物中毒治療者に殴打される （.058，216）	労働改造所に送られた回数 （.006，313）
労働教養[注23] 期間に警察に殴打される （.119，247）	労働教養期間に他の労働改造対象に殴打される （.121，241）
裁判所に判決を下された回数 *** （.409，428）	服役期間に警察に殴打される ** （.191，423）
服役期間に他の受刑者に殴打される （.142，412）	

4　再犯リスク要因：まとめ

　再犯リスクの要因をまとめると，再犯者の生活歴という面から見ると，（これらは）犯罪傾向の積み重ね（cumulative procriminal）の過程であり，すなわち個人の再犯リスクは，その人の経歴やその人が遭遇する状況に含まれる，不利な事柄の積み重ねと負の方向の強化過程なのである[注24]。また社会化の過程という面から見ると，再犯要因の構造は次のようにまとめられる。機能不全に陥った社会化（disfunctional socialization），すなわち家庭や学校，職場，刑務所，社会組織といった基本的な社会化の場やユニットが，あるべき機能を十分に実現しておらず，それゆえ再犯者が規律訓練を通して規則を熟知し遵守し，それによって社会が期待する役割を演じるというふうにならないのである。社

注23：〈訳注〉労働教養（労教）は旧ソ連から導入され，中国独自の展開をした一種の行政処分。裁判を経ずに警察が市民の自由の制限，強制労働，思想教育等の措置を行う（原則は4年以内）。憲法違反である・人権侵害であるといった多くの批判を生み，2013年に正式に廃止。
注24：［米］陳暁進「生命過程理論：個人犯罪行為の持続と変遷」，曹立群，任昕（主編）『犯罪学』北京大学出版社，2009年，p.54.

会的資源の格差（capital divide）は，再犯の重要なメカニズムである。つまり刑期終了者は自分の過去と比較し，他者の状態と比較して，受刑前後で大きな「社会的資源の差」が生じていることを認識する。こうした落差は主観的な心理バランスの崩壊をもたらし，直接に客観的な生存危機をもたらすこともある。したがって刑期終了者再犯リスクアセスメント要因の選択と抽出に際しては，犯罪者の生活歴を手がかりとして，その生活中の重要な人物，出来事，人間関係，特に重大な生活の転換点が犯罪者の生涯に与える影響について分析すべきである。

5 再犯予測表作成の原則と根拠

(1) 予測要因分類の合併

調査対象の回答記入上の便を考慮し，調査質問紙の中では，質問項目は生活史の順序に沿って分類を行ったが，実際の予測上，予測項目については改めて並べかえと分類をし直す必要がある。最終的に次の7種類の要因とした。①低年齢時の家庭状況。②低年齢時の行為。③初犯時の状況。④初回の受刑状況。⑤初回の出所状況。⑥初回出所から1年以内での逸脱の状況。⑦その他関連要因。

(2) 予測要因の取捨

①入手しやすいものを優先。関連する予測効力が同等の場合，入手しやすい要因を予測要因とした。たとえば，初犯年齢と初回の逮捕年齢はともに予測力があるが，逮捕年齢は犯罪者（社会復帰者）の人事記録の中に記載があり，より入手・確認しやすいため，逮捕年齢を予測要因とする。

②近因を優先。生活歴の異なる段階で予測効力のある同一要因については，現在から最も近い状態を予測要因とした。たとえば，初犯時の前の婚姻状況，出所時の婚姻状況と出所後1年での婚姻状況はすべて再犯と相関するが，われわれは現在から最も近い出所後1年での婚姻状況を予測要因とした。

③カテゴリごとの重みづけによるバランスの調整。低年齢時の状況，犯罪と刑罰の状況，出所後の状況について，それぞれの重みづけを1:1:2とした。

検出した相関要因がやや多い「低年齢時の行為」と「出所後の逸脱行動の状況」は，相関の強さ（$r \geqq 0.200$）とB式得点の内部差異（$d \geqq 35.0$）に基づいて取捨した。

（3）予測要因の内部属性の合併

再犯群と非再犯群の群内の割合（％）について，方向が同じ変数の値を合併し，異なるカテゴリ値間の差の有意性が増すようにした。たとえば，家庭の経済状況で「とても良い」「やや良い」「ふつう」を併せて「悪くない」に，「やや悪い」「とても悪い」を併せて「悪い」にした。父母間の関係で「ずっと一緒に住んでおり，まったくけんかや口論をしていなかった」と「ずっと一緒にいて，時々けんかや口論をした」を併せて「一緒に住んでおり，たまにけんかや口論をした」に，「離婚していないが，長期の別居」「離婚した」を併せて「別居あるいは離婚」にした。

（4）得点の設定
1 B式得点の決定法

一般に，変数がある属性でとる値について，再犯群内の割合（％）＞非再犯群内の割合（％）なら値を「1」，逆は「0」とした。もし，ある変数が2つ以上の属性を持ち，かつその値に漸進的な関係があれば，「0点」「1点」「2点」「3点」「……」とする。ただし，犯罪に明らかに促進的作用のある要因を持つ属性の場合，点差が大きくなるようにした。たとえば「労働改造[注25]を受けたことがある」について，「いいえ」は「0点」，「はい」は「3点」とする。B式得点は予測表の作成に用いた。

2 A式得点の算出法

A式得点は，再犯群群内割合（％）÷（再犯群群内割合（％）＋非再犯群群内割合（％））で算出した。B式得点は，高犯罪リスク要因の順序付けと再犯リスク曲線の作成に用いた。

注25：〈訳注〉服役中の犯罪者に労働を通して，更正，思想教育を行わせること。1954年の「労働改造条例」による。裁判を経る点で労働教養（p.72，注23）と異なる。

第 4 章　刑期終了者再犯リスクアセスメント尺度（RRAI）の研究

6 再犯予測得点表と等級区分表

(1) 予測要因得点表

表 4-11　低年齢時の家庭と学業得点表（0, 7）

番号	変数	属性	B式得点	A式得点
1	父母間の関係	ずっと一緒に住んでおり，いつもけんかや口論をしていなかった；ずっと一緒に住んでおり，時々けんかや口論をしていた	0	45
		…注26	1	60.4
		ずっと一緒に住んでおり，いつもけんかや口論をしていた	2	…
2	父親の教育方法	民主	0	37.2
		専制的／放任	1	50
		溺愛／乱暴	2	62.5
3	母親の教育方法	民主／専制的／放任	0	46.2
		溺愛／乱暴	1	56.7
4	就学放棄（卒業前）学習成績が非常に悪い	いいえ	0	47.6
		はい	1	78.7
5	学校で処分を受けたことがある	いいえ	0	46.5
		はい	1	62.6

表 4-12　低年齢（14歳以前）での行為得点表（0, 13）

番号	変数	属性	B式得点	A式得点
1	賭博	5回以下	0	…
		6回以上	1	85.2
2	人を殴る	3回以下	0	43.3
		4回以上	1	85.8
3	窃盗	1回以下	0	45.6
		2－3回	1	66.4
		4回以上	2	94.4

注26：〈訳注〉表中のいくつかの項目は RRAI 著作権保護の目的で著者により非表示となっている。

4	金銭や物を借りて返却しない	3回以下	0	49.1
		4回以上	1	90.5
5	他人の物を強要	なし	0	47.8
		1－2回	1	53.2
		3回以上	2	…
6	家出	なし	0	41.2
		…	1	58.6
		…	2	84.5
7	無断欠席	なし	0	36.9
		1－3回	1	52.9
		4回以上	2	79.7
8	親の金をだまし取る	なし	0	33.8
		1－2回	1	61.4
		3回以上	2	72.8

表 4-13 初犯時の状況得点表（0，12）

番号	変数	属性	B式得点	A式得点
1	一度目に逮捕された年齢	25歳以上	0	28.8
		21-25歳	1	58.2
		16-21歳	2	65.8
		16歳以下	3	78.4
2	犯罪類型	職務犯罪	0	0
		その他の犯罪	0	31.3
		…	1	60.1
3	犯罪動機	金銭や財物のため／性欲を満たすため／その他	0	40.7
		報復のため／面白いから／友人を助けるため	1	66.1
4	共犯状況	単独犯	0	38.1
		2人組での犯行	1	54.8
		3人以上での犯行	2	66.8
5	犯行回数	1回	0	40.8
		2－3回	1	56.4
		4－6回	2	63.3
		7回以上	3	…

第4章 刑期終了者再犯リスクアセスメント尺度（RRAI）の研究

6	尋問中／拘置所で／刑務所で警察・刑務官に殴られた回数	なし	0	32.9
		1度殴られた	1	57.7
		2度以上殴られた	2	…

表 4-14 初回の受刑とその他の受罰状況得点表 （0，20）

番号	変数	属性	B式得点	A式得点
1	自分の犯罪を後悔した	いいえ	0	48.6
		はい	1	71
2	判決が重すぎると感じた	いいえ	0	…
		はい	1	59.6
3	服役期間に自殺を図ったことがある	いいえ	0	49
		はい	1	61.8
4	服役期間に脱走行為を行ったことがある	いいえ	0	49.5
		はい	1	78.4
5	監視強化を受けたことがある	いいえ	0	36.2
		はい	1	77.3
6	釈放時の年齢	25歳以上	0	39.2
		…	1	63.4
		…	2	75.9
7	治安拘留されたかどうか	いいえ	0	37.7
		はい	2	62.3
8	強制薬物中毒治療を受けたかどうか	いいえ	0	33.3
		はい	…	66.7
9	労働改造所に送られたかどうか	いいえ	0	39.6
		はい	3	60.4
10	裁判所に判決を下された回数	1回	1	32.9
		2回	3	67.1
		3回以上	…	…

表 4-15　初回出所後の状況得点（0, 23）

番号	変数	属性	B式得点	A式得点
1	婚姻状況	既婚	0	27.7
		…	1	54.6
		離婚／配偶者と死別	2	72.7
		未婚で恋愛中	3	82.1
		未婚で恋愛の相手と別れたばかり	4	100
2	居住状況	一箇所に固定して居住，あるいは1回転居	0	44.2
		2回転居	1	68
		3回以上転居	2	92.7
3	親族との関係があまりよくない	いいえ	0	48.7
		はい	1	77.5
4	家庭の経済状況があまりよくない	いいえ	0	45.7
		はい	1	67
5	職種	社会管理者／私営企業経営者	0	23
		その他の職種	1	41.2
		…	2	69.2
6	就職状況	一年通して仕事がある	0	39.6
		時々仕事がある	1	44.4
		一年通して失業	2	70.9
7	収支は生活を維持できるものである	はい	0	46.8
		いいえ	1	65.2
8	友人が主に服役時の刑務所仲間である	いいえ	0	47.7
		はい	2	91.5
9	友人の中の犯罪者の数	いない	0	31.5
		1人	1	67.5
		2人以上	2	89.2
10	薬物使用を見たことがある回数	なし	0	35.1
		1回見たことがある	1	76.7
		2回以上見たことがある	2	96.9
11	見積もり上での社会での犯罪率が…％を超えている	超えていない	0	34.5
		超えている	1	66.5

第 4 章　刑期終了者再犯リスクアセスメント尺度 (RRAI) の研究

12	見積もり上での国の犯罪に対する処罰率が…%よりも低い	いいえ	0	36.6
		はい	1	65.4
13	刺青の有無	なし	0	42.7
		あり	1	77.2
14	支出の計画性の有無	計画性あり	0	39.1
		計画性なし	1	65

表 4-16　出所 1 年以内の逸脱得点 (0, 14)

番号	変数	属性	B 式得点	A 式得点
1	飲酒の回数	3 回以内	0	43.2
		4 回以上	1	76.5
2	薬物使用をしたことがある	なし	0	46.2
		ある	2	…
3	賭博の回数	3 回以内	0	38.2
		4 回 － 5 回	1	53.8
		6 回以上	2	97.9
4	買春の回数	なし	0	37.6
		…	1	86.4
		…	2	98.9
5	徹夜でネットカフェで遊ぶ	1 回以内	0	43.5
		2 － 5 回	1	53.9
		6 回以上	2	89.9
6	人を殴る	なし	0	40.4
		1 回ある	1	57.9
		2 回以上	2	89.9
7	窃盗	なし	0	46.9
		1 回ある	1	63.9
		2 回以上	2	91.4
8	盗品の売却	なし	0	46.3
		あり	1	…

第 2 部　中国の法心理学研究から

（2）再犯リスク等級区分表

① リスク等級は一般的には三ないし五級に分けられるが，本研究では五等級を採用する。すなわち再犯リスクを「低」「やや低」「中」「やや高」「高」に分ける。

② 各等級に対応する得点区間の幅は，正規分布の理論モデルに基づき決める。すなわち，リスク「低」と「高」がそれぞれ 16％（両等級合計で 32％），「やや低」「やや高」がそれぞれ 22％，「中」が 24％（3 つの等級の合計で 68％）となる。

③ 得点の最大値は，表 4-11 から表 4-16 の中の各リスク要因の B 式得点の最大値の和で，計算結果は 89 である。

④ 各区間のとる値の差の最大値は得点の最大値と得点区間の幅の積で，89 × 16％ = 14，89 × 22％ = 20，89 × 24％ = 21，89 × 22％ = 20，89 × 16％ = 14 となる。

⑤ したがって，各区間は，次のように定めることができる。[0, 0 + 14]，[14, 14 + 20]，[34, 34 + 21]，[55, 55 + 20]，[75, 75 + 14]。すなわち，[0, 14]，[14, 34]，[34, 55]，[55, 75]，[75, 89]。

リスク等級区分表は表 4-17 を参照。

表 4-17　リスク等級区分表

危険レベル	低	やや低	中	やや高	高
％	16	22	24	22	16
点数の範囲	[0, 14]	[14, 34]	[34, 55]	[55, 75]	[75, 89]

7　まとめ

刑期終了者再犯リスクアセスメント尺度（RRAI）を直接地域に根づかせ，更正支援と教育を行う中で，社会復帰者の再犯リスクアセスメントに活用することができる。第五，第六類の要因を除きリスク等級区分表を計算し直したあとで，量刑の宣告，あるいは仮釈放の裁定に先立つ社会調査によって，犯罪者

第4章　刑期終了者再犯リスクアセスメント尺度（RRAI）の研究

が再び社会に危害を及ぼす可能性の評価に用いられる。修訂後に（訳補：刑務所への収容措置を執られず）地域コミュニティ矯正に服する犯罪者の再犯リスクアセスメントに用い，地域での服役者の管理等級や警戒レベルを決めるうえで参考にできる。本研究は国内の同様の研究と比較して，研究仮説やサンプルの選択，分析方法などの面で質的に前進している。しかし国際的で先進的なリスクアセスメントツールと比較すれば，依然として以下の面で改善を続ける必要がある。

①犯罪者の生理的な要因や個性的な心理特徴について，成熟した技術や尺度を用いて測定し，合わせて外部の行為や出来事との関連について決めること。

②質問紙調査以外に，調査対象一人ひとりにより深い面接を行い，また調書を閲覧し，家族や職場，事情を知る人を訪問することで，関連する情報を確認し，深めること。

③犯罪者に対して分類研究を行い，それぞれに対応する評価ツールを作成すること。たとえば暴力犯の再犯リスクアセスメント尺度，性犯罪者の再犯リスクアセスメント尺度，財産犯の再犯リスクアセスメント尺度などである。

④客観的な算出法を使って低年齢時の状況や犯罪と刑罰の状況，出所後の状況が再犯リスクに与える影響についての重みづけを確定すること。

⑤各要因の間の相互作用を算出し，より精確に各要因を総合したうえで各因子の影響力について確定すること。

上述の開発過程からわかるように，刑期終了者再犯リスクアセスメント尺度（RRAI）は，再犯に影響する多くの要因を客観化，構造化する過程なのであり，成熟した犯罪学理論（たとえば，サイバネティクス理論，分化的接触理論，ラベリング理論など）による犯罪行為理解と，研究者の服役犯罪者に対する長年の観察やインタビューで得られた犯罪者やその生活史理解の結晶である。研究で得られた大部分の予測要因ならびにその重みづけは，犯罪と刑罰分野の研究者や実践者の主観的な感覚と比較的一致している[注27]（比較的高い表面的妥当性 face validity を備えている）。しかし予測の正確性についての最終的な判断は，標準化のための妥当性の検査測定による。つまり今回のサンプル以外のサ

ンプルでRRAIを用いて測定し,「第一種の過誤」「第二種の過誤」の2種類の割合を算出して行う。本研究者は今後RRAIの妥当性の検査測定を行い,結果を報告し,尺度を修訂し,予測の正確性を高める予定である。

　刑期終了者再犯リスクアセスメント尺度（RRAI）は,社会復帰者の再犯リスクの等級付けや分類を行うだけでなく,再犯に影響する高リスク要因の分析と,それに基づく専門的介入にも役立つ。これらの要因には再犯を引き起こす過去の要因を含むだけではなく,再犯に影響する現在の（訳補：復帰者の）需要も含まれ,その需要には取り除くべきものもあれば,満たすべきものもあるからである。刑期終了者の再犯リスクアセスメント尺度（RRAI）は,これらのリスクと需要を発見し,適切に対応するのに役立つ。尺度開発のなかで再犯要因に関わる信頼できる知識が得られたことで,われわれは犯罪管理における刑事法と社会政策の現状に反省と批判を加えざるをえない。

①再犯の形成は,積み重ねの過程である。犯罪の管理も同様にひとつの過程であるべきで,ある一時点の一種類の介入措置（たとえば刑を定め刑務所に入れる）によって解決できるものではない。

②再犯は社会化機構の機能不全の結果であり,犯罪予防はただ犯罪者を改造するだけで社会は改造しなければ実現しない。

③刑罰,特に刑務所に収容する自由刑は出所後に社会的資源の格差を生み出し,再犯を誘発する重要な変数となっている。したがって刑罰の拡張と懲罰の乱用に効果はなく,ただ「応報」の意味があるだけで,「犯罪予防」の意図もまた実現不可能なのである。

④司法による暴力と再犯可能性の間の高い相関は,次のことを警告している。国家機関職員の非合法な暴力的制裁をなくすことには,人権保障上の要請であるだけでなく,犯罪を予防し,社会を防衛する現実的な意義もある。

注27：この意味で言えば,実践分野における適切な場所で更生の手助けを行うこと,審理前社会調査,地域コミュニティでの服役者の分類管理は,広く再犯リスクアセスメント（人格危険性評価／再犯予測）に関連するものであり,実務者は基本的に有限な経験に基づいて判断をくだしている。そして,こうした判断が実際に社会復帰者と犯罪者の行方と処遇に影響している以上,実践と理論,現在と歴史,経験と知識を総合した科学的評価こそが,実務者に重要な価値をもつものである。抽象的な不可知論や人権論から出発して,根本的に再犯リスクアセスメントを否定するのは,人々の尊敬は受けても受け入れられることはない（典型的な批評は,趙軍「『先知』の惑い─犯罪予測の限界性についての研究」『河南公安専科学校学報』2010年,第6期,を参照）。

⑤刑務所の三大逆説（社会化逆説，社会整合性逆説，権利付与逆説）と刑期終了者の社会復帰逆説が，刑務所に収容される自由刑に固有のものである以上，再犯リスクアセスメントを基礎に非犯罪化された非収容的な処遇が，刑事政策の最も重要な方向性となるべきである。

第5章

被疑者の自白に影響する要因と その対策に関する研究[注1]

羅 大華[注2]・周 勇[注3]・趙 桂芬[注2]（翻訳：山本登志哉）

〈概要〉195名の取調関係者[注4]と185名の服役囚を被験者とし，質問紙を用いて被疑者の自白[注5]に影響する要因を研究し，それに相応する対策を提案する。結果は，①被疑者[注6]の自白動機づけの未形成に影響力を持つものとして10種類の要因が認められ，また被疑者が事実どおりに自白する動機づけに影響力を持つものとして9種類の要因が認められ，その中では取調関係者が考える影響力の大きさは基本的にすべて服役囚が考えるより大きく，同時にそれぞれが各々の傾向を有していた。②自白の意志があるのに被告人の事実どおりの自白を防げる可能性がある15の要因が認められ，そのうち6種類の要因は確実に一定の影響力を有していた。③被疑者が自白を拒む問題を解決するのに有効なものとして9種類の対策が普遍的に認められており，自白の意志がある被疑者がまだ事実どおりに自白できない問題の解決に有効なものとして10種類の対策が認められ，取調関係者と服役囚の間には対策の有効性評価について，相互補完性があった。

注1：〈訳注〉出典は『心理学報』1996年，Vol.28, No.4, 396-404.
注2：中国政法大学。
注3：司法部予防犯罪研究所。
注4：〈訳注〉原語は「執法人員」。
注5：〈訳注〉原語は「供述」だが，中国では「自白」を言う場合が多く，ここではその意味であるためすべて「自白」に統一した。中国の取調べについては第3章2節参照。
注6：〈訳注〉原文は有罪判決を受けた「被告人」だが，本論文では主に被疑者段階が扱われているため，訳は「被疑者」に統一した。

第 5 章　被疑者の自白に影響する要因とその対策に関する研究

●キーワード：被疑者　自白　対策　影響　要因

1　研究目的

　被疑者の自白とは，被疑者が刑事訴訟過程において，警察機関や検察院，裁判所で犯罪に関する事実や情状を認めて行う陳述を指す。本研究では被疑者は専ら有罪判決を受けた者を指す。

　司法の実践において，しばしば次のような状況に遭遇する。被疑者が自白する気になっていない場合，自白拒否や虚偽自白といった形で現れる。自白する気になっている場合，自らの犯罪事実や情状を事実どおりに自発的に自白する。被疑者が自白する気になっているが事実どおりに自白する能力がない場合，本人は自主的に自白するが，それが誤った自白であったり不完全な自白であったりする。これらの状況が出現する原因は何であろうか？　またどんな対策があるだろうか。これらの問題について研究を展開することにより刑事証拠理論の発展や改善に寄与でき，さらに刑事訴訟の実践活動にも寄与できる。このため，これまで長期にわたり，国内外ではこの領域について多くの研究が行われてきた。

　しかし問題は，大部分の研究はただ個別事案の一種の経験的総括であったり，理論的な分析的考察であり，実証研究による支えが不足していることである。そうなると研究の深さに相当程度の制約が加わるばかりでなく，数量化の視点から被疑者の自白問題の関連要因が持つ影響力の大小などの法則性を明示できず，さらにはその結論の科学性や普遍的な応用価値にも一定の制約が加わることになる。また，既存の研究はしばしば取調関係者の側の認識や経験的知識にのみ重点を置き，刑事被疑者の見方を欠いていた。さらに理論的には，被疑者の自白がどのような要因から影響を受け，関連する対策がどのような作用をもたらすかといった問題から言えば，一番発言権を持つのはもちろん警察，司法といった取調関係者及びかつて刑事被告人であった服役囚であるが，そのどちらか一方から得られた認識や結論は，身分の違いに応じて何らかの偏りが現れる可能性を持っている。それゆえ，われわれは質問紙による測定法を用い，取調関係者と服役囚を被験者として，影響力を持ちうると仮定された要因の影響

の程度や対策措置の有効性評価について定量分析を行うことを通し，被疑者の自白の要因とそれへの対策に関する問題を研究し考察する。

2 研究方法

(1) 被験者

取調関係者 195 名と服役囚 185 名から構成される。前者は某警察学院刑事捜査・警察の予審専攻及び某政治法律管理幹部学院司法専攻の研修生から無作為に選ばれ，政治法律関係の職歴平均 5.7 年，そのうち尋問歴平均 2.1 年である。後者は某監獄の囚人から無作為に選ばれ，学歴は小学校 40 名，中学校 86 名，高校以上 59 名である。

(2) 質問紙の作成

質問紙は全部で 55 の質問からなり，3 つの部分と 5 つの状況に分けられている。
① 以下の要因は事案の審理において，1) 自白する気にならない，2) 自白する気になる，ことに対してどの程度の影響を持つか？
② 以下の要因は自白する気になった被疑者がなお事実どおりに自白できなくなることにどの程度影響するか？
③ 被疑者が，1) 自白する気にならない　2) 自白する気になったが事実どおりに自白できない，問題を解決するために，以下の対策はどの程度の有効性を持つか？　各状況について，研究者は現場の人々へのインタビューや諸文献に基づき，それぞれ被疑者の自白に影響するいくつかの基本的要因や主たる対策を設定し，被験者に対して各要因や対策の影響力や有効性を三件法で評価してもらう（小から大までそれぞれ 1 点，2 点，3 点として点数化）。2 つの被験者グループが用いる質問紙は，教示に差があるだけである。

(3) データ処理

① 両グループの被験者についてそれぞれの質問に対する評定点について平均

値の差の検定を行う。
② 両グループの被験者についてそれぞれの質問に対する評定点及び両グループ合わせた全体の評定点（平均値）について影響力が強い順，または効果が大きい順に配列する。
③ 三等分法を用い（三件法であるので），点数の意味について改めて境界線を定め，1.67 以下を影響なしまたは無効（Ⅰ類），1.67 〜 2.34 の間をある程度影響有りまたはある程度効果有り（Ⅱ類），2.34 以上をとても影響有りまたはとても有効（Ⅲ類）とする。

3 研究結果

（1）要因の被疑者の自白動機に対する影響の有無

まず被疑者の自白動機を生み出さない要因について分析を行う。結果を見ると（表 5-1），全体としては列挙された影響力を持ちうる 10 種類の要因はどれも被疑者が自白する気にならないものと見なされており，なかでも要因 1 の「取調官の拷問による自白強要」は強い影響があると見なされた。要因 1 以外では，取調関係者が認識する各要因の影響力は服役囚に比べていずれも大きかった（要因 2 を除き，有意差の水準は 1% 以下）。要因 3「取調官の問い方が妥当性を欠き，用いる言葉が不当で，被疑者の人格や自尊心を損なう」の影響力（訳補：

表 5-1　被疑者の自白動機の未形成に影響する（自白する気にならない）要因

1. 取調官の拷問による自白強要
2. 取調官の態度が過度に厳しく，硬く，粗暴である
3. 取調官の問い方が妥当性を欠き，用いる言葉が不当で，被疑者の人格や自尊心を損なう
4. 被疑者がすでにある程度取調べに抵抗する経験や虚偽自白経験を持っている
5. 被疑者が「認めればかえって処罰を受ける」ことを恐れ，「自白をすれば牢獄で，黙り通せば家で年越し」を信じていたりする
6. 被疑者が，名誉が傷つくことや，不正に得た物を失うことや，親しい友人たちに迷惑をかけることを恐れる
7. 被疑者が仲間から報復を受けることを恐れる
8. 被疑者が義侠心を持っていて，仲間を守ろうとし，「すべて背負って仲間を売らず」
9. 被疑者がまぐれを期待する気持ちで，嘘で真実を隠し，ごまかしてやりすごそうとする
10. 被疑者が虚言癖を持っている

表 5-2　被疑者の自白動機の形成に影響する（自白する気になる）要因

1. 取調官が拷問によって自白を迫る
2. 証拠を示されて，犯行はもう暴露されたと自ら感じる
3. 関連する方針や政策に心を動かされ，（訳補：政策や方針に基づいた）寛大な処置を得ようとする
4. 取調官が情に訴え，道理を諭す
5. 親族や友人，上司や同僚の説得
6. 良心の痛みを感じ，他人（被害者や親しい友人）と自分自身に申し訳なさを感じ，懺悔の思いを持つ
7. 「君子危うきに近寄らず」
8. 「一人でしたことは一人で背負う」，犯罪を英雄的行為と見なす[注7]。
9. 仲間の説得
10. 刑罰の抑止力

認識）が突出しており，両グループの被験者による評価でともに上から3位以内である。これ以外の上位3位以内の要因は，取調関係者については被疑者に関する要因（要因4, 5），服役囚については取調関係者に関する要因（要因1, 2）となっている。

　引き続き，被疑者が自白する気になる要因について分析した。結果を見ると（表5-2），要因7の「賢い男はみすみす損をしない[注8]」を除く9つの要因はいずれも被疑者が自白する気になる影響力を持つと見なされた。そのうち，上で見たように取調関係者が服役囚が考えるよりどれも強い影響力を認めるといった傾向の他に，最も影響力を持つと考えられた上位3要因は，取調関係者では要因2, 9, 4, 服役囚では要因6, 1, 5であった。このほか，全体的に見て表5-2で目につくことは，要因2の「証拠を示されて，犯行はもう暴露されたと自ら感じる」が被疑者に対して「とても影響有り」の水準に達したことである。

（2）自白する気になった被疑者が事実どおりの自白ができない要因

　われわれが質問紙の中に設けた15種類の，自白する気になりながら事実どおりに自白できないことに影響する可能性のある要因について，統計的結果を

注7：〈訳注〉罪を一人で背負って英雄気分になること。
注8：〈訳注〉無駄な抵抗をしない。

表 5-3　自白する気になった被疑者が事実どおりの自白ができない要因

1. 取調べの環境が適切かどうか（たとえば照明，調度品，録音の有無，撮影など）
2. 取調官の年齢，性別及び職務
3. 取調官が上手に思い出させ，その方法が適当であるかどうか
4. 取調官の言葉が平易でわかりやすいかどうか
5. 被疑者の年齢
6. 被疑者の学歴
7. 被疑者の身体状況（たとえば聴力障害の有無，どもりの有無，疲労，病気など）
8. 被疑者の知的レベル（たとえば痴呆や思考の混乱状態かどうか）
9. 被疑者がパニックになったり，過度に緊張したり焦ったりしているか否か
10. 犯罪情状の複雑さの程度
11. 犯罪行為の発生から自白までの間の時間の長短
12. 被疑者の言語的表現能力（たとえば言葉の使い方が適当で正確かどうか）
13. 被疑者が自白する前の準備状況
14. 被疑者の関連する法律知識や取調べを受けた経験
15. 被疑者が犯罪行為や侵害対象を熟知している程度

見ると（表5-3），全体としては，それらすべてに影響力が認められたが，どれも「とても影響有り」の水準には達しなかった。表5-3でわかるように，被疑者が自白する気になりながら事実どおりの自白ができない要因として上位10位以内に評価された要因のうち，8つが2つの被験者グループで共通しており，そのうち6つの要因の影響力評価は両グループの間で有意差がなかった。このように，これら6つの要因（要因8，9，10，11，13，14）[注9]は明らかに被疑者が自白する気になったのに事実どおりの自白ができなくなることに一定の影響を持っている。なかでも要因9の「被疑者がパニックになったり，過度に緊張したり焦ったりしているか否か」と要因8の「被疑者の知的状態（たとえば痴呆や思考の混乱状態かどうか）」の影響はかなり目立っている。

（3）自白する気になったり，ならなかったりしながら事実どおりの自白をしない被疑者への対策の有効性について

表5-4によれば，被疑者が自白する気にならないことへの対策の中で，対策10のみが服役囚から効果無しと見なされた。しかしながら対策10も取調関係者や全体的に見れば比較的有効と見なされた。対策10の他，残り

注9：〈訳注〉7と12は取調関係者のデータが10位を超えているので除外されている。

の9種類の対策はすべて被疑者が自白する気にならない問題の解決に有効であると認識されており，全体的に見て特に有効な対策は6の「適切なタイミングで証拠を示し，言い逃れを期待する気持ちを打ち消す」と2の「被疑者に葛藤[注10]をうまく引き起こし，拒む気持ちを解きほぐす」，5の「被疑者の自白の矛盾するところをタイムリーに見いだして示す」である。

表5-5を見ると，自白する気になっているのにまだ事実どおりに自白できない被疑者への対策では，10種類すべての対策が効果有りと見なされた。その

表5-4　事実どおりの自白をしない被疑者への対策の有効性

1. 人格を尊重し，情に訴え，拷問によって自白を強要したり，自白を誘導したり指示したりすることをしない
2. 被疑者に葛藤をうまく引き起こし，拒む気持ちを解きほぐす
3. 政策を良く説明し，利害を明らかにし，心配を打ち消す
4. 親しい友人の助けを借りて説得する
5. 被疑者の自白の矛盾するところをタイムリーに見いだして示す
6. 適切なタイミングで証拠を示し，言い逃れを期待する気持ちを打ち消す
7. 被疑者に相手の身になり，被害者の視点に立って考えさせる
8. 対質の方法を適宜利用する
9. 驚き慌てて狼狽している者に対しては雰囲気を和らげ，出口を指し示し，精神的圧力を軽減させる
10. その気にさせる方法を用い，被疑者の「名誉感」や「英雄的気概」を刺激する

表5-5　自白する気になっているのに事実どおりに自白できない被疑者への対策

1. 尋問時の緊張した雰囲気を和らげるよう注意し，被疑者の心理的圧力を軽減する
2. 手がかりを提供し，被疑者が考える道筋を整理する手助けをし，思い出させる
3. 取調環境の配置やスケジュールに気遣う
4. 質問の言葉を平易で的確でわかりやすくする
5. 被疑者が考えるのを許し，安易にその思考を妨げない
6. 取調べ前に被疑者に考える時間を一定与える
7. 穏やかな態度で，粗雑で粗暴な態度を取らず，いたずらに刺激する言葉を避ける
8. 取調べの方式や方法を柔軟に変化させ，できるだけその人に適した取調べを行う
9. 暗示的な質問を避け，誘導やひっかけによる自白を避ける
10. 被疑者の自白中で漏れているところや事実と合わないところををうまく見いだして指摘する

注10：〈訳注〉原語「思想闘争」を意訳。

うち全体的に見ると，とても有効あるいはそれに近い対策に2種類があり，対策8の「取調べの方式や方法を柔軟に変化させ，できるだけその人に適した取調べを行う」と対策5の「被疑者が考えるのを許し，安易にその思考を妨げない」がそれである。

表5-4と表5-5をまとめて見ると，2つの被験者グループには対策の有効性評価において相補性が見られることがわかる。取調関係者は取調官の能動性を体現する尋問技術の面での対策，たとえば，自白する気にならない被告人への対策2，5，6，8や，自白する気になりながらまだ事実どおりの自白ができない被告人への対策1，4，8，10（有意差水準5%未満）をより重視する。これに対して服役囚は人格の尊重や情に訴える対策を重視している。たとえば自白する気のない被疑者への対策4，7，そして自白する気になっているがまだ事実どおりに自白できていない被疑者への対策6（有意差水準1%未満）である。

4 分析と討論

（1）被疑者が自白する気になるかどうかに影響する要因

関連文献や取調実践経験に基づいて，本研究では被疑者がまだ自白する気になれない場合とすでに自白する気になっている場合の両者についてそれぞれ10種類の影響要因を仮定した。取調関係者と服役囚から得られたデータ資料の研究によってこれらの仮定が基本的に実証されたばかりでなく，さらに次のようなことが見いだされた。「取調官の拷問による自白強要」と「取調官の問い方が妥当性を欠き，用いる言葉が不当で，被疑者の人格や自尊心を損なう」は被疑者が自白する気になれないような突出した影響を及ぼす要因であるのに対し，「証拠を示されて，犯行はもう暴露されたと自ら感じる」は被疑者が自白する気になることに非常に影響力を持つ要因であった。この結果は心理学的な動機形成法則に適合したものである。取調実践において，様々な要因が被疑者が自白する気になれない要因となりうるが，拷問によって自白を迫ることや相手を侮辱することは絶対に見過ごすことのできない要因であり，それは容易に被疑者の抵抗感を生み，対立し，拒絶し，あるいは反抗や協力拒否の心理を生み出す。そして自白する気を芽生えさせることを直接妨げ，同時に容易に冤

罪事件をも生み出す。これに対して被疑者が自白する気になる最もよい方法は，関連する証拠を示して，被疑者がうまく逃れようとする気持ちを捨てさせ，心理的な防衛線を解いて自白する気にさせることである。

　結果からさらに見いだされたことは，以上のような各要因について，取調関係者が認識する影響力は基本的にすべて服役囚の認識より大きく，同時にそれぞれが各々の傾向を持っていたことである。前者のような結果が得られた主な原因は，われわれが仮定した影響要因が多数の取調関係者の尋問実践経験の中で練られ，導き出されたものであり，それゆえ取調関係者は服役囚に比べるとそれに共鳴しやすく，評価もまた相対的に高くなることである。後者の結果は主に両グループの被験者の法的地位が異なり，感受性や体験にかなり大きな違いがあり，問題を考え，見る角度が自ずと異なるためである。

（2）自白する気になった被疑者になお事実どおりの自白をできなくする要因

　「自白する気になった被疑者がなお事実どおりの自白ができない」現象について，本研究は15の要因が影響するものとして認識されたが，いずれも「とても影響する」という水準には達しなかった。これはおそらく尋問場面[注11]で「自白する気になった被疑者がなお事実どおりに自白できない」現象は様々で，類型も多種多様であり，影響力に関する要因もきわめて多くかつ分散しており，ある類型のもとでは影響する要因が，別の類型では影響がなかったりというように，この要因の影響力は相殺されて突出したものがなくなったのであろう。

　本研究でさらに見いだされたことは，2つの被験者グループは共通して要因8，9，10，11，13，14の6種の要因が確実に「自白する気になった被告人がなお事実どおりに自白できない」ことに対する影響力を持つものと認識している。なかでも要因9の「被疑者がパニックになったり，過度に緊張したり焦ったりしているか否か」と要因8の「被疑者の知的レベル（たとえば痴呆や思考の混乱状態かどうか）」の影響がかなり目立つ。その原因は，これら6種の要因（特に要因9，8）はいずれも取調過程と密接な関係があり，被疑者の自白の質に直接影響するからである。たとえば，要因8，9，13，14は被疑者の取

注11：〈訳注〉原語「在司法実践中」を意訳。

調時における心身状態と関連する素質に関するものであり，要因 10, 11 は犯罪の情状の複雑さや自白時間が長引くことに関するものである。その他の 9 種の要因については，尋問過程に関連するものの，おそらく影響の直截さや明確さや普遍性が十分でないために一段低い位置になったと考えられる。

（3）自白する気のない，または自白する気になっているがなお事実どおりに自白できない被疑者への対策の有効性

　本研究によれば，対策 10 の「その気にさせる方法を用い，被疑者の『名誉感』や『英雄的気概』を刺激する」を除き，残りの 9 種類の対策は「被疑者が自白する気にならない」問題を解決するのに有効であると普遍的に認められている。なかでも特に有効な対策には「適切なタイミングで証拠を示し，言い逃れを期待する気持ちを打ち消す」「被疑者に葛藤をうまく引き起こし，拒む気持ちを解きほぐす」「被疑者の自白の矛盾するところをタイムリーに見いだして示す」がある。その理由は，対策 10 が用いられる被疑者は非常に限られており，またとても有効な 3 つの対策については，取調過程において，被疑者の自白を促す際に遵守されるべき一般的な原則ないし準則であり，その適用面は広く，適切性も強く，有効性もかなり高いからである。

　「自白する気になった被疑者が未だ事実どおりに自白できない」問題を解決するには，本研究では列挙された 10 種の対策がどれも有効と認識されていることがわかった。なかでも全体的に見てとても有効またはそれに近い対策には「取調べの方式や方法を柔軟に変化させ，できるだけその人に適した取調べを行う」と「被疑者が考えるのを許し，安易にその思考を妨げない」である。主観的には自白する気になった被疑者に対しては，客観的にまだ事実どおりに自白できていないことは実際には自白の質の悪さの問題であるとわれわれは考える。これに対しては，取調時に少なくとも以下の 2 点を考慮する必要がある。1 つ目は自白主体すなわち被疑者の具体的特性について考慮することであり，その人に応じた取調べを行うという対策をとり，当を得た方法を用いなければならない。2 つ目は自白する気の被疑者に対して，その主体性が発揮されることに留意すべきで，自ら考えさせて，軽々しくその思考を妨げることやめ，そうすることで被疑者がパニックになったり過度に緊張したり焦って誤った自

白や不完全な自白になることがないようにする。付け加えるならば，上述のこれらとても有効な対策と，本研究の前半部分で見いだされた自白する気になった被疑者がなお事実どおりに自白できないことに影響する主な要因は基本的に一致しており，お互いに対応するものである。

　本研究ではさらに次のことがわかった。両グループの被験者は上述の対策の有効性評価について相補性を持っており，取調関係者は取調官の能動性を体現する取調技巧の側面を，服役囚は人格の尊重や情に訴える対策を重視する傾向がある。すでに述べたように，この傾向も2つの被験者グループの法的地位や思考の角度が異なることによる。注目すべきことに，この傾向からは，取調関係者のような傾向は実際は一面的なものであり，取調官の能動性を体現する取調技巧面の対策を過度に重視しており，人格の尊重や情に訴える対策を軽視していることが推測される。

5　研究の結論と提言

① 被疑者が自白する気になるか否かに影響する要因のうち，10種の要因が被疑者が自白への動機を形成できない状況に影響すると認識され，なかでも「取調官の拷問による自白強要」と「取調官の問い方が妥当性を欠き，用いる言葉が不当で，被疑者の人格や自尊心を損なう」の影響力が大きい。9種の要因が被疑者が事実どおりに自白する気になる影響力を持つと認識され，なかでも「証拠を示されて，犯行はもう暴露されたと自ら感じる」はとても影響力があると見なされている。以上の大部分の要素において，取調関係者が認識する影響力は基本的にすべて服役囚が認識しうるものよりも大きく，同時にいずれもが特有の傾向を持っている。

② 15種の要因が「自白する気になりながらまだ事実どおりに自白できない」被疑者に影響力を持つ可能性があり，なかでも6種の要因は確実に一定の影響を持っている。特に「被疑者がパニックになったり，過度に緊張したり焦ったりしているか否か」と「被疑者の知的レベル（たとえば痴呆や思考の混乱状態かどうか）」が目立つ。

③ 9種の対策が「被疑者が自白する気にならない」問題の解決に有効と考え

第5章　被疑者の自白に影響する要因とその対策に関する研究

られており，なかでもとても有効な対策としては「適切なタイミングで証拠を示し，言い逃れを期待する気持ちを打ち消す」「被疑者に葛藤をうまく引き起こし，拒む気持ちを解きほぐす」「被疑者の自白の矛盾するところをタイムリーに見いだして示す」がある。10種の対策がいずれも「自白する気になった被疑者がなお事実どおりに自白できない」問題の解決に有効だと認識されており，なかでもとても有効かあるいはそれに近い対策として，「取調べの方式や方法を柔軟に変化させ，できるだけその人に適した取調べを行う」と「被疑者が考えるのを許し，安易にその思考を妨げない」がある。2つの被験者グループは対策の有効性評価について相補性を持っている。

④本研究の結果はわれわれに次のことを教えてくれる。取調べの仕事の質を進歩させ，その効率を高めるには，取調べの実践において拷問による自白の強要を厳禁し，証拠の威力や効力を十分に利用すべきであり，人格を尊重して情に訴える取調方略をより多く重視し，できる限り知恵を働かせ，人に応じた取調べをすべきである。

⑤本研究は単にこの方面の研究にとって最初の試行にすぎないことに鑑みれば，研究の幅や深さにはまだ不十分なところがある。たとえば本研究は取調べの仕事を一つの全体と見なして研究しており，具体的に異なる類型事案での取調べの違いについて深めることがなかった。また本研究は自白への動機形成に影響する要因間の相互関係についても検討していない。これらの問題にはさらなる研究を必要としている。

第6章

同一性識別手続きと同一性識別結果の正確性の評価[注1]

李 安（翻訳：渡辺忠温）

〈概要〉同一性識別結果と一般的な言葉による証拠とは，同じ人によって行われることがあっても，同一性識別と証言には異なる心理的な基礎が存在しており，同一性識別は主に再認過程として，証言は主に再生過程として成り立っている。合理的な同一性識別は比較的信頼性の高いものだが，同一性識別過程で多くの要因が同一性識別の真実性に影響する。合法的な手続きにより，心理学的な法則に適合した同一性識別規則を守ることは，正確な同一性識別のための手続的保障となる。同一性識別の心理学的メカニズムを理解し，同一性識別過程に対する影響要因を評価することで，同一性識別証拠の真実性の程度が評価可能になる。

●キーワード：同一性識別手続き　同一性識別の結果　証拠評価

　同一性識別は具体的な実施手続規則を欠いており，同一性識別結果をどう評価するかについても依拠する基準がない。流動人口の増加や，本籍地とは異なる地域で起こす事件が増加したのに伴い，証人や被害者が容疑者と面識がない事件がますます増加している。容疑者が現場で逮捕されなかった場合，捜査で同一性識別手続きを用いることが多くなる可能性がある。伝統的な証拠の分類

注1：〈訳注〉出典は『中国刑事法雑誌』2004年，6（12），1-7.

第 6 章　同一性識別手続きと同一性識別結果の正確性の評価

の中に同一性識別結果は含まれておらず，理論上同一性識別結果をどういう種類の証拠と考えるべきなのかの検討も少ないため，実践部門が同一性識別についていい加減に使用したり認識が乏しかったりという問題が存在している。したがって，事実認定論では次のことを明確にすべきである。同一性識別結果は証拠となりえて，証拠として収集され，証拠として評価されること。そのことで実践上，3つの問題を解決することができる。すなわち同一性識別結果をどのような種類の証拠と見なすべきかということ，同一性識別はどのような手続きによって行われるべきかということ，そしてどのように同一性識別の結果の正確性を評価するかということである。

1 証拠としての同一性識別結果

「公安機関弁理刑事事件手続規定」第246条は以下のように定めている。事件を調べ明らかにするために，捜査員は必要に応じて被害者や容疑者，あるいは証人に，犯罪に関する物品や書類，屍体，場所，あるいは容疑者を同一性識別させることができる。容疑者の同一性識別は，捜査部門の責任者の承認を経て行われるべきである。「人民検察院刑事訴訟規則」にも同様の規定が存在する。これら2つの規定に基づけば，同一性識別は人の同一性識別と物の同一性識別に分類できる。現代の認知心理学の研究では，物の記憶と人の記憶には異なった心理的メカニズムが存在し，人の記憶は物の記憶に比べてより間違いやすいことがわかっている。したがって，これらの2つの規定のなかでも人の同一性識別に慎重な態度が示され（警察機関は捜査部門の責任者による承認を経ることが必要であり，検察機関は検察長による承認を必要とする），このことは科学的な法則に基づくものである。本論文での同一性識別は人の同一性識別を指し，訴訟では容疑者同一性識別になる。警察機関と人民検察院にはともに同一性識別についての規定があるが，最高人民法院は同一性識別について司法解釈を出しておらず，人々は多少戸惑いを覚えるだろう。同一性識別は捜査あるいは公訴の段階でのみ使えるもので，裁判では使えないものなのだろうか？　この疑問を解くために，同一性識別結果が刑事訴訟規定の中で証拠の一種に含まれていることを説明しよう。

第2部 中国の法心理学研究から

　「公安機関弁理刑事事件手続規定」と「人民検察院刑事訴訟規則」は，同一性識別が司法実践の中で用いられる上での法的根拠を提供しており，同一性識別結果を証拠とする法的基礎を提供している。同一性識別結果を証拠とするために，同一性識別過程と結果を記録するというやり方がとられることが多い。すなわち，同一性識別の筆記記録を作成すれば実践で利用することができ，それは書証の形式をとることになる。さらに重要なことは同一性識別結果は証人或いは被害者の明確な意思表示によってなされるもので，意思表示は言語（ジェスチャーを含む）的な表現で伝達できる。これと証言の筆記記録とは類似性を持っており，同一性識別結果と証人による証言はその意味で同質性を持つ。ただしより細かく考えれば同一性識別結果と一般的な証言にはやはり違いがある。同一性識別の心理的なメカニズムは証人による証言や被害者による陳述，容疑者による自白と否認とは異なっている。またその心理的過程は再認であって，再生ではないからである。そして再認は再生より容易であるだけではなく，正確でもある[注2]。そのため同一性識別結果も多くの場合証言に比べて正確性が高い。そのような違いがあるとはいえ，証人による同一性識別を証人の証言に，被害者による同一性識別を被害者陳述に，容疑者の同一性識別を容疑者の自白や否認に分類することが否定されるわけではない。なぜなら同一性識別と証言では前者が再認に属し，後者が再生に属するとしても，結局のところ両者は記憶という同一カテゴリーに分類できるからである。そして法学分野でも，一般大衆の使う言葉でも，記憶という概念は（訳補：さらに再生と再認にまで分ける必要はなく）十分に小さな（訳補：基礎的）概念となっている。

2　証拠収集方式としての同一性識別手続き

　「公安機関弁理刑事事件手続規定」第249条第2項では次のように規定される。「容疑者の同一性識別を行う際には，同一性識別の対象となる者の人数が7人未満であってはならない。容疑者の写真を用いて同一性識別する際は，写真は10人分未満であってはならない」。「人民検察院刑事訴訟規則」第213条

注2：心理学においては，再認と再生は記憶の中の重要部分を取り出すことである。ただし再認は再生に比べて容易で，人が再生できない状況でも再認はできることが多い。

第 6 章　同一性識別手続きと同一性識別結果の正確性の評価

第 2 項では，次のように規定されている。「容疑者を同一性識別する際は，同一性識別対象者の人数は 5 人未満であってはならず，写真は 5 枚未満であってはならない」。これら 2 つの規定から，同一性識別による証拠収集には主に次の 2 種類の方法があることがわかる。1 つは写真ラインアップによって得られ，もう 1 つは（訳補：実際の）人を用いた同一性識別によって得られる。またこの 2 つの方法では，ともに同一性識別対象者が一定数以上に達する必要があることもわかる。そして前者は写真ラインアップ（写真による同一性識別），後者はライブラインアップ（列に並んでの同一性識別）と呼ばれる。この 2 種類の同一性識別方法には，それぞれ長所がある。一般的にいえばライブラインアップでは容疑者の声や歩く時の姿勢，立ち居振る舞いなど，容疑者の行為についてより多くの情報を得ることができ，これらは証人の様々な感覚器官に情報を与えられる。写真ラインアップは携帯に便利で，実施が容易であり，繰り返し実施でき，証人の同一性識別時に不安感情を抑えることができる，などの長所がある。

（1）同一性識別の方法
1 ライブラインアップ

　伝統的なライブラインアップとは，証人や被害者が容疑者とフォイル[注3]で構成される人の列から容疑者を選び出す過程を指す。フォイルは容疑者と同性でなければならず，年齢や身長，容貌なども容疑者と似たものにすべきである。ライブラインアップは，写真ラインアップに比べ，証人に実物の同一性識別対象を見せることができ，また，同一性識別対象の行為や振る舞いを知る機会を与えられる。これらは証人が容疑者の同一性識別に役に立つであろう。しかし，ライブラインアップにはいくつかの問題点もある。たとえば，結局フォイルの人数は何人が良いのか？　英国ではライブラインアップを行う際のフォイル数は最低でも 7 人未満にならないように求められており，アメリカでは，フォイルの人数は 5 人未満にならないように求められている[注4]。わが国の警察機関は，列の人数が 7 人未満にならないように（そのうちフォイルは 6 人のみ）規

注3：〈訳注〉容疑者以外のダミーの人物。

定しており，わが国の検察院は列の人数が5人未満にならないように（そのうちフォイルは4人のみ）規定している。また，多くの国ではフォイルの最低人数を規定していない。理論上は，ライブラインアップに含まれるフォイルの数が多ければ多いほど，容疑者が（訳補：偶然に）同定される確率は低くなる。もし列の人数が4人だけなら，容疑者が（訳補：偶然に）同定される確率はちょうど25%である。列に10人いれば，容疑者が（訳補：偶然に）同定される確率は10%にすぎない。したがって無実の人が（訳補：誤って）容疑者にされる確率も下がる。次のように指摘する研究がある。効果的に容疑者を同定するには，ライブラインアップでのフォイルの人数が少ないほうがいいが，無実の人を容疑者にする確率を下げるためには，ライブラインアップでのフォイルの最低人数が5人未満であってはならない[注4]。

　一方で，次のように指摘する研究もある。ライブラインアップでは，その列の構成状態は列に含まれる人数よりも重要であり，特にフォイルと容疑者との類似度は重要である[注5]。単に類似度が低いフォイル数を増やすことにはまったく意味がない。しかしどういう類似性を選ぶかについて言うと，フォイルを証人が描写する容疑者像に似させるべきなのか，それとも実際の容疑者と似させるべきだろうか？　もし証人が描写した容疑者像に基づいてフォイルを構成した場合，証人の描写がやや曖昧な時には，フォイルの外見と容疑者の外見の差がとても大きくなってしまう可能性がある。逆に証人の描写が非常に詳細な場合，フォイルの外見が容疑者に似すぎてしまう可能性もある。その場合，詳細な描写を行った証人は簡単な描写を行う証人に比べてより困難な同一性識別作業を課せられる可能性がある。捜査員は証人が同一性識別しやすくするために，しばしば選んだフォイルと容疑者とに一定程度の差を設けることが多い。一方で法律はフォイルと容疑者とができるだけ似ていることを要求することが多い。どのようにこの両者の関係のバランスをとるかは，今なお難しい問題である。

　またライブラインアップでは，多くの証人は自分がうまく容疑者を選び出したいと思い，また被害者は容疑者を見つけ出したいという動機がさらに強い。

注4：David Carson & Ray Bull, 2003, *Handbook of psychology in legal context.* second edition, 494-511, Chichester: John Wiley & Sons, Ltd.

注5：Peter B. Ainsworth, 1998, *Psychology, Law and Eyewitnesses testimony.* Chiester: John Wiley & Sons Ltd.

第6章　同一性識別手続きと同一性識別結果の正確性の評価

したがって本当の容疑者が列の中にいる場合は，こうした同一性識別に対する動機づけの高さは証人による同一性識別に役に立ち，容疑者を特定する可能性を高める。しかしもし容疑者が列にいない場合には，こうした強い動機づけが容疑者以外の人を容疑者として証人が同一性識別してしまうことを促す可能性があり，また誤認確率を高める可能性がある。先行研究によれば，証人が同一性識別に参加している場合は，証人は列から自分の記憶する人物に最も近い人物を容疑者として選び，たとえターゲットがいない（容疑者が列にいない）状況であっても，証人は誰かを選び出したがり，自分が容疑者を同一性識別できないとは認めたがらないようだ[注6]。理論上は証人はライブラインアップ過程で一人ひとりについて（訳補：独立に）判断していくものであり，結論も一人ひとりについて行うべきものである。しかし実際には証人はすべての人を見終わった後で，誰が最も容疑者の可能性が高いかの結論をまとめて下すほうを好む。これは本質的にはすでに同一性識別ではなく，相対的判断の過程である。この場合（容疑者が列にいない）には，間違った結論が出てしまうのである。したがって研究者は一人ひとりを個別に同一性識別してそれぞれに結論を出していく手続きをとることを提案している。先行研究はこのようにすれば同一性識別の正確性が高まり，さらに両者を併用することでより良い効果を得ることができるとまで指摘している[注7]。

　容疑者にもフォイルと同じようにはできない部分があり，現実におけるライブラインアップでは，容疑者が自らの位置を選ぶことができるかもしれないが，同一性識別手続きや列のメンバーの構成などをコントロールすることはできない。したがって，同一性識別過程で容疑者はよりいっそう緊張や不安を示したりする。一方でフォイルは比較的落ち着いて，平然としていて，自信があるように見える。こうした感情や感情から生まれる行動や振る舞いの違いは，証人に同一性識別上予定外の情報を与えることになり，それによって証人に顔の特徴の記憶を無視した状態で判断させることにつながるか，もしくは判断が主に表出した感情の違いに基づいてなされることになる。したがってライブライン

注6：Ralph Slovenko, 2002, *Psychology in Law, 103*. New York: Brunner Routledge.
注7：David A. Binder & Pau Bergman, 1984, *Fact Investigation from Hypothesis to Proof,* 143. Minnesota, West Publishing Co.

アップではマイナス要因を効果的に克服することがとても重要である。同一性識別は決して知覚のように正確ではないのである。先行研究はライブラインアップにおいて、フォイルの人数は5人未満であってはならない。つまり列全体が6人以上であるべきだと指摘している。したがってわが国の人民検察院刑事訴訟規則が定める人数は少なすぎると思われる。

2 写真ラインアップ

写真ラインアップは現場の実践で用いられることが比較的多い同一性識別である。この方式と伝統的なライブラインアップとの類似点は、写真による同一性識別も証人にできる限り容疑者を選び出すように求めるのであり、このような状況では捜査員は心の中ですでにある人物が容疑者であると一応の見込みを持っており、ただ証人に確認させているだけにすぎない。伝統的なライブラインアップと異なる点は、写真ラインアップでは証人は実物の容疑者を見ることができず、写真の中からその人物が容疑者であると選び出す。(訳補：捜査員は)その後証人にどうやってどのあたりで選んだ人が容疑者だとわかったのかをたずねられるに留まる。

写真ラインアップには多くの長所があり、1枚（の写真）での同一性識別に比べて、証人は写真ラインアップでより多くの選択ターゲットと排除の対象をもち、それによってより正確な結論が得られ、より多くの有用な情報が得られる可能性が高まる。多数の容疑者の逮捕の写真[注8]（マグショット）による同一性識別に比べれば、(訳補：普通の) 写真による同一性識別のほうが目標が絞られていて、マグショットでの同一性識別はまるで大海から針をすくうように容疑者を見つけることが難しい。証人が写真ラインアップのフォイルから容疑者を選び出せた場合は、一定程度の正確性が保証されている。ライブラインアップに比べると、証人は本物の容疑者を見る時には、容疑者の写真を見る場合よりも一般に緊張しやすく、証人が残虐な容疑者を見たり、被害者が容疑者を見れば、恐れや不安などの強烈な情動反応を生む可能性もある。こうしたネガティブな感情は正確な同一性識別に影響するだろう。したがって児童や被害者が

注8：〈訳注〉警察署の調書の中の容疑者写真アルバムの中から、その中に容疑者がいるかどうかを選択する。

同一性識別を行う際は，方法としてライブラインアップより写真ラインアップを選択した方がよい。

　当然写真ラインアップにも多くの欠点がある。まず，証人が目撃時に知覚するのは容疑者の現実の状況（リアルな姿）であるが，写真ラインアップでは静止した写真であり，この両者にはやはり違いがある。それによって証人の同一性識別過程で困難が生じる可能性もある。さらに捜査員が提供する写真と容疑者の犯行時の実際の姿とには違いがある。写真の質も証人の同一性識別に影響を与えるかもしれない。次に，事件によって写真ラインアップで提供する写真の数も異なるはずである。関係者が多い事件ではより多くのフォイルが必要で，やや少ないフォイルしか必要ではない事件もあり，事件によっては現実的制約のために捜査員が十分なフォイルを集められない場合もある。けれども各国の法律の多くはフォイルの最低人数について厳格な規定を設けており，たとえばイギリスでは写真による同一性識別は，12枚以上でなければならず，年齢と容貌もすべて似ていなければならないと規定している[注9]。わが国も最低の数を規定しているが（警察機関10枚，検察院5枚），これは写真ラインアップが（訳補：現場で）柔軟に適用されていることにある程度影響している。さらに，客観的に写真ラインアップにターゲットがいない状況，すなわち写真の中に本当の容疑者がいない同一性識別については，先行研究によると子どもがターゲットのいない写真の同一性識別を行うのはきわめて困難であり，またターゲットのいない同一性識別は誤認が起こりやすいことが指摘されている。

（2）同一性識別の規則

　（訳補：同一性識別は）公安機関弁理刑事事件手続規定第247条，248条，249条と人民検察院刑事訴訟規則第211条，212条，213条の規定による。捜査員の使う同一性識別の方法は一定の規則に従うべきである。それは同一性識別の効率を高め，同一性識別の誤認確率を下げるのに有効である。

　①同一性識別の前に，同一性識別者に被同一性識別者の具体的な特徴を詳細にたずねておくべきであり，同一性識別者が被同一性識別者に（訳補：事前に）

注9：Marcus Atone, 1984, *Proof of Fact in Criminal Trial*, 94, Edinburgh ,W. Green & Son Ltd.

会うことを禁止し，故意に虚偽の同一性識別を行うことで負うことになる法律上の責任について，告げておくべきである。

② 列あるいは写真のメンバーの中の誰が容疑者であるかを知らない捜査員を選んでライブラインアップや写真ラインアップを実施させる。現場では事件を扱っている捜査員が同一性識別を実施することが多いが，これは科学的ではない。特定の事件を扱っている捜査員は列あるいは写真の中の誰が容疑者であるかをすでに知っており，たとえできる限り個人的な暗示をしないようにしても，無意識に何らかの手がかりを与えてしまうかもしれない。証人とのやり取りの中での目つき，顔の表情，話しぶり，体勢などはすべて捜査員の見方を伝えてしまう可能性があるだろう。また，証人は自分で結論を下せない状況では，捜査員から何らかの情報を得たいと考えがちである。捜査員から漏れ出る情報から推測することさえあり，捜査員も証人のこうした期待に応える可能性がある。しかし二重盲検法を用いればこうした問題を比較的うまく避けることができる。いわゆる二重盲検法とは，心理学でよく使われる実験手続きの一種で，実験者と被験者がどちらも正解を知らない状況で実験をデザインする。この手続きを捜査における同一性識別で利用すれば少し変化が生じる。それは証人も同一性識別を行う捜査員もともに事件の内容や容疑者を知らないで行う手続きになる，という意味である。したがって捜査員は知らぬ間に情報手がかりを与えたり，明確に伝えたりすることは不可能である。また証人の同一性識別に対する確信度を評価することもできる。

③ 容疑者が列や写真の中にいないかもしれないということを，はっきりと証人に告げるべきである。そうすることで，証人に必ずしも誰かを選び出す必要はないと思わせられる。また同一性識別を実施する捜査員も誰がこの事件の容疑者であるかを決して知らないのだ，ということも証人にわからせるべきである。先行研究では，容疑者が列や写真の中にいない場合は，証人はよく知っている無実の人を容疑者として同一性識別しやすいことが明らかになっている。しかも多くの証人はライブラインアップあるいは写真ラインアップが行われる理由について次のように推測する。捜査員はきっと容疑者を知っているに違いない。そうでなければ，これほどめんど

第 6 章　同一性識別手続きと同一性識別結果の正確性の評価

うな仕事をする必要があるだろうか？　だから，これらの人々の中や写真の中にはかならず 1 人容疑者がいるはずだ。だがもし証人に 700 人の写真から同一性識別をするように求めれば，証人がこうした理由の推測を行う可能性はあまり大きくなくなり，逆に証人が写真のアルバムを見る際には，アルバムの中のすべての写真が過去の（訳補：事件の）容疑者の写真であるかのように通常思ってしまうものである。したがって証人に容疑者が列や写真の中にいない可能性があることを強調しておくことが必要である。N. M. Steeblay（1997）は実証的研究を通して，容疑者が列の中にいない時は，明確に警告することで同一性識別の間違いへの率を下げることができることを明らかにしている[注10]。

④列や写真の中で容疑者が目立たないようにすべきである。証人が以前容疑者の何らかの特徴に特に注目していた，或いは容疑者の特徴について言語的な描写を行ったことがある，という場合には同一性識別を受けている容疑者がそれらの特徴を出さないようにした方がよい。さもなければ証人の同一性識別にバイアスをかけやすくなってしまう。先行研究では証人の言語的な描写が顔の記憶に対してバイアスをかける可能性があると指摘している。同一性識別で容疑者を目立たせてしまうやり方には次のようなものがある。1）容疑者が列の中でただ 1 人だけ，先に証人が捜査員に描写した特徴を持つ人に合致している。2）容疑者が列の中でただ 1 人だけ，先に証人が捜査員に描写した服装に合致している。3）容疑者の写真の撮影角度とフォイルの写真の撮影角度が異なる。G. L. Wells と彼の同僚たちは容疑者と似た人をフォイルにするのではなく，証人が描写した人物と似た特徴を持つ人物を選んでフォイルにすべきだと主張している[注11]。実際は捜査員のやり方がちょうどそれと逆である可能性があり，この問題はさらに研究を進めるに値する。

⑤同一性識別の際には，証人が同一性識別した人が本当の容疑者であるかど

注 10：Peter J. Van Koppen & Steven D. Penrod, 2003, *Adversarial versus Inquisitorial Justice: Psychological perspectives on criminal justice system*, 167, New York, Kluwer Academic Plenum Publishers.

注 11：[米] Lawrence S. Wrightsman（著），呉宗憲他（訳）『司法心理学』中国軽工業出版社，2004 年，p.133 参照。

うかフィードバックする前に，証人に詳しく陳述を求めるべきである。証人の最後の陳述には2つの基本的な働きがある。1つ目は証人の確信度を評価する手がかりにできることであり，2つ目は証人の責任感を高め，同一性識別の信頼度を高められることである。
⑥複数の同一性識別者が，同じ容疑者に対して同一性識別を行う場合，同一性識別者は一人ひとり別々に同一性識別すべきである。

国外の先行研究と司法実践を結びつけ，以上の規則に従ったうえでさらに以下の要因について考慮する必要がある[注12]。
①証人の犯罪についての最初の陳述あるいは報告の内容を重視する。最初に調査した捜査員はより多くの関連資料を手に入れるべきで，また正確に記録し，良好な状態で保存すべきである。
②ライブラインアップであろうと写真ラインアップであろうと，構成メンバーに対し暗示的になってはならず，また同一性識別手続きと同一性識別結果を詳細に記録する必要がある。
③捜査員は証人に詳細な聴取を行うべきである。特に同一性識別手がかりや手がかりの導き方，手がかりの出所などについて詳細に把握する必要がある。
④捜査員は証人に偏見を持つべきではない。特に多くの証人がいる場合には，証人の身分や受けた教育などの要因によって証人に異なる態度をとるべきではない。捜査員は証人が同一性識別を行った結果，あるいは同一性識別ができなかった原因やその結果を詳細に記録すべきである。
⑤条件が整えばまずライブラインアップを用いるべきである。同一性識別を行う前に捜査員は証人に十分に説明すべきである。特に証人に同一性識別の目的として，容疑者を探すことと無実の人を排除することがともに重要で，容疑者を探し出すためだけに行っているのではないということを理解させる必要がある。

注12：David Carson & Ray Bull, 2003, *Handbook of Psychology in Legal Context*, Second edition. 494-511. Chichester, John Wiley & Sons. Ltd.

3 同一性識別の結論の正確性の評価

(1) 実践における同一性識別の間違いという現象

　法心理学者 Ellison と Buckhout はかつてあるライブラインアップでの同一性識別の例をあげた。ある殺人事件の調査過程で，捜査員はライブラインアップによる同一性識別を行った。当時捜査員はすでに1人の黒人容疑者を逮捕しており，ライブラインアップの最低人数は6人を下回ってはいけないというので，捜査員は5人の白人を探してフォイルとした[注13]。捜査員が述べた理由は，列の人数構成はその町の人口構成を代表しており，その町の人口の中で黒人は少数であるということと，もう1つ，現実的な制約から，この建物の中のその他の人はいっそう条件に合わない，というものであった。先行研究は，ライブラインアップであろうが写真ラインアップであろうが，不当な手続きを採用すればすべて証人の正確な再生に影響が出ると指摘している。実践の中では，主に以下のようなあやまちがよく見られる。

①捜査員が容疑者が列の中にいることを暗示する。

②証人に同一性識別を強いる，あるいは捜査員の必要性と期待が，証人に過度の強迫感を生む。

③証人に列の中の特定の誰かについて詳細な状況をたずね，その他の人にはあまり注目しない。心理学者はこうした現象を特に確証バイアスと呼んでいる。

④証人を励ましたり促したりして再認の判断基準を甘くさせ，証人が同一性識別できない状況を減らす。たとえば，催眠などの手段はある程度は同一性識別の判断基準を甘くさせることができるが，暗示の影響を非常に受けやすいため，多くの国の法律ではすでに使用が禁止されている（たとえばドイツ）。しかしながら，捜査員はより多くの結果を得ようとして，あるいは自分の予想を検証しようとして，依然としてしばしば様々な手段を使って再認の判断基準を甘くさせようとする。

⑤同一性識別の際に捜査員の好悪や予想が同一性識別者に伝わってしまう。

注13：Peter B. Ainsworth, 1998, *Psychology, Law and Eyewitnesses testimony*, Chiester: John Wiley & Sons Ltd.

第2部　中国の法心理学研究から

　　それは暗示とは異なり無意識に伝わるのだが，証人にその人物を容疑者と感じさせやすい。
⑥証人が選択を行った後で，もし捜査員が証人に同一性識別が正確であったと伝えれば，それによって証人の達成感が高められ，証人の同一性識別の確信度が増す。先行研究は証人の自信の度合いと同一性識別の正確性の相関は低いと指摘しているが，現場では捜査員は証人の自信の強弱に基づいてその同一性識別の正確さの程度を判断する可能性がある。

　Wellsの研究は次のことを明らかにしている。ライブラインアップはかなりの程度，相対的判断の過程である[注14]。だが証人が最も似ていると選択した人は，(訳補：相対的な選択ではなく) 証人の記憶の中に存在する実際の犯罪者として選ばれたと見なされるのである。もし本当の容疑者が列の中にいれば，こうした同一性識別の手続きは有効である。しかしもし列の中にフォイルしかいなければ，犯罪者に似た無実の人が選ばれてしまう可能性がある。以前ある人がある犯罪をシミュレーションし，その後証人に列の中から犯罪者を選び出させた。本当の犯罪者が列の中におらず，またその可能性を証人に警告していない状況では，78％の人が列の中の一人の無辜を犯罪者に選んだ。しかし犯罪者が列の中にいないかもしれないと証人に警告した場合は，無実の人の中から一人選んだ人は33％に留まった。この例は，たとえ証人に犯罪者が列や写真の中にいないかもしれないと警告した後でも，おおよそ3分の1の人，あるいはさらに多くの人が，依然として犯罪者のいない列から一人の無辜を選んで犯罪者としてしまうことを示している。こうした間違いの現象は危険である。刑事捜査は犯罪を罰するだけではなく，さらに人権保障を重視すべきであり，したがってこれらの間違った同一性識別を減らす努力は非常に重要である。

(2) 同一性識別によって得られる証拠の評価と評価の規則について

　同一性識別によって得られた証拠に対して，特に評価規則を定めている国もある。これらの規則は同一性識別における心理的法則に関する理解と総括の結

注14：David Carson & Ray Bull, 2003, *Handbook of Psychology in Legal Context,* Second edition. 494-511. Chichester, John Wiley & Sons. Ltd.

第6章　同一性識別手続きと同一性識別結果の正確性の評価

果なのであり，わが国の刑事訴訟にも参考になる。たとえば，アメリカ連邦最高裁判所の証人による同一性識別の正確性についての評価規則は次のとおりである[注15]。①犯行現場に出会ったり目撃する機会。②注意の程度。③ラインアップ前に述べたことの正確性。④犯罪の目撃と同一性識別の時間的間隔。⑤同一性識別結果についての確信のレベル。

わが国の裁判所にはそれに相当するような，同一性識別証拠についての評価規則がなく，したがって，裁判所が同一性識別の証拠を評価する際に依拠できるものがない。この問題について国外の裁判所の経験を参照し，同時にわが国の実践部門が同一性識別のメカニズムについての認識がまだやや低い現状を鑑みると，評価内容はより詳細になるべきで，記憶過程に基づいて段階を分け（記銘，保持，再生と同一性識別，陳述），評価を行うべきである。私はわが国の裁判所は同一性識別の結論についての評価について，以下のいくつかの面から進めることができると考えている。

①知覚段階の要因（目撃段階）。次のものを含む。1）目撃の機会，2）観察が持続した時間（犯罪行為が持続あるいは露見した時間），3）犯罪者の特徴（普通とは異なる特徴），4）注意の程度。

②保持段階の要因。次のものを含む。1）保持の感覚（5年以上の保持期間），2）犯人に関するメディア報道の状況，3）繰り返し同一性識別を行うという試み。

③同一性識別手続きにおける要因。次のものを含む。1）犯罪者が列の中にいることへの期待，2）単独面通し（列に一人だけしかいない同一性識別）かどうか，3）列の中のフォイルの数，4）ライブラインアップか写真ラインアップか，5）一致する同一性識別結果があるかどうか，6）法廷で再度の同一性識別を行うかどうか。

④陳述あるいは目撃についての総合的要因。次のものを含む。1）証人の描写と同一性識別の一致性，2）犯罪の状況についての詳細な陳述の質，3）同一性識別結果の確信度。

注15：Peter J. Van Koppen & Steven D. Penrod, 2003, *Adversarial versus Inquisitorial Justice: Psychological perspectives on criminal justice system*, 167. New York: Kluwer Academic Plenum Publishers.

⑤証人の要因。次のものを含む。1) 証人の知覚の欠陥と認知能力の状況, 2) 子どもの証人の同一性識別の状況, 3) 捜査員からの同一性識別成功へのプレッシャー。

これらの評価規則は基本的には, 知覚, 保持, 再生の3つのサイクルをめぐって展開されるもので, 同一性識別の心理メカニズムに対して有効な総括となっている。

第7章

矯正治療心理学原論[注1]

章 恩友[注2]（翻訳：山本登志哉）

〈概要〉わが国では現在，われわれ自身の特色を持った矯正治療心理学という分野を打ち立てることが焦眉の課題となっている。本論文はこの分野の根本問題を論述した。矯正治療心理学の設立理由は主に2つの側面に基づく。第1に，国内外の矯正領域では心理学の応用に関して，実践と理論研究の両面で一定の基礎を有するようになったこと。第2に，わが国の矯正領域の心理矯正治療が発展著しく，また高等教育機関の人材育成に関する分野の支えが必要であること。矯正治療心理学が一つの独立の分野として成り立つ所以は，その研究領域の特殊性に基礎を持つ。矯正治療心理学は境界科学の一つであり，総合的科学，応用科学である。

● キーワード：矯正治療　矯正治療心理学　原論

現時点で見いだせる文献資料から見て，矯正治療心理学という名を冠した本はわが国台湾の学者蔡墩銘が1988年に出版した大学教科書に限られるが，矯正治療心理学に関連する，または近い名前はむしろ多く，国外にはCorrectional Psychology（矯正心理学），Psychology in Prison（監獄心理学），

注1：〈訳注〉出典は章恩友『矯治心理学言論』中国監獄学刊 2008年，2，p103-107．
注2：章恩友（1966～），男，河南省信陽生まれ，中央司法警官学院副委員長，教授，国務院政府特殊支給専門家．河北保定市　071000．

Psychology of Imprisonment（収監心理学），Judicial Psychology（裁判心理学），Penal Psychology（刑罰心理学）などがあり，国内では犯罪者心理学，犯罪者改造心理学，犯罪者矯正心理学，司法心理学，犯罪者心理矯正などがある。筆者は矯正実践の必要性から見ても，理論研究や高等教育機関における専門分野設立の現状や必要性から見ても，現在わが国でわれわれ自身の特性を持った矯正治療心理学を打ち立てることは焦眉の課題と考える。本論文は「矯正治療心理学原論」を題として，この分野にとっての根本問題を論じる。何故このような分野を設立する必要があり，矯正治療心理学はなぜ独立の分野となりうるのか，矯正治療心理学はどのような性質を持った分野なのか，といったことである。

1 矯正治療心理学設立の必要性

　矯正治療心理学の設立は主に二つの原因によっている。一つは国内外の矯正領域で心理学の応用が実践と理論研究面でいずれも一定の基礎を有するようになったことであり，一つはわが国の矯正領域における心理矯正治療が著しく発展し，高等教育機関の人材育成に関する分野の支えが必要なことである。

（1）矯正治療心理学の実践的理論的基礎
　現在のところ，矯正治療心理学は西側諸国においてまだ一つの独立し，比較的成熟した分野となっているとは言えない。しかし，犯罪者心理と矯正治療の問題に関する研究はすでに百年を超す歴史を持っている。これらの研究は人類社会の刑罰思想の不断の進歩や監獄行政制度や観念の変革，犯罪者に対する改造ないし治療観念の生成と発達を背景として出現したものである。西洋古代の文献には，すでに犯罪者の矯正治療思想の萌芽が含まれている。古代の犯罪者に対する態度は，非常に長期にわたり，応報原則と改造運動の間を揺れ動いてきた。たとえば古代インドのヴェーダ教の経典「ウパニシャッド（奥義書）」，イスラム教経典「コーラン」，ユダヤ教とキリスト教の経典「モーゼ五書」といった作品には犯罪者に対する応報の思想が含まれている。またキリスト教経典「新約聖書」には犯罪者の改造の思想が含まれている[注3]。これらの思想の更なる発展が犯罪者に対する治療や心理治療の観念を生み出したのである。

第 7 章　矯正治療心理学原論

　18 世紀，犯罪学において，古典学派の誕生が犯罪者改造の思想に次の発展をもたらした。古典学派の学者は，犯罪は個人の自由意志の現れであり，個人が自発的に悪をなすことを選択した結果であると考えた。このため，犯罪を抑止するには犯罪者に対して処罰を行うべきであり，刑罰によって犯罪がもたらす快楽を上回る苦痛を与えなければならないとした。これは実際には犯罪者の思想を改めることで犯罪を予防するという意味を含んでいる。19 世紀に至ると，犯罪人類学派の興隆に伴って，犯罪者治療の思想は急速な発展を見せる。犯罪人類学派の創始者であるイタリアの精神病理学者 Cesare Lombroso は精神病理学の理論と方法を犯罪学研究に取り込み，犯罪者治療のシステム学説を発展させ，犯罪者に対する医学的なモデルの生成を促した。その後は Freud, S. が創立した精神分析学の広まりに伴い，心理学的方法を用いて犯罪者を治療する理論が空前の発達を遂げている。20 世紀の 20 年代になると，監獄での心理矯正治療活動がすでに西側諸国で広く展開する。1918 年，アメリカのニュージャージー州の監獄が最初の犯罪者分類プランを系統的に成立させ，心理学者に州全体の犯罪者分類プランを展開することを求め，当該州での広範な利用に供せられた。1929 年，アメリカ法曹協会は一つの決議を行い，少年裁判所や刑事法廷及び刑罰と矯正の機関で精神病理学のサービスを提供することを呼びかけた。米国医師会，アメリカ精神医学会もこの決議を支持した。

　第二次世界大戦後，監獄における心理矯正治療業務は長足の発展を遂げた。1946 年以降，イングランドとウェールズは自前の監獄心理学サービスを持つようになった。ヨーロッパ大陸のその他の国では，戦後経済の復興と社会的な発展に伴い，監獄での心理学の応用はだんだんと発展していき，さらに地域コミュニティ矯正（community corrections）の発展に伴い，心理矯正治療業務も地域で犯罪者の矯正を行う場合にも広く応用され，多くの執行猶予犯や仮釈放犯が地域の中で臨床心理学的サービスを提供された。20 世紀 50 年代からは，医学的モデルが犯罪者矯正に広く受け入れられ，犯罪者の心理矯正業務はさらなる発展を遂げ，数多くの新しい心理治療方法が監獄や社会内矯正システムの中で応用され，押し広められた。20 世紀 70 年代中期に，アメリカの社会学者

注 3：呉宗憲（編著）『国外罪犯心理矯治（国外の犯罪者心理矯正治療）』中国軽工業出版社，2004 年，p.8.

で犯罪学者でもある Robert Martinson が矯正の効果について「無効」だと評価し，アメリカの多くの地域での犯罪者に対する心理矯正治療業務に少なからずマイナスの影響を及ぼしたが，犯罪者の心理矯正治療業務は決して崩壊することなく，なお継続発展している[注4]。

20世紀90年代以降，犯罪者心理矯正治療業務は多くの国の矯正機関においてさらなるスピードで発展した。1991年，英国ではおよそ200名の心理学者が定期的に犯罪者に対する心理矯正治療業務を行っている[注5]。アメリカでは監獄における犯罪者数の不断の増加に伴い，犯罪者に心理学的サービスを提供する心理学者の数も増加し続けている。2000年6月30日，アメリカ合衆国司法省司法統計局はアメリカ各州の矯正機関における犯罪者心理学的サービスの状況について調査を行い，全米1,558か所の州立矯正機関の中で1,394か所（全体の91.8%）が何らかの種類の何らかの形式の犯罪者心理学的サービス事業を展開しており，その中には分類審査や精神病理学的診断，24時間の心理健康看護，カウンセリングと治療，精神病の薬物治療などが含まれていた[注6]。そのほかのいくつかの国でも，犯罪者に対する心理矯正治療業務は広く進められている。

西側諸国では監獄における犯罪者心理矯正治療業務に対して積極的に模索する中で，関連する研究報告や論文が絶え間なく現れた。たとえば Goldstein, A. P. は1978年に攻撃性を持つ少年犯の心理訓練研究を進め，Magargee, E. I. は1979年に同僚とミネソタ多面人格目録（MMPI）を用いてフロリダ州の矯正所に入獄している1,214名の犯罪者に対して人格測定を行った結果，MMPI は入獄犯罪者の分類的測定に十分耐えうると認めた。Beall, H. S. & Panton, J. H. は1956年に22項目からなる犯罪者脱走企図尺度を作成し，この尺度で犯罪者を測定した結果，脱走企図を有する者の予測適中率は73.2%に達した[注7]。西側諸国の同様の実験研究報告や論文は非常に多いにもかかわらず，この方面の著作は決して多くはない。取り上げるに値するものとして，アメリカの

注4：［英］Ronald Blackburn（著），呉宗憲・劉邦恵他（訳）『犯罪行動心理学：理論，研究と実践』中国軽工業出版社，2000年，p.285.
注5：呉宗憲（編著）『国外の犯罪者心理矯正治療』中国軽工業出版社，2004年，p.11.
注6：何為民（主編）『犯罪者改造心理学』法律出版社，2002年，pp.24-25.
注7：彭聃齡（主編）『一般心理学』北京師範大学出版社，2004年，p.16.

第 7 章　矯正治療心理学原論

Robert J. Wicks が 1974 年に出版した『矯正心理学：犯罪者の矯正におけるテーマと問題 (*Correctional Psychology: Themes and Problems in correcting the offenders*)』という本があり，それは広く重要視されており，多くの研究者が犯罪者の矯正問題を語る場合には，この本の資料や観点を引用するのが当然となっている。

　新中国成立から 60 年以上の監獄運営の中で，犯罪者の教育的改造実践において，一貫して心理学の思想と知識の応用はとても重視されてきた。たとえば改造業務においては人に応じて教育することや分類教育，情に訴えること，道理で説得すること，行動訓練などの思想が貫かれ，わが国の監獄が犯罪者の改造実現に成功し，再犯を減少させるのに重要な作用を果たしてきた。実践的な要請と理論的な探索に基づき，前世紀 80 年代初めに生み出された犯罪者改造心理学は，早くから広範な監獄や警察署によって理解・運用されてきた。しかし，心理学的知識の技術や実務への取り入れは，前世紀の 80 年代末から 90 年代初めに始まっている。犯罪者心理矯正治療はすでに現在周知の概念として司法部[注8]発行の「監獄での教育的改造事業規定」「犯罪者の教育的改造要項」等の重要文書に見いだされ，2008 年，司法部はさらに専門的に「監獄での心理矯正治療業務に関する指導意見」を発布，犯罪者心理矯正治療の展開に明確な目標と要請を提示した。特にこの 2 年，中央（訳補：政府）と司法部のリーダーは重要会議の席上で繰り返し犯罪者心理矯正治療業務の重要性を強調し，明確な要求を行い，犯罪者改造の質を高め，再犯率を下げることを重要な措置とし，それらの業務の発展を大々的に推し進めるべきとした。

　現在わが国の監獄は司法部の要求に照らして，ひとしく専門的な犯罪者心理矯正治療機構を設置し，専任または兼任を組み合わせて心理学の専門家を配置している。司法部の規定に基づき，監獄は心理矯正治療の専任者を収容犯総数の 1.5‰[注9] 以上，最小でも 3 人配置している。監区[注10]（または分監区）では少なくとも 1 名の監獄警察が担当する専任または兼職の心理補導員を配置する。すべての監獄には国家心理カウンセラーの資格を有する警察が犯罪者の 1% 以

注8：〈訳注〉法務省に相当。
注9：〈訳注〉パーミル：千分の1.5。
注10：〈訳注〉監獄の下部区分。

第 2 部　中国の法心理学研究から

上存在する。監獄管理機関の教育改造部門の各科に属する警察は一般にすべてが国家心理カウンセラーの資格を有しており，各監獄の幹部グループには最低一人は同資格を有する者がいる。統計によれば，現時点で全国の監獄システムの中で国家心理カウンセラーの資格を有する警察は 2 万人を越え，彼らや専門職が心理矯正治療事業に従事しており，またその他の管理監督の仕事に心理学的知識や方法を応用し，共同で犯罪者改造の質の向上を促している。

　わが国の矯正の領域で心理学的理論や方法を用いて違法犯罪者改造を実践的に探索する中で，多くの学者が一方では国外の心理学的理論や方法，技術を吸収し，利用しつつ，他方では積極的に中国化の研究を展開しており，中国の文化的背景と犯罪社会像の実際的状況を緊密に結びつけ，膨大な経験を総括し，帰納的に研究し，実証的に分析することを推し進め，一定の理論的成果を達成している。単に犯罪者心理と矯正治療に関する大量の学術論文や研究報告を発表するばかりでなく，専門的な著書や教材，たとえば「犯罪者改造心理学」「犯罪者心理学」「犯罪者矯正心理学」「犯罪者心理矯正治療」「犯罪者心理矯正治療の技術」「犯罪者心理評価」等を出版している。これらの理論的成果は，わが国の犯罪者心理矯正治療事業に対して疑いもなく重要な指導的・促進的役割を果たしており，同時に現時点で中国的特質を持った矯正治療心理学の基礎を形成した。

（2）矯正治療心理学設立の現実的な必要性

　国内外の状況展開からの要請に適応し，わが国の監獄は今まさに体制やメカニズムの深いレベルでの改革を進めているところであり，監獄業務は法制化，専門化，科学化，社会化の方向へと着実に発展している。犯罪者心理矯正治療は新時代における犯罪者改造事業にとって鍵となるプロセスであり，まさに今，好ましい態勢で盛んに発展しつつあるところである。しかし，理論研究と関連分野の建設は相対的に遅れを取っており，高い資質を持つ専門的人材が不足し，心理矯正治療の実践効果と発展過程にとって深刻な制約となっている。

1　理論的研究の必要性

　すでに述べたように，西側諸国の犯罪者心理矯正治療はもう 100 年近い歴史

を有しており，理論的なものか具体的方法かを問わず，われわれが学び参考にするに値する。実際，この20年来，わが国の矯正領域では犯罪者心理と矯正治療の研究で一定の理論的成果をあげ，矯正治療事業に一定の指導的働きを果たしているが，全体的に見れば犯罪者心理矯正治療の理論と方法は主に西側のものを導入し参考にしており，自らの特色を持った理論や方法，知識体系は未だ形成されていない。これはあるいは現在のわが国の犯罪者心理矯正治療事業が実質的な発展を遂げることが難しい主要因の一つかもしれない。明らかに，この問題を解決しなければならず，中国の特色ある矯正治療心理学の分野建設を急ぎ，不断に強めていく必要がある。

② 人材育成の必要性

　全体的に見て，現在のわが国の矯正システムに係わる心理矯正治療者たちと，実際の業務で求められているものの間には未だに甚だしい隔たりがあり，専門的人材の数にせよ，専門性のレベルにせよ，いずれも早急にさらなる向上強化が必要である。全国の監獄システムは現在2万人以上の警察が国家カウンセラー資格を有しているとはいえ，その多くは短期の養成課程で得たものであり，専門レベルは高められる必要がある。長い目で見れば，心理矯正治療の専門的人材の養成には学校教育と在職時の研修を結びつけた養成システムを作る必要がある。近年，わが国の政治法律関係や司法警察関係の高等教育機関では相次いで関連の専門課程が設置され，矯正領域の心理学的人材を養成している。

　たとえば中央司法警官学院は監獄学専攻（心理矯正治療分野）や教育学専攻（矯正教育分野）を学部に開設し，その他の高等教育機関と連合して応用心理学専攻（心理カウンセリングと治療方面）の大学院クラスを運営しており，わが国の矯正システムのためにハイレベルの心理矯正治療の人材を養成している。中国政法大学は応用心理学の学部専攻や犯罪心理学の大学院専攻課程を開設し，法制心理学専攻の人材育成に力を入れている。多くの省の司法警官職業学院では心理矯正治療科や専攻を開設し，直接第一線で活躍するテクニックを持った人材を育成している。高等教育機関の人材養成には専門学科の設置による支えが不可欠であり，矯正治療心理学の専門学科設置に大きな力を入れていくことによってのみ，上述のような専門課程が質の高い心理矯正治療の専門家たちを

養成することを保証できるのである。

2 矯正治療心理学の研究領域の特殊性

　矯正治療心理学は矯正治療活動における心理現象や心理学的方法と技術を研究する一つの学問である。その研究領域には主に３つの分野が含まれている。第１に矯正治療対象者の心理であり，第２に矯正治療活動における心理学の方法と技術であり，第３に矯正治療従事者の心理である。矯正治療心理学が一つの独立した学問として展開しうるのは，その研究領域の特殊性に基づくのであり，それは主に次のような形で表現される。

（1）矯正治療対象者の心理的特殊性

　矯正治療心理学が研究する矯正治療対象者の心理とは法を犯した犯罪者の心理である。犯罪者の心理を研究する学問は多くあり，たとえば犯罪心理学，捜査心理学，裁判心理学，矯正治療心理学などである。他の領域の学問と異なるのは，矯正治療心理学が研究するのは矯正治療の段階にある犯罪者であり，そのような違法行為によって有罪判決を受けて入獄または地域コミュニティ矯正の措置を受けており，彼らは心理的問題と心理発達の法則において一般人と異なり，その他の犯罪者とも異なる。その特殊性は次のように表される。

1 矯正治療対象者の心理とその人が置かれた客観的現実の関連

　人の心理は客観的現実の脳への反映であり，客観的現実は人の心理の源泉であり，またその内容である。それ故，矯正治療対象者の心理はある特定の条件における心理であると言える。犯罪者はどのような経歴を過去に持とうとも，また彼がどのような心理をすでに形成していようとも，矯正治療の対象となった後は，その心理の内容や発達変化は必然的にその特別の時間，すなわち被矯正治療段階や，特別の空間すなわち矯正治療環境と緊密な関係を持ち，進行するのである。周知のとおり，法を犯したことで判決・刑罰を受けるということは，人の人生において大きな挫折となり，矯正機関（特に監獄）という特殊な環境が法犯罪者の自由を一定程度まで失わせる。この特殊な経歴と特殊な環境

第 7 章　矯正治療心理学原論

は彼らの心理に非常に深い烙印を残すことになりうる。

2 矯正治療対象者の心理と彼らがもとから持つ経歴との関連性

　客観的現実が人の脳に反映するというのは機械的に撮影するようなものではなく，人の主観的な能動性を有した過程である。人の新たな客観的現実の作用下で生み出された心理は，必然的にもともと有している知識や経験，個性と言った特性の影響を受ける。それ故矯正治療対象者の心理は矯正治療を受ける前にすでに形成された心理と矯正治療環境の相互作用の産物と言える。彼らが矯正治療以前に形成している心理には通常の心理，犯罪心理，刑事裁判過程で形成された刑罰心理を含み，これらの心理状況と現在の矯正治療環境の相互作用が矯正治療対象者の心理を構成する。

3 矯正治療対象者の心理と矯正治療活動の関係性

　人の心理はおよそ活動の中で形成され，発達変化するものである。矯正治療対象者の心理も例外ではなく，矯正治療活動の中に存在し，矯正治療活動を通して現れる。矯正治療対象者の心理は矯正治療環境の中で自然に生み出されるものではあり得ず，矯正治療対象者の学習，労働，交流といった活動を通して徐々に形成され，それらの活動の中に現れ，不断に発達変化する。

（2）矯正治療活動における心理学的方法と技術の特殊性

　矯正治療心理学が研究するのは矯正治療活動の中の心理学的問題である。現代の矯正機構，たとえば監獄や地域の矯正部門は，法に基づいて犯罪者に懲罰や管理，労働への参加を組織するほか，その反社会性をなくし，その不健全な心理や行為を変化させ，健全な人格を形成し，再度の社会化を促進することにさらなる力を注いでいる。異なる角度や異なるレベルで犯罪者を研究し，矯正治療活動を実施する専門はとても多く，たとえば法学の角度からも研究が進められ，監獄法学がある。教育学の角度から進められる研究には矯正教育学がある。心理学の角度から進められる研究が矯正治療心理学である。これらの専門はいずれも矯正治療活動を研究しているが，分野の基礎が異なり，応用される理論や方法も異なり，その研究対象もまたそれぞれに異なっている。

近年，心理学の迅速な発達と様々な領域への浸透に伴って，犯罪者の矯正治療活動にも心理学の応用がますます重視されるようになり，矯正治療心理学がその機運の中で生まれた。矯正治療心理学は心理学的角度から矯正治療活動を研究するが，それが依拠する心理学の理論的基礎の特殊性，心理学的方法や技術の科学性や有効性によって，その研究対象の側面は代替不能な意義を有し，それ故一つの独立した専門として発展してきた。矯正治療心理学は研究内容において監獄学，監獄行政管理学，矯正教育学などと交わるところがあるが，それは主として微視的レベル（矯正治療対象者の心理的活動機制と法則）から「とは何か」や「なぜか」といった問いに答え，隣接する専門の研究に対して心理学的根拠や効果の評価手段を提供する。同時に犯罪者の社会的心理の欠陥や心理・行為の偏りについて，心理健康教育，心理学的評定，心理カウンセリングと治療，心理学的危機介入，再犯の心理学的予測といった心理学的専門技術を研究し，治療矯正活動に奉仕する。これらの方法と技術的な特殊性は，他の専門では代替不能なものである。

（3）矯正治療業務従事者の心理的特殊性

矯正治療心理学は矯正治療対象者の心理と矯正治療活動における心理学的方法や技術を研究するだけでなく，矯正治療業務の従事者の心理を研究することも非常に重視している。それは矯正治療事業の従事者の心理は矯正治療活動の効果に重要な影響を持つからである。わが国では矯正治療事業の従事者には主として刑務官と地域コミュニティ矯正事業従業者が含まれている。現在，警察を研究対象とする専門には警察学，警察管理学，警察心理学などがあり，これらの専門分野はそれぞれ警官の職業，警官の管理及び一般的な警官心理の面から研究を進めている。矯正治療事業従事者，とりわけ刑務官（監獄警察，獄警）は，仕事の性質や対象，教務環境の特殊性から，彼らの心理的問題はその個性について他の公務員（その他の業務に就く警察を含む）と異なる特性を形成する。それらの問題や特性はまた彼らの仕事の成否や生活の質に影響しうるのである。それ故，矯正治療心理学は矯正治療業務従事者の心理を一つの重要な問題として研究しなければならない。

3 矯正治療心理学の専門性格

科学間の交わりと融合から新たな専門が生まれることは現代科学の発展の重要な特性である。この特性は矯正治療心理学においてとりわけ明瞭に現れている。矯正治療心理学の専門性格について，3つの側面から理解できる。

(1) 矯正治療心理学は一つの境界科学である

矯正治療心理学の専門性格を分析すると，その母体の専門や関連する専門と切り離すことができない。矯正治療心理学は心理学の一分野であり，また犯罪学，刑事法学などと密接不可分な関係にある。心理学的専門性格について比較的一致した見方は，科学総体の中で，心理学は中間的な位置を占め（自然科学と社会科学の中間を指す），中間科学あるいは境界科学と呼ぶことができる。犯罪学，刑事法学は明らかに社会科学に属する。したがってわれわれは矯正治療心理学は自然科学と社会科学の二重の性質を兼ね備えた境界科学だと考えている。ある面では矯正治療心理学は心理現象の物質的本体，すなわち心理の神経生理学的基礎を研究しなければならない。たとえば犯罪者のある種の心理や行為上の問題の脳メカニズムを研究する。また別の面では，矯正治療心理学は心理現象が生まれ発達する社会的環境を研究しなければならない。社会心理や集団心理等の研究である。たとえば犯罪者の心理と監獄の環境の間の関係を研究し，犯罪者同士の人間関係や集団心理などを研究しなければならない。この点でそれは社会科学的な性格を持っている。

(2) 矯正治療心理学は一つの総合的な科学である

矯正治療心理学の研究対象すなわち矯正治療活動における心理現象や心理学的方法と技術に基づけば，矯正治療心理学の研究領域は必然的に矯正治療活動の様々な側面に及び，総合的な性格を備えることになる。世界的に見れば，多くの国家の矯正機構はいずれも多様な経過と多様な手段で犯罪者の矯正及び改造，そして犯罪者の再社会化の促進を実現している。たとえばわが国の監獄業務は「懲罰と改造を相互に結合し，人の改造を趣旨と為す」という方針を堅持し，犯罪者に教育的改造を行うことが監獄の根幹となる任務である。ならば教

育的改造において心理学的問題が矯正治療心理学的の重要な内容であり、矯正心理学的研究は教育学、教育心理学（特に徳育心理学）といった専門の知識や原理を応用しなければならない。わが国の監獄は労働を組織することを犯罪者改造の基本手段としており、犯罪者の労働はきわめて重要な矯正治療活動である。とするなら、労働改造における心理学的問題は矯正治療心理学的研究の重要な内容であり、矯正治療心理学的研究は労働組織学、労働心理学といった専門の知識や原理を応用しなければならない。わが国の監獄は法に基づいて犯罪者に厳格で科学的で文化的な管理を実施し、そのことで監獄の管理秩序の安定性が保証され、犯罪者の良い行為習慣の養成を促進している。とすれば、犯罪者管理における心理学的問題が矯正治療心理学研究の重要な内容となる。矯正治療心理学的研究は必然的に管理学、組織行動学、管理心理学といった専門の知識と原理を応用しなければならない。犯罪者の中の精神障害者や行動異常者に対して、わが国の監獄は専門的な精神医学と心理学的技術によって治療を加え、健康回復を促進している。それゆえ、矯正治療心理学的研究は必然的に精神医学、臨床心理学などの専門の知識や原理を応用しなければならない。監獄は特殊な環境であり、犯罪者集団は特殊な社会集団である。わが国の監獄は監区の優れた文化的環境を構築することを通し、和やかな人間関係の雰囲気を生みだし、犯罪者の改造を促進することを非常に重視している。それゆえ、矯正治療心理学的研究は必然的に社会学、社会心理学などの知識と原理を応用しなければならない。以上に見られるように、矯正治療心理学は一つの総合的な科学なのである。

（3）矯正治療心理学は一つの応用科学である

現在、心理学は数多くの分野を持ち、しばしば理論心理学と応用心理学の2つに大きく分類される。矯正治療心理学はそれ自体の基本概念と理論体系を持っているが、心理学の一分野として明らかに一つの応用科学に属する。矯正治療心理学の生成と発展は矯正治療業務の実践的要請に基づき、その研究価値は直接矯正治療業務の実践指導に用いられるところにある。この点は矯正治療心理学の研究者が固く心に留めておかなければならないことである。

矯正治療心理学の専門的性格は、矯正治療心理学の研究者に広範な知識とか

なり高い科学的素養を備えることを求めている。矯正心理医学が中間的科学と総合的科学の性格を持つゆえに，研究者は心理学の基本知識に習熟しているだけでなく，生理学，神経科学，精神医学，生物化学，数学，コンピュータ科学といった自然科学的知識から犯罪学，刑事法学，監獄学，教育学，社会学，管理学といった社会科学的知識をも理解しなければならない。矯正治療心理学は応用科学の性格を持つゆえに，研究者は理論と実践の相互結合の原則を堅持しなければならず，事実に基づいて真相を追求する（実事求是）ことや，客観的事実を尊重する科学的態度を養わねばならず，さらには各レベルの一次資料を得て，統計的分析を加え，抽象的概括を行う素質と能力を備えなければならない。実際，心理学の歴史において，重要な成果を挙げた多くの心理学者がわれわれに範を示してくれている。Wundt, W. は実験心理学の創始者で，同時に著名な民族心理学者でもあった。Simon, R. は現代の認知心理学の創始者の一人で，コンピュータを用いて人の複雑な行動のシミュレートを行い，特に問題解決の分野で創造的な仕事を行ったが，彼はまた管理学の分野で傑出した成果を上げ，ノーベル賞を獲得している[注11]。彼らが獲得した成果はいずれも偶然のものではなく，彼らの広い知識と優れた科学的素養に基づいているのである。

注11：彭聃齢（主編）『一般心理学』北京師範大学出版社，2004年，p.17.

第8章

捜査における犯罪プロファイリングの実際と価値[注1]

李 玫瑾（翻訳：渡辺忠温）

〈概要〉犯罪プロファイリングとは，話し言葉あるいは文字で心的イメージを描写するものであり，心理的特性によって犯罪被疑者の像を描き出すものである。犯罪プロファイリングは，本質的には捜査時の被疑者分析である。その固有の価値は，こうした分析が，犯罪行動と人格についての資料の蓄積を基礎とし，人の心理法則と論理についての心理学的研究を根拠とする点にある。犯罪プロファイリングは，捜査にとってどうでもよいものではなく，科学的な方法で研究を行い，利用することで捜査能力はさらに高められる。

●キーワード：犯罪プロファイリング　行動　人格　被疑者像

犯罪プロファイリング（Criminal Profiling）は，ますます人々の耳目を集めるようになっており，関連研究は日に日に増加している。しかしながら，様々な理由で理解の相違も生じており，それに高すぎる期待や希望を寄せる者もいれば，疑念に満ちて一顧だにせず，拒絶さえする者もいる。筆者は，研究または実践のいずれにおいても，犯罪プロファイリングに関する認識を明確にしておくことが必要と考える。こうした研究の実際と価値を正確に認識してこそ，

注1：〈訳注〉出典は『中国人民公安大学学報（社会科学版）』2007年，128（4），1-7.

第8章 捜査における犯罪プロファイリングの実際と価値

刑事捜査や犯罪予防にとって有益になるのである。

1 犯罪プロファイリングの意味

筆者は本研究を始めたばかりの頃，資料を調べていて，Brent Turvey が編集した著作『犯罪プロファイリング：行動的証拠分析入門[注2]（*Criminal Profiling: An Introduction to behavior evidence analysis*）』と出会った。この本を翻訳することに決めてすぐ，基本的な概念間の区別をどうつけるか，という問題に直面した。すなわち，いかに最も適切な中国語の専門用語を用いてCriminal Profiling を表現するかという問題である。簡潔な表現のために，筆者は「犯罪者画像」という言葉を用いたこともあったが，この概念を講義で初めて使った際，ある現場の刑事から異議を唱えられた。「犯罪画像」という言葉を用いた場合，絵を用いて被疑者の容貌を再現する技術と容易に混同されてしまうというのである。そこで最終的には「犯罪心理画像（犯罪プロファイリング）」という言葉で表現することとした。現在では，この概念はすでに普遍的に使われているが，依然としてそれに対して疑念を持つ人もあり，またその解釈にも相違が生じている。本領域の研究のいっそうの発展のためには，この概念の基本的意味を整理しておく必要がある。

(1) 犯罪プロファイリングとは何か

国外の関連する研究を調べると，犯罪プロファイリングには，プロファイリング（offender profiling），心理プロファイリング（psychological profiling），犯罪者の人格プロファイル（criminal personality profile），行動プロファイリング（behavior profiling），犯行現場プロファイリング（crime scene profiling），犯罪捜査分析（criminal investigative analysis）など，多くの名称があることがわかる。また，その定義についても様々なものが存在する。

連邦捜査局[注3]は，その定義を一種の捜査分析，すなわち，彼／彼女の犯

注2：Brent Turey, 1999, *Criminal Profiling: An introduction to behavior evidence analysis*, Academic Press.（中国語訳本は『犯罪心理学画像－行為証拠入門』中国人民公安大学出版社，2005年）
注3：〈訳注〉Federal Bureau of Investigation：FBI.

行動に基づき，犯罪者の主な人格特性や行動特性を鑑別する捜査過程のこととしている（1992年）。英国の学者Canterは，プロファイリングという言葉を用いており，「犯罪者の犯行時の行動様式によって，その人物の特徴を推論する過程」と定義している（1995年）。アメリカの学者Burgessが使用している概念は犯罪者の人格プロファイルであり，これは「専門的訓練を経て，ある特定の犯罪タイプについて推定される犯罪者情報を捜査機関に提供すること」を指す（1996年）。Beazeらの定義は，「犯罪行動に責任のある未知の被疑者の，身体的，心理的，社会的，地理的，及びその他の関連属性を含めた特徴」である（2000年）。

『犯罪プロファイリング』の作者Turveyは，「犯行を行う者の独特な人格特性を推測・判断する過程こそが犯罪プロファイリングである」として定義している（1999年）。Turveyは，「われわれは次のような結論を得ることができる：提供可能な，大まかな，あるいは犯罪者の特徴を推定できる分析，報告あるいは観点（たとえばある犯罪者がある特徴を備えているといったような）は，すべて犯罪プロファイリングの一つの形式，あるいは一部分，あるいはまさに犯罪プロファイリングそのものとみなすことができる。反対に，犯罪者の特徴に一致しない分析，報告あるいは観点は犯罪プロファイリングではない。さらに，犯罪被疑者を確定する際に用いた方法がどのようなものであれ，また統計や帰納的方法を用いて一般的な犯罪者の特徴を描写するものであっても，また分析や犯罪の再現といった方法で犯罪者の特徴を描写するものであっても，それらは同様に正確な結論を得ることができると考えられる」と述べる。

犯罪プロファイリングは，捜査段階において，すでに把握している状況に基づいて，名前もわからない犯罪被疑者について，関連する行動，動機，心理的過程，並びに人物の心理的特徴などを分析し，さらに，文字によって犯罪被疑者の人物像や心理特性について描写するものだと筆者は考える。犯罪プロファイリングは決して一人の具体的犯罪被疑者の姓名を提供する責任を負ってはおらず，また，具体的な被疑者の住所や電話番号を提供することもしない。最も重要な点は，犯罪プロファイリングの結論は，ある人物の有罪証拠にはできないということである。犯罪プロファイリングによって可能なのは，名前もわからない犯罪被疑者の人物像にできるだけ近いプロフィールを提供することであ

る。

(2) 文字あるいは話し言葉を用いた心的イメージの描写

　モンタージュ（画像）の制作において，画家は人の眉，眼，鼻，口，耳，顔の形などの特徴を組み合わせる必要があり，これらは人物の顔の特徴を描く時の，必要な基本的な指標である。同様に，犯罪被疑者のプロファイリングにも，基本的な指標が必要なのであり，これらの指標になるのが，まさに人の様々な言語的に表現された心理的内容である。たとえば，人の興味，欲求，観念，態度，知力，技能，気質，性格，習慣などがある。このほかプロファイリングの指標には，心理的活動に直接関連する生理指標も含まれ，それはたとえば被疑者の年齢，体型，身長などがある。

(3) 心理特性によって形成される人物像

　犯罪プロファイリングに適した事件に向き合う時には，犯罪行動と心理の分析を通し，犯罪者の様々な心理的な特徴や背景を要約し，描写するのだが，その描写は多ければ多いほどより細かくなる。つまり1人の人物の個性的な像の形成により有利になり，捜査員がこうした人物の基本的手がかりの理解に資する。さらには，重点的に捜査を行う人々を確定でき，捜査範囲を狭められる。たとえば，プロファイリングによって，犯罪者が青年（年齢が25歳から32歳の間）であると確定されれば，このことは全人口のうちの50%の女性と3分の2強の男性を除外できることを意味する。さらに被疑者が正職についていない，未婚，前科があるなどと推定されれば，上述の人々の中からさらに一定の割合を除外できる。また分析を進めて酒が飲める，ある職種に就いた経験を持つ可能性や，ある趣味を持つ可能性など……こうした分析がより詳しく具体的になればなるほど，当てはまる人々の割合も減り続けるだろう。被疑者の特徴が人々の中で2%～5%を占めるだけであれば，調査が必要な人数も明らかに減少し，それによって捜査されるべき重要人物が浮かび上がることになる。

　したがって，犯罪プロファイリングの描写は，人の心理的特徴の単一の描写ではなく，心理的特徴の総合的描写なのである。われわれはそうした特徴の中の個別の特徴について誤った推論をする可能性を否定はしない。というのも，

犯罪プロファイリングは結局，一種の推論的描写であり，間接的認識であって，直接的な感覚による認識ではない。また，犯罪プロファイリングの目的も，ある人物が有罪か無罪かを確定するためではなく，捜査員が膨大な人々の中から重点的に捜査を行う人々や範囲を選択する手助けをする点にある。したがって，犯罪プロファイリングの内実について正確に理解することは，この方法を適切に使用することにつながる。

2 犯罪プロファイリングの内容

(1) 犯罪プロファイリングは捜査分析の一種である

刑事捜査における任務の一つは，事件に対して刑事責任を持つ犯罪被疑者を探し出し，その人物に対して有罪かどうかの鑑別を行うことである。しかし，捜査過程で次のような状況がとてもよく見られる。犯行現場から犯罪者の物証を採取したにもかかわらず，膨大な人々の中からどう犯罪被疑者を探し出して鑑別を行えばいいのかわからない。物証のデータベースで関連物証を照合する以外に，多くの場合被疑者に関わる基本的な要素についてとりあえずの見込みを確定させなければならない。たとえば，その人がどのようなタイプの人物である可能性が最も高いか，年は何歳で，婚姻状況はどうか，仕事をしているかどうか，前科があるかどうか，現在どのような生活スタイルをとっている可能性が最も高く，犯行動機はどのようなもので，心理的に正常かどうか，現在最も可能性の高い居住地域はどこか，などである。こうした問題にはまず重要被疑者の心的イメージをプロファイルすることが必要になる。

犯罪プロファイリングはまったく新しい捜査手段としてアメリカ連邦捜査局が発明したものではなく，捜査機関が通常行ってきた事件の分析をより体系化した分析手法と考えられる。

(2) 心理的な資料の蓄積としての捜査分析の必要性

犯罪プロファイリングは捜査分析の一種で，捜査分析は現行の捜査活動の中にすでに存在しているのならば，犯罪プロファイリングがそれとは別に存在し，研究を進める必要性はどこにあるのだろうか？ そのことを説明するには，刑

第8章 捜査における犯罪プロファイリングの実際と価値

事捜査の中で犯罪プロファイリングが注目されるようになった過程を考察する必要がある。

アメリカ連邦捜査局は、決して犯罪プロファイリングを発明したのではなく、犯罪行動についてのこれまでの捜査員の経験に基づいて分析し、それを系統的な行動の科学的研究に変えただけである。こうした変化が起こったのには理由がある。20世紀1960年代のアメリカでは、ある人の推計では「毎年約35名の連続殺人犯が5,000名を超える被害者を生み出し」[注4]、「1年のうち、3分の1の殺人事件は連続殺人犯によるものであった」。これらの連続殺人犯は同様の事件を繰り返し実行するため、しだいにより熟練した犯行経験と捜査対策の意識を持つようになる。そのうえ、メディアが捜査方法を詳しく報道するため、捜査分析に用いられる物証を捜査員が収集するのがますます困難になり、ひどい場合には、犯行現場を発見することさえ非常に難しくなる。現場や物証などの手がかりが少なければ、連続殺人事件の解決もますます困難になる。また、連続殺人犯の犯行対象には知り合いではない人を選ぶことが多いため、捜査員はよるべき手がかりがなくなる。物証と人証の欠如を背景として、彼らは「行動資料」と「心理資料」をどのように使うかということを考え始めた。彼らは刑務所に入って収監されている犯罪者にインタビューすることから始め、まず、様々な犯罪者の、成長の経歴、心に抱く幻想や犯行動機を含めた心理資料を収集した。同時に彼らの行動資料及び犯行時の考えや行動の特徴を収集した[注5]。こうした行動と心理の素材を利用した介入によって、捜査分析の内容は完全なものになっていった。これがまさにアメリカの連邦捜査局が20世紀60年代に始めたことがらである。ついには、彼らは個別の研究に飽き足らず、専門の機関（すなわち行動科学部）まで設立し、専門家によって犯罪者の背景資料と現場での行動資料の全面的な収集を進め、それを基礎として対応するデータベースと分析ソフトを作り上げた。

このことからわかるように、アメリカの連邦捜査局が行ったのは、もともとあった捜査の基礎の上に、新たな分析要素を発展させたことで、それによって

注4：〈訳注〉推計値に疑問があるが、引用元の英文どおり訳出。出典は Holmes, M. Rolnald, & Stephen, T. Homes, 1989 *Profiling Violent Crimes: An Investigative Tool*. Sage Publications.
注5：Robert K. Ressler（著），李璞良（訳）『変異画像』北京，法律出版社，1998年

捜査科学の発展という目的を達成したのである。捜査分析の中で使用される素材や分析の基礎が拡大発展し，新たな分析内容へと組み込まれることによって，刑事捜査はより幅広い捜査分析の足場を持つことになり，犯罪被疑者の心理像のプロファイリングも，さらに完全なものになっていったのである。

3 犯罪プロファイリングの基礎：行動資料

(1) 行動事実の価値

これまでの刑事捜査の実務では，刑事捜査員はまず現場検証をし，できるだけ現場や死体の中に客観的な物的証拠を見つけようとする。したがって，現場と物証はこれまでずっと刑事捜査学の主な研究対象であった。刑事捜査コースに一般的な必修科目には現場検証や法医学，各種の物証技術についての科目がある。しかしながら，「行動」を専門に研究対象とする心理学や犯罪心理学は往々にして捜査コースの必修科目としては認められていない。「行動」は証拠とすることができないため，収集して研究したり利用する価値がある捜査資料とはみなされないことが多い。多くの捜査員は，心理学の学習やトレーニングを受けたことがなく，今日でもなお「行動」あるいは「心理」は科学的ではないものと考える人さえいる。こうした誤った認識は，捜査の中で多くの「行動の資料」がなおざりにされることにつながっており，このことは刑事捜査科学の発展にとって良くないことだと筆者は考える。

実際筆者は実践の中で次のような状況にたびたび遭遇している。ある事件が連続犯の事件の一つである疑いが持たれていたにもかかわらず，物証がないために連続事件とはしないで研究や分析が行われることは多いのである。それは複数の事件を関連づける証拠に欠けているからである。行動様式を事件の連続性判断の手がかりとすることができるのかどうか，かつてこうした問題へのためらいと解決の回避が生じたのは，まさに，刑事捜査の分野で行動研究の価値が十分に利用されていないことの現れである。

実際，殺人犯がどのように犯罪を行おうと，その人物が死体を投げ捨てた事実，広域犯[注6]がどう移動しようと，ただ現場に行ったという事実，犯人がどれほど狡猾でいかなる物証も残さないでいようと，ただ行動したという事実さ

えあればよい。これらすべてが犯罪を行った者の行動様式や行動の痕跡となるのであり，すべてがわれわれにある種の行動という事実を提示するのである。たとえばある犯行現場で，物証があるべき場所で物証が出なければ，こうした客観的な事実自体が，犯人が捜査に対抗する何らかの行動をとった可能性を示唆しており，それによってさらに犯人の現場での行動過程や様式について分析を進め，犯罪行動の論理的関係を再構成することができるのである。このことは，われわれが犯行現場や犯人の心理的傾向と心理的な活動のレベルを分析するうえで，すべて重要な意義を持っている。

(2) 行動の定義と類型

　法律上意味ある犯罪はすべて，行動という事実からなる。まさにこうした行動という事実こそが犯罪の痕跡や現場，物証を作り出す。すなわち，刑事捜査学で研究される犯罪の痕跡や物証，現場が成立する前提は，まさに行動なのである。このことの意義は，犯罪行動の研究が，刑事捜査学ではなく心理学や犯罪心理学が得意とするところだという点にある。というのも，行動あるいは心理現象の専門的研究は心理学において行われているが，刑事捜査学はこうした基礎的な学科を重視していないからである。

　心理学では，行動（Behavior）を「観察測定可能な顕在的な反応あるいは活動」と解釈している。正確にいえば，人としての諸々の顕在的反応と活動（直接観察しうるものだけではなく，測定しうるもの）であり，具体的には，表情，言語と動作といったいくつかの内容を含む。そのうち，後者２種類の行動類型が，ともに刑法上の犯罪行動を構成することが可能なものである。ただし，３種類の行動とも捜査分析の資料になりうる。

　①表情（expressive），一般に人の顔の部分あるいは姿勢からくる表現を指し[注7]，人の感覚知覚活動，注意活動，思考活動，想起活動，情緒活動などを反映する。表情にはまた個性があるため，顔色を見ることで一定程度は人の何らかの心理的な問題を見つけることができる。たとえば，ある人がずっと作り笑いをしていたり，目つきが怪しかったり，ずっと他の人を正

注６：〈訳注〉原語「流竄犯」を意訳。
注７：張春興『張氏心理学辞典』上海，上海辞書出版社，1992年

視しなかったり，顔の筋肉がしばしばけいれんを起こすといったことである。刑事は捜査の中で次のようなことも発見する。盗癖のある人物は「独特の目つき」をしている。売春婦の最も特徴的な表情は，目つきが軽薄なことである。顔以外にも，人の姿勢には表情がある。たとえば，立ち姿や歩く時の姿勢，動作の形態などである。捜査段階では表情の資料は主に被害者や証人の証言や，捜査員が初動で犯罪被疑者に接触した時に得た印象から収集される。こうした資料は，複数事件を関連づけたり被疑者の特徴分析を行う際に参考となる。

②言葉（speech），人が声あるいは言葉の助けを借りて，外界に対して行う一種の表現を指す。心理学では「発語内行為（illocutionary act）」という[注8]。言語も同様に人の多くの心理的特性を反映する。本籍地や教育程度，性格，思考の特徴，感情，心理状態などである。沈黙もまた言葉の一種である。言語はさらに話し言葉と書き言葉に分かれる。話し言葉はたとえば話をする，叫ぶなどである。話し言葉は，主に字を書くことや落書きをすることなどを指し，たとえば犯罪者が現場（壁）に字を書き，絵を描くなどである。言葉自体が直接犯罪を構成することもある。たとえば誹謗罪，煽動罪などである。同時に言葉自体が他の犯罪活動の一部となることもある。たとえば被害者への命令などである。捜査の実践の中で，被害者や証人を通して得られた犯罪被疑者の言語的資料は非常に重要な行動資料である。また，言語行動を通して，被疑者の日常生活のスタイルを知ることもでき，これは，重要な被疑者を取調べる際に参考となる外部指標の一つである。

③動作（action），人の筋肉と関節によって形成される振る舞いや活動を指す。人のあらゆる心理的な活動はみな動作を伴っている。たとえば，睡眠中の寝返りや四肢の活動。あらゆる欲望や目的の実現はみな動作によって完成する。たとえば覚醒時に耳を傾けること，注意時の動作，思考しているときの凝視，回想しているときの眼の動き，感情が高ぶっているときの速い息づかいと顔の筋肉の変化，有頂天なときの手足の震え。次に個人の気質を表す心理的活動の速度と強度，性格を表す情熱的な行動あるいは冷淡な

注8：[米]『心理学詞典』上海，上海訳文出版社，1998年（Reber, A. S., & Reber, E. The Pengine Dictionary of Psychology）。

外見など。さらに，直接は見られず測定しかできないような心理的活動でもやはり動作的表現がある。たとえば黙読時の喉の筋肉の運動，思いによって引き起こされる呼吸や筋肉の震えなどである。特に重要なことは，人の目的的な動作はある種の物質の形態変化を引き起こし，痕跡を残すということである。動作によって生じる物質的痕跡は，刑事捜査では現場と物証の重要な基礎となるものである。したがって，犯罪被疑者の現場での行動の仕方や行動の過程を十分正確に分析することも，犯罪者が残した可能性のある物証や痕跡を探すうえでの重要な基礎になる。

(3) 行動の様式と行動の過程

　行動の価値が物証や痕跡となりうる点だけだと考えてしまうと，われわれは行動から見えてくる多くの捜査資源を失うかもしれない。行動資料の価値は，物証や痕跡となることができる以外に，さらに重要なのは行動様式と行動過程についても研究ができることである。こうした行動の様式や過程は，物証としての役割を果たすことはできないが，同様に犯罪捜査における情報源の一つとなれる。

1 犯罪行動の様式

　犯罪行動の様式とは，一般的には犯罪被疑者がある種の行動様式や形式を通してその犯罪目的を実現することを指す。同じように被害女性を襲うにしても，手ぶらで襲う者もいれば荒縄を用いる者，匕首（あいくち）や棍棒を用いる者もいる。同じように侵入盗をする場合でも時間について昼間を選ぶ者もいれば，夜中や夕方を選ぶ者もいる。家や部屋について，平屋を選ぶ者もいればビル，村落，雑居住宅を選ぶ者もいる。侵入の様式について窓から入る者もいれば尾行してドアから入る者，ドアをノックする者，ドアを破壊して侵入する者もいる。行動様式を研究する意義は，ある犯罪において，現場に物証が残っていない場合であっても何らかの行動の様式が現れる，という点にある。たとえば犯罪者が女性を襲ったあとで逃走し，現場には犯行時に使用した道具や自身の血痕などもいっさい残されておらず，また，犯罪者の足跡の痕跡も残されていないかもしれない。しかし，被害者の傷口のパターンから棍棒を使ったのか，匕首を使った

のか，なたを使ったのかといった，犯罪者が女性を襲った行動様式を見て取ることができる。さらに，たとえば捨てられた死体の一部に犯罪者の残した物証がまったくなかったとしても，やはり死体を分解する時の形式が現れる可能性がある。したがって，行動の様式は，行動の空間的表出形態でもある。

では，こうした証拠にならない行動様式を収集することに，どんな意義があるのか？　筆者は次のように考えている。行動様式は，被疑者の身体的条件，たとえば体型，年齢などについて分析可能である。被疑者が最も使いやすい道具の選択や関連する生活背景，職業的背景について明らかにすることができる。たとえば匕首を使うのと，れんがを使うのとでは違いがある。被疑者の生活背景についても明らかにすることができる。犯罪を起こしやすい地域というのは，その犯罪者が一番長く生活していた地域と非常に似ていることが多い。行動の様式は，犯罪者の行動上の習慣を明らかにすることもできる。心理学の研究は，ある種の行動様式は，犯行がうまくいってすぐに発見されなかったり，マイナス方向の強化（つまり，懲罰による苦痛の体験）が行われない時には自動的に強化されてしまう（成功体験となったり，得意な気持ちになったりする），ということを指摘している[注9]。このことは，その人物が，再度同じような目的を持った場合，自ずと同じ様式を用いるということを意味する。こうした自動的な反復現象は，人が無意識のうちに行う一種の効率的行動選択でもある。というのも，成功と経験によって，同じ行動にもより熟練し，楽に効率よく行われるからである。よって，成功した行動様式は無意識・自動的に保存され，その個人の習慣的行動（動的ステレオタイプとも呼ぶ）が生まれる。犯罪プロファイリングでは，犯行手口（modus operandi）とも呼ばれる。ここからわかるように，たとえある刑事事件で有用な物証が得られなくても，犯罪の示す行動様式を収集・分析する価値がある。物証が欠けている事件では，行動様式の資料を収集する重要性は明らかに高まる。

2 犯行過程

犯行過程とは，犯罪活動の中のあらゆる行動の順序，手順，持続時間を指す。

注9：斯金納（訳）『科学与人類行為』北京，華夏出版社，1989年（Skinner, B. F., 1965, *Science and Human Behavior*. Free Press.）。

第8章　捜査における犯罪プロファイリングの実際と価値

行動様式が行動の空間的特性の表れだとすれば，犯行過程は犯行の時間的特性の表れである。時間的特性は，単に犯罪者が犯罪を行う時間を指すのではなく，各犯行の始まりから終わりまで，事件発生のすべての過程を指す。たとえば，強姦は被害者を物色し，被害者に接触して束縛し，強姦する，という過程をとることが多い。侵入盗にも部屋や家の観察，侵入，建物の中を物色，建物から出る，現場を離れる，などの過程がある。また，被疑者が現場にとどまっていた時間の長さ，現場に侵入する前に待っていた時間の長さなどもある。

犯行過程も犯行様式と同じように，成功を体験したあと無意識的に保持され，繰り返される。したがって犯罪者の行動順序も，収集するに値する行動資料の一種である。

犯罪は社会が禁止し懲罰を加える行動なので，そのような危険に満ちた行動によってある目的を達しようとする人間は，ばれないように，罰せられないように，事前に計画を練る者が多い。そして，念入りに計画された事件は，往々にして行動に順序性が備わるものである。たとえば銀行強盗では犯罪被疑者は「現場に着いたらまず何をして，それから何をして，ある状況になったらどうする」といったことを考えておくことが多いが，考えることが周到で緻密で現実条件に合ったものになるほど，犯罪目的の達成可能性は大きくなる。しかし同時に彼らは行動に「その人特有の手順」を示すことにもなる。すなわち，事前に考えていた手順は，現場の状況から実際の犯行には必ずしも合わない可能性もあるが，彼らが現場で状況を確かめてどうするか考える暇はないため，実際の行動が計画された手順のまま行われることも多い。事前に計画した手順を乱せば，行動する時に混乱が生じやすいからである。したがって，事件によっては犯罪者の余計な動作ややり方に捜査員が困惑する場合もあるが，こうした心理現象を理解すれば，結局事前に計画していた過程と実際の実行過程に誤差が生じるのは避けがたく，それで現場で余計な行動が生じたことがわかる。つまり，それは「その人特有の手順」によって起こるものなのである。最も重要なのは，こうした「その人特有の手順」には「行動資料」を収集するだけの価値があり，連続犯罪の分析に用いられる点である。もし，異なる場所で発生した事件が，同じ順序で行われている場合には，注意すべきである。

犯罪行動過程についての資料を収集し研究することには，もう一つの価値も

ある。ある種の犯罪の中には緊張と危険という二重の刺激を持つものがあり，ある個性を持つ犯罪者は，犯罪によって常人には体験できない特殊な心理的体験を得られる。そのため彼らの犯罪への欲望を強めることにもなる。この目的を達成するために，彼らはリスクが非常に高いタイプの犯罪行動を念入りに計画し，実行に移し，またそれを実現することでその特殊な心理体験を得る。たとえば，変態的な幻想によって引き起こされる殺人は，事前に特殊な幻想を伴うことが多く，頭の中で幾度となく想像した行動過程（手続き）がまさに実現される時に，犯罪者は可能な限り頭の中で想像した順序で実施しようとし，それによってこうした過程がその人特有の儀式的特徴を帯びることになる。たとえば，変態的な強姦犯の場合には，被害者を支配しようとする時間があることが多い。また，そうした行動の中で，様々な要求あるいは命令を出し，何らかの動作をすることや，何らかの声を出すこと，何らかの話をすることを要求するなど，決まった型の儀式的行動があることが多い。こうした行動過程の資料を収集することは，被疑者の個性と幻想を発見する素材にもなり，連続犯罪や被疑者の心理的背景分析となる重要な参考資料を提供する。

4 犯罪プロファイリングの根拠：心理ロジック

単に犯罪の外的な行動のみを研究するのであれば，現行の刑事捜査科学でも必要な水準に達することができる。しかし，人の外的な行動と各種の心理的活動とは，「皮之不存在，毛将焉附（依るべきところがなければ存在できない）」の関係にある。そして行動の背後にある心理的な法則の研究はまさに心理学が得意とするところであり，刑事捜査は，犯罪の証拠を探すと同時に犯罪被疑者を探す必要があるのだから，主に人を研究する心理学は必然的に，刑事捜査学科の及ばぬ利点を持つ。なかでも最も強調すべきは，心理学研究は行動だけではなく，行動の背景についての研究を得意とするということである。またこうした「背景」は横方向の心理的関係と縦方向の心理的発達によって，犯罪心理分析の座標軸を形成している。

犯罪行動の分析は，犯行現場における行動の形跡から始められなければならないとしても，犯罪者についての確かな分析には心理学的根拠が必要となる。

第8章　捜査における犯罪プロファイリングの実際と価値

これは刑事捜査学科が関わることが非常に少ない領域である。まさにある捜査員が筆者に語ったように，「犯罪心理の分析は，たしかにわれわれの現場の技術的な分析とは異なる。現場の証拠が提供する情報のみでなく，心理学研究が提供する心理法則にも基づいて分析する必要がある」。心理法則も客観的な法則であり，犯罪プロファイリングに特有の基盤である。それが捜査の中で犯罪プロファイリングに特別な応用的価値をもたらすのである。

(1) 心理現象は複雑かつ規則性がある

人の心理現象はきわめて複雑であり，こうした複雑性は何より現在の心理学科のあり方から見てとることができる。心理学は，一般心理学，社会心理学，発達心理学，生理心理学，異常心理学，実験心理学など，各領域がそれぞれ独特の研究上の視点・立場や体系を持っており，お互いに置き換えることはできない。また，心理学研究の学派からもそれは見て取ることができる。深層心理現象を研究対象とする精神分析理論は，行動を研究対象とする行動主義学派とはまったく異なる。人格を研究上の重点とする人間性心理学も，思考を主に研究する認知心理学とは明らかに異なる。心理学の学派と領域による研究の多様性は，犯罪心理分析とプロファイリングに確かな基礎と豊かな背景を提供する。

犯罪心理学でも犯罪のタイプは犯罪者の体格のタイプと関係があることが多く，犯行時の気分は犯罪者の認知と関連があり，犯行時の認知もまた犯罪者の生活上の経験と関連がある，といったことがわかる。これに類した横方向の（通時的）心理的関係は枚挙にいとまがない。

犯罪心理の分析では，すでに認められた心理研究の成果を利用し，心理間の横方向の分析を行えるのである。たとえば犯罪行動の目的からその心の中の指向について探る（つまり，犯罪動機の分析）。さらに犯罪動機からその欲求のタイプや対応する嗜好を探索し，さらにその人物が普段その欲求を満たしている生活の場について分析する。犯罪行動に現れる方法からは，その行動が形成された訓練の背景や生活上必要な何らかの動作が反復されている背景を探ることができ，そこから対応する職業や生活歴についての発見がある。さらに犯行の際の特殊な動作や行動に基づいて犯罪者の個性の分析を行ったり，現場での行動異常があるかどうかによって被疑者の精神状態などを判断できる。犯罪者

もその感情には何らかの認識の発生を伴っている。犯罪者の経験は必ず自然な行動様式の中に現れる。犯罪者の動機の背景には，必ず何らかの心理的背景が根拠として存在する。

（2）心理活動は変化が多いが道筋はある

　上に述べた多くの心理現象は，横方向に規則性があるだけではなく，縦方向の論理的な関係（継時的・発達的関係）も持っている。たとえば，妊娠期の胎動と出生後の気質，性格とは関連する。出生後の感情，言語，社会性，認知などの順序だった発達も，その後の一生の性格，能力，観念あるいは信念，などの人格の発達を決める。個人の心理的発達の中で，環境，養育方法，教育的背景，個人特有の経歴や出来事などは，すべて個人の心理的内容と心理的徴候に組み込まれ，安定した心理的スタイル，すなわち人格を形成する。

　人格とは，いったん形成されると生涯維持される心理的内容である。たとえば，興味，知力の特徴，気質，性格，習慣などがある。こうした縦方向に連続性を持つ人格は，被疑者に対する心理分析とプロファイルの推定に使える。犯罪心理学の犯罪分析と捜査のプロの犯罪分析の違いは，犯罪心理分析とプロファイリングは，犯罪行動の痕跡や行動の結果に基づくだけではなく，人の心理的発達における論理的な関係あるいは軌跡にも基づくという点が最も重要である。性格だけを例にとっても，それが後天的に形成されるために，性格の中には必ず個人が経験した生活背景が現れる。したがって被疑者の「生活背景」描写は，重要被疑者の捜査での参考指標となる。性格は社会的な行動様式に属し，犯罪も一種の社会的行動であるため，性格は必然的に犯罪の中にも体現される。犯罪行動の中に行動者の性格的特徴を探し，さらに性格的特徴から犯罪者の日常生活の特徴を推定するというのは，心理学が提供するもう一つの心理的な事実である。

　人の犯罪行動が文脈性と偶然性を持つとしても，また意図性と秘匿性を持つとしても，犯罪行動は結局独立した人格を持つ人が行うものであり，偶然の行動も多かれ少なかれいくつかの個性の傾向や特徴を必然的に現す。このことは，人のある犯罪行動は意図的なものであるために，普段のやり方とは異なることを意味している。一つには，犯罪は危険な行動であるため素早く終える必要が

あるので，熟知した手っ取り早い方法（熟達，すなわち慣れている）が必要になる。また犯罪の成功によって，犯罪者が刺激を受けて再度同じような犯罪を実行する。犯罪が緊張という刺激を伴って実行され，何度も繰り返される場合，犯罪者はその人格の中の様々な定型的な心理的傾向や特徴を，意図せず犯罪の中に露見させてしまう可能性がある。上に述べた性格のほかに，一貫した興味，個性的な欲求，独特な考え方，気質の特徴，知力レベルなどは，すべて実行された犯罪に現れる。個別の犯罪事件に対する筆者の分析によれば，個人の気まま，あるいは偶然に見える行動であっても，十分連続して観察すると，事件の間に物証ではなく個人の心理スタイルに属する特徴があることがわかる。事件の収集におけるこうした個性の形跡は，われわれの捜査分析の領域を拡大してくれる。

　また，捜査における尋問や聞き込み調査で質問する場合は，意図して犯罪被疑者心理の個性に関する情報を収集する必要がある。たとえば，低年齢での違法行動のタイプ，初期の犯罪を行った年齢，これまでに従事したことのある職業，これまでに行ったことのある場所，日常の習慣など，これによって犯罪パーソナリティのデータベースを作成する。筆者の研究によれば，犯罪者の低年齢での生活経験とその後の犯罪行動の方法には密接な関連があり，犯罪者が，犯罪において侵害する目標，侵害する人物，犯行場所の選択には，すべて犯罪者の過去の生活上の出来事と関連がある。このことはまさに個人の心理的発達とその行動との関係，人格特性とその行動との関係を示しているのである。

　以上をまとめると，意図して「行動資料」や「人格資料」を収集し，心理学の専門的な統計分析を行ったりその資料を利用すれば，刑事捜査に用いられる貴重な財産になるだけでなく，刑事捜査の犯罪被疑者に対する分析をより完全で科学的なものにすることにもなる。捜査における犯罪プロファイリングの利用価値を正確に認識し評価しておくことは非常に重要である。犯罪プロファイリングは，捜査にとってはどうでもよいものではなく，どのようにその研究を利用して刑事捜査能力をよりよく拡大発展させていくか，といった問題なのである。

第3部

日本の法心理学研究から

第9章

足利事件とスキーマ・アプローチ[注1]

高木光太郎

　スキーマ・アプローチ（schema approach）は筆者を含む研究グループによって提案された供述信用性評価技法である（大橋ら，2002）。この技法はBartlett（1932）の想起研究，Neisser（1982）らによる生態学的記憶（ecological memory）研究，Middleton & Edwards（1990）らの共同想起（joint remembering）研究などを理論的背景としており，供述を人々が過去の出来事について語りあう共同想起の一種として理解し，そこへの供述者の参加様式の解明を通して，その信用性を評価することをめざす。

　以下，スキーマ・アプローチを最初に適用した事例である足利事件における鑑定の概要を示したうえで，供述信用性評価技法としての特徴について概説する。

1 足利事件

　足利事件は以下のような経緯をたどった幼女誘拐殺人事件である。

注1：本稿は以下の既発表文献に大幅な加筆修正を加えたものである。
　高木光太郎　「位置取りと身構え：体験への心理学的アプローチ」　岡田美智男・三嶋博之・佐々木正人（編）『身体性とコンピュータ』　共立出版，2000年　pp.47-60.
　高木光太郎　「自白の信用性鑑定」　やまだようこ・サトウタツヤ・南博文（編）『カタログ現場心理学：表現の冒険』金子書房，2001年　pp.88-95.
　高木光太郎・大橋靖史「供述の信用性評価における言語分析的アプローチの展開」『心理学評論』2005年，48（3），365-380.

第 9 章　足利事件とスキーマ・アプローチ

　1990 年 5 月 12 日夕方，父親に連れられて栃木県足利市のパチンコ店にやってきた 4 歳の女児 MM が姿を消し，翌朝同店からそれほど離れていない渡良瀬川の河川敷で遺体となって発見される。死因は首の圧迫による窒息死。遺体は全裸で，着衣はサンダルの片方を除いて周囲の河原や川の中から見つかっている。このうち川の中で発見された「半袖下着」には犯人の精液と思われる体液が付着しており，そこから犯人の血液型が B 型であることが明らかになった。
　この地域ではこれまで 2 件の幼女誘拐殺人事件が発生していた。1979 年に 5 歳の女児が神社で姿を消し，遺体がリュックに詰められて渡良瀬川の河川敷で発見された。また 1984 年にはやはり 5 歳の女児が今回とは別のパチンコ店から姿を消し，1 年以上たってから畑に埋められた状態で発見されている。この 2 件はどちらも未解決のままであった。
　この事件の捜査は当初難航したようだが，やがて幼稚園バス運転手 S が有力な容疑者として浮上する。足利市内で両親と同居していた S は週末だけ実家を離れ借家で過ごしていた。捜査の一環としてこの借家を訪問した警察官が S のこのような生活状況を報告したことが端緒であった。ここまで有力な容疑者を発見できずにいた警察は S にターゲットを絞り，彼の行動の監視を開始する。だがおよそ半年が過ぎても事件に直接的，間接的に結びつく兆候を見いだすことはできなかった。そうしたなか警察はより強引な手法で「証拠」を得ることを選択する。S が借家前に捨てたゴミ袋から彼の精液がついたティッシュペーパーを入手し，当時まだ捜査実務に使用されていなかった DNA 鑑定を実施したのである。その結果，MM の半袖下着に付着していた精液の DNA 型と S のそれが「一致」していることが判明，1991 年 12 月 1 日早朝，警察は借家にいた S に任意同行を求め事情聴取を開始する。S は当初犯行を否認したようであるが，同日夜には自白，翌 2 日未明に逮捕されることになる。
　逮捕後の取調べでも S は本件犯行に関する自白を維持し，同年 12 月 21 日に起訴となり，その後すぐに他の 2 名の女児の殺害についても自白する。その一方で彼は翌年 1 月後半から家族宛の手紙で無実を訴えるようになる。しかし弁護人や検察官に対して明確な否認の態度をとることはなく，1992 年 2 月 13 日に宇都宮地裁で開始された本件公判でも自白を維持し続けた。
　事態が最初に大きく変化したのは第 6 回公判であった。被告人質問において

家族に宛てた手紙について弁護人に質問された際，Ｓが明確に犯行を否認したのである。だがＳは公判終了後には犯行を認める上申書を提出，第7回公判ではふたたび犯行を認める供述をしている。

その後Ｓが自白を維持したまま裁判は検察側の論告求刑（第8回公判），弁護側の最終弁論（第9回公判）を経て結審，あとは判決を待つのみとなった。だがここでふたたび自白が撤回される。Ｓが弁護人に犯行を否認する手紙を出したのである。これを受けて第10回公判で弁論が再開され，改めてＳは本件犯行を否認する。だが裁判所はこれ以上の審理を行わず公判は即日結審。1993年7月7日の第11回公判でＳに無期懲役の判決が言い渡される。

控訴審からは新たな弁護団が結成され不適切な技術・手法が用いられた可能性のあるDNA鑑定の問題とＳの自白の信用性の問題を軸にした強力な弁護活動を展開する。だがそれが裁判所に認められることはなかった。さらに2000年7月17日には最高裁への上告が棄却となり，その後，無期懲役の判決が確定する。

服役中のＳと弁護団は2002年12月25日に宇都宮地方裁判所にDNAの独自鑑定結果などを新証拠とする再審請求を行う。だがDNA再鑑定は認められず，なんと5年以上たった2008年2月13日になって，ようやく再審請求棄却の決定が下される。これを受けて弁護団は東京高等裁判所に即時抗告。ここに至ってようやくDNA再鑑定が認められることになる。2009年5月8日，弁護側，検察側がそれぞれ指名した2名の鑑定人がともにＳのDNA型と犯人のそれが「不一致」であったとの鑑定結果を報告する。これを受けて東京高等検察庁は再審の開始決定を待たず6月4日にＳの刑の執行を停止，Ｓは17年半ぶりに釈放となった。

東京高等裁判所による再審開始決定はＳの釈放後20日ほどたった6月23日であったが，その後，注目すべき事実が発覚する。Ｓに対する取調べの様子を記録した録音テープが保管されていたのである。テープは警察官，検察官による取調べを合わせて10数本に及ぶ。このうち検察官取調べは，本件の起訴後，他の2名の女児の事件について調べることを目的として行われたものだが（公判が行われている間に当該事件について取調べを行うことは禁止されている），その過程でＳはMMについても否認寸前の応答や完全な否認をしていた。検

察官はある段階から別件についてはＳが犯人ではない可能性が高いと考えていたようだが（実際，1993年2月26日に別件については不起訴となっている），MMの殺害についてはＳの犯行であることを確信していたと思われる。このためＳの否認供述が聞き入れられることはなく，検察官は再びＳを自白に追い込む取調べを行っていた。録音テープが発見されたことで，Ｓが自分から犯行を否認した本件第一審第6回公判前にも否認と再自白をしていたことが明らかになったのである。

　2009年10月21日から宇都宮地方裁判所で開始された再審公判では，まずDNA鑑定の問題点を検証するための証人尋問が行われ，続いて検察官取調べの問題点の検証（発見された録音テープのうち検察官取調べを記録した4本の再生と取調べ担当検察官の証人尋問）が行われた。その後，検察による論告，弁護人による最終弁論が行われ結審。2010年3月26日に無罪判決が言い渡され終結となった。

2　足利事件における供述信用性評価

(1) 評価技法決定の経緯

　筆者を含む研究グループは控訴審の弁護団より鑑定依頼を受けてＳによる自白の信用性評価を行った（評価作業の経緯については，大橋ら，2002を参照）。当時，われわれが利用可能な分析手法の選択肢は，①犯行体験時の状況を実験的に再現し，それを体験した実験参加者の想起と分析対象となっている供述の差異を検討する「シミュレーション実験」，②複数回実施された取調べの内容を記録した供述調書間にみられる供述内容の変遷パターンに注目する「供述分析」（浜田，2001）であった。①については，MMをパチンコ店から連れ出し，殺害し，死体を遺棄した際の移動の状況についてのＳの自白から，移動の障害となる可能性が高かった様々な要素（たとえば，身を隠す場所がないため目撃される可能性が高い河川敷を歩くことへの躊躇のなさや，死体を手で運ぶことを困難にする葦の密生地への言及がない，など）が抜け落ちているという兆候がみられたため，同様の障害を設定したシミュレーション実験を実施して体験者の想起内容を確認するという分析プランが検討された。しかし犯行当時の

現場の状況（たとえば葦の密生状況）について確実な情報を得ることができないため実施困難と判断された。②については、Sの自白を記録した供述調書は利用可能であったものの、供述分析が適用可能となる顕著な変遷がみられなかったため、やはり分析の実施は困難な状況にあった。

このため研究グループでは、弁護人の助言もあり、Sの第一審公判廷における供述を記録した速記録の分析を試みることになった。さきほど整理したとおり、Sは第一審の途中まで犯行を認めており、被告人質問では犯行内容についての説明も行っていた。そのプロセスは速記録として逐語的に記録されている。これを談話分析的な手法で検討することで、Sの自白の信用性を評価することが可能になるかもしれないという目論見であった。

しかし公判廷供述は、原体験から相当の時間が経っているため様々な誘導や構成が混入している可能性が高く、かつ利害関係にある当事者が様々な戦略を用いながら厳しく論争をする場での供述である。このため、たとえば浜田の供述分析でも分析の最終段階（構成・誘導分析）で参照される、いわば「二次資料」として位置づけられてきた。しかしわれわれは誘導、事後的な構成、利害関係、権力関係などの影響を受けやすい供述の内容的側面ではなく、供述者が意識しないまま比較的一貫して用いている供述の文体的特徴に注目することで、これらの問題点を回避できると考え、公判供述の速記録を供述評価の一次資料として利用する新たな信用性評価の方法の開発を試みることとした。

(2) S供述の量的特性

分析では最初に第一審公判廷におけるS供述の量的特徴を検討する作業を行った。具体的には検察官、弁護人、裁判官とのコミュニケーションにおいてSがどの程度、発話しているかを確認した。速記録に記載されているSによる発話の文字数と、他の尋問者の発話の文字数をカウントし比較するという単純な方法が用いられた。表9-1にその結果を示す。

Sによる発話は全発話の25%程度にとどまっていた。これは公判廷が被告人や他の証人による供述を聴取する場だと考えると、相当に少ない発話量と言える。だが発話量が少ないとしてもSが自身の体験について重要な内容を短い言葉であれ自発的に話しているとするならば、Sは法廷でのコミュニケーシ

ョンに積極的に関与していたことになる。そこで尋問者の質問に対するＳの応答パターンを分類したうえで，その出現頻度を検討した。表 9-2 に分類に用いた応答パターンのカテゴリーを示す。

続いて表 9-3 に表 9-2 のカテゴリーに基づいて第一審公判廷におけるＳの発話を分類した結果を示す。分類結果のカウントは尋問者による質問とそれに対するＳの応答を 1 単位（1 ターン）として行った。

第一審公判廷におけるＳの応答には「情報付加なし」が多く全体の 70% 弱を占めていた。このことからＳは単に発話量が少ないだけではなく，尋問者の質問にすでに含まれている情報に「はい」「いいえ」といった形で応答する場合が多く，法廷のコミュニケーションの場において積極的に自身の体験を語

表 9-1　足利事件第一審公判廷における発話量（速記録の文字数）

	S	尋問者	総発話量
第 1 回公判	150	215	365
第 5 回公判	6366	23387	29753
第 6 回公判	938	2096	3034
第 7 回公判	927	3724	4651
第 10 回公判	4107	7596	11703
合計	12488	37018	49506
%	25.23	74.77	100

表 9-2　応答パターンの分類カテゴリー

カテゴリー	定義
情報付加あり	尋問者の質問に対して，尋問者の質問に含まれていない情報を付加して応答した場合。
情報付加なし	尋問者による質問に対して，質問にすでに含まれている情報を肯定・否定する，あるいは複数の情報から選択するという形で応答し，新情報の付加を行わない場合。
無答理由	尋問者の質問に対して，質問で問われている事柄について答えるのではなく，自分が答えられないこと，あるいは，答えられない理由を述べた場合。
質問内容の確認	尋問者の質問の意味，内容が不明確な際に確認した場合。
不明確な応答	尋問者の質問に対して応答しているものの，その応答内容が不明確である場合。
沈黙	尋問者の質問に対して何の応答もしていない場合。
その他	上記以外の応答

表 9-3　第一審公判廷における S の応答パターンの出現頻度（ターン数）

	ターン数	%
情報付加あり	183	18.71
情報付加なし	670	68.51
無答理由	44	4.50
質問内容の確認	13	1.33
不明確な応答	39	3.99
沈黙	25	2.56
その他	4	0.41
合計	978	100

ることは少なかったと結論することができる。

（3）特異的な発話量の増加

　ここまでの検討で明らかになったように全体的に見れば S は公判廷で自発的に体験を語ることが少なかった。だがもう少し丁寧に検討してみると例外的に発話量が多く（速記録の文字数で 72 文字以上），S が積極的に情報付加を行っていると判断できる箇所が 36 見いだされた。これらの特異的な情報付加がみられる箇所には供述信用性評価に用いることのできる何らかの共通特徴が存在している可能性がある。そこで以下のような検討を行った。

　まず，これらの特異的な情報付加がみられる供述箇所を内容別に分類し，それぞれの出現頻度をカウントした。その結果を表 9-4 に示す。

　S の発話量が特異的に多くなっている箇所はその大半が，犯行とは直接関わりがなく，かつ証拠や各種の情報から S が実際に体験している可能性の高いと判断できる出来事について説明する場合であった。以下，このカテゴリーの

表 9-4　72 文字以上の発話箇所の内容別分類

分類	頻度
犯行行為	0
アリバイ主張	6
犯行行為以外の出来事	25
その他	5

供述を「体験記憶供述」と呼ぶ。一方，犯行行為に直接関係する内容についての供述（以下，「犯行行為供述」と呼ぶ）では，特異的な発話量の増加は見られなかった。抜粋4に特異的に発話量が多かった体験記憶供述の例を示す。警察官が借家に訪問してきたときの状況についてSが説明を行っている箇所である。

[抜粋4]

ええとですね，その巡査の人が「Sさんですか。」と言いましたので，「はい，そうです」と言いました。そうしましたら，「中をちょっと見せてもらえないかな」と言われました。それで，家の中を，何というんですか，上がってもらって，それで，押入れを，「ちょっと開けてもらえないかな」と言われたものですから，押入れを開けまして，それで，何というんですか，小さい箱がありました。中に。その箱を，「ちょっと見せてくれないかなあ。」と言われましたもんで，その箱を取りまして，それで見せましたら，「これは何だろう」と言うんです。「これは大人の人が使うものだ。」と言ったわけなんですが，そうすると，「これは女物じゃないかな。」と言われましたもんで，自分は「男物です。」と言ったんです。「じゃ，これはもうしまってもいいですよ。」って言われたんです。

（4）体験記憶供述の文体的特徴

　Sが特異的に多く発話している体験記憶供述は，それに対応する出来事をSが実際に体験していることが証拠やその他の情報から確実なものが多かった。とすれば，これらの体験記憶供述から一貫した特徴を見いだすことで，Sが実際に体験した出来事を供述する際の特徴を抽出することができるかもしれない。このような考えに基づき，次にこれらの体験記憶供述に一貫してみられる特徴の発見を試みた。

　分析は次の手順で行われた。まずSによる出来事の説明を「ある事物（人・モノ）がある動作を遂行する」という単位，つまり「行為者（主語）＋行為（動詞）」という単位で分割した。これを「動作主行為単位」と呼ぶ。日本語の発話の場合は主語が明示されていないことも多いが，この場合は叙述内容から実質的な主語を推定して挿入した。たとえば「殴られた」という動詞で叙述されている

出来事の場合は，殴った人物を主語として挿入することになる。

抜粋5に抜粋4の一部を，このように単位分割した例を示す。抜粋中の三角形の記号が単位の分割点を示す。カッコ内の数字は単位に付した番号である。

[**抜粋5**]

> ええとですね，その巡査の人が「Sさんですか。」と言いましたので▲（1），「はい，そうです」と言いました▲（2）。そうしましたら，「中をちょっと見せてもらえないかな」と言われました▲（3）。それで，家の中を，何というんですか，上がってもらって▲（4），それで，押入れを，「ちょっとそこを開けてもらえないかな」と言われたものですから▲（5），押入れを開けまして▲（6），それで，何というんですか，小さい箱がありました▲（7）。（後略）

次に1つの動作主行為単位から次の動作主行為単位に移行する際の時間的接続関係を検討した。最初の動作主行為単位で叙述された出来事が生起した時間よりも，次の動作主行為単位で叙述された出来事が生起した時間が後となるような接続，つまり出来事を時間順に説明する接続を「時系列的接続」として，その他の接続様式（一方が他方の行為の理由説明となっているもの，「〜であれば」といった仮定法的な接続となっているもの）と，その出現頻度を比較した。その結果を表9-5に示す。

Sによる体験記憶供述は，その大半が出来事を時間順に説明するものであった。これは一見すると当然のことのようにも思われるが，体験の説明において出来事をこのように徹底して時系列的に説明することはむしろめずらしいと思われる。たとえば，抜粋4の「『これは大人の人が使うものだ。』と言ったわけなんですが」という語りに引き続いて，「それは去年通信販売で買ったものな

表9-5 動作主行為単位の接続様式の出現頻度（体験記憶供述）

接続の種類	頻度（%）
時系列的接続	86（94.5）
理由接続	4（4.4）
仮定法的接続	1（1.1）

のですが…」といった過去の出来事の説明へと移行することも日常会話ではよく行われるだろう。しかしＳの体験の説明にはこのような他の時点へのシフトや，理由の説明がほとんど見られず，もっぱら出来事の展開のみが語られていたのである。

続いて各動作主行為単位で用いられている動作主の種類を「Ｓ本人（自己）」「他の人物（他者）」「人間以外の事物（事物）」に分類し，その出現頻度を検討した。さらに各動作主行為単位で用いられている動詞を人や物が何らかの行為や運動を生じさせていることを表現する「運動行為」，人の思考や感情を表現する「心的行為」に分類した。これらの分類の結果を表9-6にまとめて示す。

この結果は，Ｓは体験記憶供述において，自己と他者をほぼ同頻度で動作主とし，もっぱら運動行為について語っていたことを示している。体験の想起においては，通常，心的行為への言及も多くみられる。たとえば抜粋4の「『これは大人の人が使うものだ。』と言ったわけなんですが」という語りに引き続いて，「なんでそんなことを聞くのか不思議に思いました」といった形で当時の心的反応を説明するという展開はめずらしくないだろう。こうした心的行為への言及が非常に少なく，自己や他者の身体的な行為についての説明に終始していることは，Ｓによる体験記憶供述の顕著な特徴の一つである。

最後に動作主行為単位の遷移における動作主の交代パターンの検討を行った。一つの動作主行為単位から次の動作主行為単位に移行する際に，動作主が自己から他者（または事物）あるいはその逆に移行する場合を「連鎖的接続」，同じ動作主が連続する場合を「連続的接続」として，それぞれの交代パターンの出現頻度をカウントした。その結果を表9-7に示す。

Ｓは体験記憶供述において，動作主として自己と他者を交代させて語る傾向

表9-6 各動作主と各行為の出現頻度（体験記憶供述）

動作主	頻度（％）		
	運動行為	心的行為	合計
自己	49 (43.4)	10 (8.9)	59 (52.2)
他者	45 (39.8)	0	45 (39.8)
事物	9 (8)	0	9 (8)
合計	103 (91.2)	10 (8.9)	113 (100)

第3部　日本の法心理学研究から

表9-7　動作主の交代パターン（体験記憶供述）

接続の種類	頻度（%）
連鎖的接続	56（61.5）
連続的接続	35（38.5）

が強かった。興味深いのは，このような動作主の交代がモノを動作主とした場合にも適用されているという点である。たとえば抜粋4にある「押入れを開けまして，それで，何というんですか，小さい箱がありました。中に。その箱を，『ちょっと見せてくれないかなあ。』と言われましたもんで…」という部分がこれにあたる。ここでＳは「押入れを開ける」という自己の行為に引き続いて「小さな箱がある」とモノのありよう（行為）を叙述し，続いて「ちょっと見せてくれないかなあ。」という警官の行為を語るという形で，動作主を交代させながら出来事を説明している。

　ここまで検討してきたＳの体験記憶供述の特徴を以下に要約して示す。
①各単位の接続の大半が時系列的接続であった。
②動作主は自己と他者がほぼ同じ頻度で出現していた。
③単位の大半が運動行為に関する語りであった。
④単位間の接続は連鎖的である場合が多かった。

　このような体験記憶供述におけるＳの出来事の説明の文体的特徴を以下「行為連鎖的想起」と呼ぶ。

（5）犯行行為体験の文体的特徴

　Ｓが量的に多くの情報付加を行っているのは犯行とは直接関係のない出来事を想起した36箇所に限られており，犯行行為供述では積極的な情報付加は観察されなかった。このため，犯行行為供述それ自体を対象としてＳ供述の信用性を評価することは困難であった。しかし，ここまで検討してきたようにＳの体験記憶供述は彼が実際に体験した可能性が高い出来事に関するものが多く，かつそれらにはきわめて一貫した文体的特徴が存在していた。それらをいわば「体験性のモノサシ」，つまりＳ供述に「内在的な体験性評価基準」として用い，

Sの犯行行為供述の特徴を検討することは可能である。そこで前項で示したSの体験記憶供述の4種類の文体的特徴が犯行行為供述においても見いだせるかどうか検討をすることにした。分析の対象としたのは，発話量は72文字以下ではあるが情報付加ありと判断できるSの犯行行為供述は22箇所とした。抜粋6として犯行行為供述として抽出された供述の例を示す。

[抜粋6]

　　やはり，締めてから，それから運んで，それで，そこで，まあ，行為といいますか。

表9-8に，犯行行為供述における動作主行為単位の各接続様式の出現頻度を検討した結果を示す。

体験記憶供述の場合と同様にSは犯行行為供述においても出来事を時間順に説明する時系列的接続を一貫して用いていた。次に，犯行行為供述における動作主の種類と使用されている動詞の種類を検討した結果を表9-9に示す。

Sは犯行行為供述においても体験記憶供述と同様に運動行為の動詞を多用していた。しかし動作主については体験記憶供述と異なり，自己を用いることが非常に多くなっていた。この結果，動作主交代のパターンは体験記憶供述にお

表9-8　動作主行為単位の接続様式の出現頻度（犯行行為供述）

接続の種類	頻度（%）
時系列的接続	26 (86.7)
理由接続	1 (3.3)
その他	3 (10)

表9-9　各動作主と各行為の出現頻度（犯行行為供述）

動作主	頻度（%）		
	運動行為	心的行為	合計
自己	37 (71.2)	9 (17.3)	46 (88.5)
他者	6 (11.5)	0	6 (11.5)
事物	0	0	0
合計	43 (82.7)	9 (17.3)	52 (100)

表 9-10　動作主の交代パターン（犯行行為供述）

接続の種類	頻度（%）
連鎖的接続	8（29.6）
連続的接続	19（70.4）

いて顕著であった自己と他者（または事物）が交代する「連鎖的接続」ではなく，自己が連続的に動作主となる「連続的接続」が優位となった。この結果を表9-10に示す。

　以上検討した結果を要約すれば以下のようになる。
　①各単位の接続の大半が時系列的接続であった。
　②動作主の出現頻度は自己が大半を占めていた。
　③単位の大半が運動行為に関する語りであった。
　④単位間の接続は連続的である場合が多かった。

　犯行行為供述においてSは体験記憶供述と同様に出来事を時系列的に運動行為の動詞を用いて一貫して説明していた。しかし動作主については，他者の出現頻度が低下し，自己が連続的に用いられる傾向が強くなっていた。以下，このようなSによる出来事の説明の文体を「行為連続的想起」と呼ぶことにする。

　体験記憶供述にみられた行為連鎖的想起が犯行行為供述では行為連続的想起となっていたことは何を意味しているのか。犯行行為場面においてS以外に行為主体となることのできるのは被害者MMだけである。つまりSの犯行行為供述には，能動的な行為者としてのMMの行為への言及が非常に少なかったということになる。過去の体験を説明する際に，主に自己を動作主とし，他者や事物を動作主としてではなく，もっぱら自己の行為の対象として語る者も当然存在していると考えられる。それゆえSの犯行行為供述における動作主としてのMMの不在は，それ自体では特に不自然とは言えない。しかし，実体験した出来事を説明していた体験記憶供述においてかなり頻繁に自己と他者を交互に動作主として登場させていたSが，犯行行為供述においてのみ動作主を交代させなくなったことは，Sの体験語りの文体的特徴という点では特異な徴候であると考えられる。

（6）供述調書における M の記述

　第一審公判廷における S の犯行行為供述に見られた動作主としての MM の不在という特徴は捜査段階で録取された供述調書にも見いだすことができた。すなわち供述調書でも MM の自発的行為の記述は非常に少なく，存在していても「M ちゃんが，何か返事をしたような気がします」「M ちゃんから，『おじちゃん』か『おじさん』と呼びかけられ」といった漠然としたものにとどまっていたのである。供述調書における MM への言及は日を追って量的に増大しているにもかかわらず，それは MM の所持品や服装などの叙述であり，自分から意図的に行為する MM の姿は供述調書にもほとんど登場していなかったのである。供述調書は取調べにおける被疑者の供述を取調官が整理・要約したものであり，その記述のスタイルは調書作成の様式や慣例あるいは取調官の判断を強く反映したものになる。しかし，犯行行為の説明に具体性を付与する重要な情報である MM の行為に関する S の説明を取調官があえて供述調書の記載から除外することは一般的には考えにくい。供述調書が供述の要約であるため推定の域を出ることはないが，取調べにおいても S は公判廷供述と同様に，行為連続的想起の文体で犯行行為を語っていた可能性が高いものと考えられる。

（7）分析の結論

　S の公判廷供述の速記録の分析を通して，体験記憶供述と犯行行為供述との間に行為連鎖的想起と行為連続的想起という文体上の差異が存在することが明らかになった。この差異を供述内容の側面からみると，S は体験記憶供述において自己の能動的行為と同程度に他者の能動的行為にも言及していたが，犯行行為供述においては主要な他者である MM の能動的行為の説明が行われていなかったことを意味する。この傾向は捜査段階で録取された供述調書においても見いだすことができた。

　犯行行為供述も，S の体験記憶に基づくもの（つまり真の自白）であると仮定するならば，そこで体験記憶供述においてあれほど一貫して用いていた行為連鎖的想起という文体が選択されず，MM が不在となった理由が十分に説明されなければならない。以下，いくつかの説明の可能性を検討する。

　まず，犯行行為供述で語られる出来事にそもそも能動性を発揮しうる他者が

存在していなかったという説明だが，これはありえない。犯行行為はその本質的構成要素として，MM という動作主の存在を前提としなければならない。しかも MM は 4 歳の女児であり，パチンコ店から連れ出され，殺害されるまでの間に相当数の能動的行為を遂行したものと考えられる。

次に何らかの忘却メカニズムによって MM の行為だけが S によって忘却された可能性であるが，人間の記憶の挙動に関する心理学の一般的知見に照らせば，このような形での忘却はきわめて考えにくい。通常，出来事の忘却は，その骨子となっている事象の一部が選択的に欠落するという形はとらず，骨子を保持したまま，些末な箇所から徐々に進行する。想起者にとって出来事の骨子を構成している事象は忘却されにくいのである。犯行行為の実行者にとって MM の諸反応はまさに誘拐，殺人という出来事の骨子を構成する要素であり，些末な事象であるということは考えにくい。したがって人間の自然な忘却のメカニズムによって MM という動作主が S の記憶から選択的に消え去ったという説明は考えにくい。最後に，犯行行為の証言を行った時点で S は自分を犯人として認め，殺害や性的陵辱など語りにくい内容についても自白をしていたのであり，そこから MM の行為だけを意図的に削除する必然性がない。

以上のように，行為連鎖的想起という S の一貫した体験語りの文体的特徴が，犯行行為供述においてのみ見られないことについて，記憶の変容など供述外在的な原因によって説明することは困難である。犯行行為供述における「動作主（MM）の不在」という事実は，犯行行為供述を S の実体験の記憶に基づく想起とみなすのであれば，他の体験記憶供述との不自然で説明不能な文体上の齟齬であると言わざるをえない。鑑定では，この点を指摘し，S の自白の信用性について慎重な評価を求める意見を付して供述信用性評価全体の結論とした。

3 分析単位としての「動的な個別性」

足利事件における S 供述の信用性評価では，ここまで説明したとおり，S の体験語りの文体的特徴とその変化に注目した。供述の内容的側面については供述者が意図的に操作することが比較的容易であると考えられるが，語りの癖とも言える文体的特徴については，そもそも供述者が意識していることが少なく，

第9章　足利事件とスキーマ・アプローチ

またそれを意図的にコントロールすることを試みる可能性は低い。このため，この水準でS供述における体験記憶供述と犯行行為供述の文体上の齟齬のように，供述の体験性に関わる兆候が見いだされたとすれば，供述信用性評価において重要かつ信頼性の高い手がかりとなるだろう。大橋ら（2002）は，このように供述に反復して出現する体験語りの形式的特徴（スキーマ）に注目する供述信用性評価技法をスキーマ・アプローチと命名した。

　スキーマ・アプローチは供述を尋問者と被疑者・被告人による体験語りのコミュニケーションとしてとらえ，その過程を詳細に分析することをめざすが，従来の共同想起研究，司法場面の会話分析研究とは異なる分析単位が設定されている。通常，コミュニケーションの形式的側面に注目するアプローチは，人々が言語的相互作用を通して何らかの共同的達成に至る過程全体を一つのシステムとみなし，それを分析単位とする。これに対してスキーマ・アプローチでは分析単位を供述者個人のレベル，すなわち供述者の「個別性」に設定する。ただしここでいう個別性とは，性格や個性のように個人の内部にあらかじめ存在すると仮定される個人心理学的属性ではない。スキーマ・アプローチが注目する個別性とは，供述者が質問－応答という供述の基本的な参加構造を維持し，そこでの共同的達成に寄与しつつ，コミュニケーションを通して顕在化させる独特な参加の様式，すなわち「動的な個別性」である。たとえば被疑者として取調べを受けている供述者は，質問－応答という会話のパターンを維持し，犯行行為についての共有された表象を構築するなど，制度化された会話の参加者として求められる役割（機能）を果たす。しかし，これと同時に供述者は語彙の選択，過去語りの構造，尋問者との関係構築など様々な側面で，他の供述者と異なる個別的で反復的な参加のパターンを示す。

　大橋ら（2002）によれば，このパターンは個人が文脈にかかわらず首尾一貫して発揮するコミュニケーションの傾向性ではなく，個人が供述という制度的なコミュニケーションの文脈において，何らかの役割（供述者としての役割とは限らない）を担おうとしたとき，コミュニケーションのパートナーとの関係のなかで生じる創発的な現象である。足利事件のS供述の場合でも，行為連鎖的想起と行為連続的想起の切り替えは，実際には体験していない犯行行為の説明を求められるというきわめて特異なコミュニケーションの文脈において創

発したものと考えられる。

4 供述生成スキーマ

　動的な個別性は，当然のことながら尋問者にも存在し，やはり供述への役割的な参加構造を維持しつつ個別化し，供述者の動的な個別性と反復的に接触しながら一つの協調パターンを生成させる。スキーマ・アプローチではこのように供述者と尋問者の動的な個別性が協調することで生成されるパターンを「供述生成スキーマ」と呼ぶ（大橋ら，2002）。足利事件のＳ供述の検討においては，この水準での分析は行われなかったが，その後に実施された甲山事件における目撃者供述（園児供述）の信用性評価においては供述生成スキーマに注目した分析が行われた。

　供述生成スキーマにおける供述者と尋問者の動的な個別性の協調は，しかし，供述者と尋問者が供述という言語的相互作用をうまく構築し，過去の出来事に関する適切な表象の共同構築に成功していること，つまり適切な供述が生み出されていることと必ずしも一致しない。動的な個別性は互いに異なる方向に向かいながらも部分的に重なり合い，疑似供述的なコミュニケーションを生み出してしまうこともある。このようなタイプの協調の典型例として大橋（2002）らは，甲山事件の公判廷において「生返事」を繰り返す目撃者と尋問者が生成した供述生成スキーマをあげている。この供述生成スキーマでは，どのような発話行為なのか（同意なのか，相槌なのか，あるいは他の何かであるのか）確定できない「不定さ」を帯びた「はい」という供述者の応答を，尋問者が自身の質問に対するあまり明確ではない応答（「曖昧さ」を帯びた応答）として一貫して解釈することで，２つの動的な個別性が食い違ったまま協調していた。大橋ら（2002）によれば，このような供述生成スキーマから生み出される供述は，仮に詳細で一貫したものであっても，供述者による体験の説明が十分に組み込まれていない不適切なものである可能性が高く，供述評価の際には注意が必要となる。

　供述の信用性評価の方法としてのスキーマ・アプローチが検討するのは，このように供述者と尋問者のコミュニケーションへの参加様式（動的な個別性）

が食い違いながらも部分的に協調し，結果として不適切な供述を生成してしまっている可能性である。共同想起研究や会話分析では，供述者や尋問者といった役割（機能）を割り振られた参加者が，トラブルを修復しつつ共同的な課題（共有された過去表象の構築，規則にしたがった会話の生成など）を達成する過程としてコミュニケーションをとらえる。これに対してスキーマ・アプローチでは供述を共同的な達成に向かうものととらえず，供述者と尋問者の動的な個別性が食い違いつつも協調し，結果として一つのパターン（供述生成スキーマ）を創発する過程として理解する。法的実践から見て適切な供述聴取は，このような創発パターンの多様な可能性の一つとして位置づけられることになる。

5 スキーマ・アプローチの有効性と限界

　スキーマ・アプローチにおける供述者の動的な個別性という分析単位の設定と，それらが食い違いながらも協調することで生成される供述生成スキーマへの注目は，法的実践を相対化せずに，コミュニケーションの分析を行うことを可能にする方法である。一般に法的実践の当事者たちは，自分たちの参加している社会的過程について理解することをめざすのではなく，被疑者・被告人あるいは目撃者が何を体験し，供述の場で何をしようとしているのか（体験を正直に語ろうとしているのか，何も知らないのか，あるいは嘘をつこうとしているのか）ということに関心がある。つまり法的実践において人々は「この人は何者なのか」「この人は何を経験し，ここで何をしようとしているのか」という個別性をめぐる問いに共同的に取り組んでいると考えられる。動的な個別性とそれらの協調パターンとしての供述生成スキーマの構造の解明というスキーマ・アプローチの方法は，供述者の個別性という，法的実践の参加者たちにも共有可能な問いを立てることで，法的実践の内部でも受け入れ可能な分析を提供する。スキーマ・アプローチは，このような方法をとることで，コミュニケーション過程の詳細な分析を柱としながらも，より高い実用性を確保することに成功している。

　一方，当然のことながら，この方法にもいくつかの問題点がある。一つはこの方法が供述者の比較的一貫した動的な個別性に注目するため，供述態度が安

定している知的障害者や子どもの供述の分析には力を発揮するが，供述態度を意図的に変化させ欺瞞情報なども織り交ぜながら尋問者を混乱させる「巧みな供述者」(大橋ら，2002)の供述では困難に陥るという問題である。大橋ら(2002)はこのような「巧みな」供述傾向を示した暴力団組員の供述を評価する際，供述過程をコントロールする権利が供述者と尋問者の間で逆転していることを手がかりにした「分析単位のゲシュタルト変換」という視点を用いた分析を試みているが，まだ方法として十分に展開されているとは言い難い。

　利用可能な資料の制約も大きな問題である。スキーマ・アプローチは法廷証言を主な資料とするため，法廷で十分な証言の機会が与えられた供述者による供述のみが分析の対象となる。しかし上述のとおり法廷は利害関係のある当事者たちの戦術的な議論の場でもあり，検討が必要な供述者から十分な供述を得られるとは限らない。知的障害者などが被疑者や目撃者となった場合には，取調室の会話が警察や検察によって録音されることもあり，それが利用できれば非常に詳細な分析が可能となる。しかし，これはきわめて例外的なケースである。このため日本の現状ではスキーマ・アプローチが適用可能なケースは限定的なものとならざるをえない。

　またスキーマ・アプローチが問題視する供述不成立の事態（動的な個別性の食い違い）が，法的な視点からは特に問題のない尋問過程として評価される場合があることにも注意しなければならない。たとえば供述不成立の事態には，供述者が積極的に供述をしているものもあり，法的な視点による供述評価の重要な規準となる「任意性」などの問題との関係が複雑になる。この方法の有用性をさらに向上させるためには，「適切な尋問とはどのようなものか」という問題について法律家と議論を深めていくことが不可欠である。

【引用文献】

Bartlett, F. C. (1932). *Remembering: A study in experimental and social psychology*. Cambridge: Cambridge University Press.
浜田寿美男（2001）．目撃証言の真偽判断とその方法　渡辺保夫（監修）　一瀬敬一郎・厳島行雄・仲真紀子・浜田寿美男（編著）　目撃証言の研究—法と心理学の架け橋をもとめて　第1編第13章(pp. 268-343.) 北大路書房
Middleton, D. & Edwards, D. (Eds.) (1990). *Collective remembering*. London: Sage.

Neisser, U. (Ed.) (1982). *Memory observed: Remembering in natural context.* San Francisco: Freeman.
大橋靖史・森 直久・髙木光太郎・松島恵介（2002）．心理学者，裁判と出会う―供述心理学のフィールド　北大路書房

第 10 章

虚偽自白の心理
── 無実の人がなぜ虚偽の自白に落ちるようなことが起こるのか ──[注1]

浜田寿美男

　虚偽自白が生み出される取調べの場面には、生々しい人間関係が渦巻き、日常には考えられない強い磁場が働いている。その状況を実験的に再現して研究するなどということが許されるはずもなく、それゆえ研究の素材となるのは、過去の冤罪被害者たちの手記や記録、あるいは具体的な聞き取りであり、それを通して裁判記録を徹底的に読み込む以外にこの状況に食い入るすべはない。そして、その虚偽自白の心理を理解しようとする以上、取調べの場で生起する出来事を、渦中の当事者、つまり被疑者・被告人あるいは取調官の立場に立って、その渦中の視点から見つめなければならない。

1　虚偽自白の心理と「渦中の視点」

　無実の人が嘘で自白するなどということは、通常は考えられないというのが世間の常識である。現にそれでもって裁判にかけられ、有罪の判決を受けて、刑罰を科せられ、結果として人生そのものが大きく左右され、場合によっては死刑の宣告すら受けてしまう。そうした将来の苦難が明らかに予想されるのに、無実の人があえて自白するなど、尋常な心理ではありえない。そう思われてい

注1：本論文は、1992年に刊行した『自白の研究』三一書房を要約した「自白の研究」（所一彦・星野周弘・田村雅幸・山上皓編『日本の犯罪学8』東京大学出版、1998年所収）をもとに、大幅に加筆修正を加えたものである）。

第10章　虚偽自白の心理―無実の人がなぜ虚偽の自白に落ちるようなことが起こるのか―

るのである。

　ところが現実に刑事裁判の世界にはまり込んでみれば、無実の人の虚偽自白が、およそ例外とは言えないほど頻繁に生起している現実を突きつけられる。かといって、その背後に、肉体を痛めつける過酷な拷問があるわけではない。拷問的な取調べは、いまは、それこそ例外的でしかない。しかし、拷問などの直接的な暴力がなくとも、人は簡単に自白してしまう。人間というのは、そうした弱い存在なのである。まず、その人間の弱さを見つめることが真摯に求められなければならないし、その弱さを浮き立たせる状況の過酷さを、その当事者の渦中の視点から見つめることが求められなければならない。

　身柄を押さえられたなかで取調べを受ける被疑者たちが、その状況をどのように受けとめ、それに対してどのように対処するのかは、日常生活を安穏と暮している第三者にとって、容易に想像できることではない。また人が虚偽自白に落ちていく心的状況について、その当の被疑者の視点に立たなければ気づきにくい認識の盲点もある。そのことを踏まえて、具体的な事例を当の「渦中の視点」からつぶさに見てみると、実のところ、虚偽自白は例外的な異常心理の所産ではなく、誰もが案外容易に陥っていく自然な心理なのだと気づく。

　無実の人が嘘の自白に陥ってしまうという事実が、現にあるとすれば、無実の人がなぜ自身の首を絞めてしまうような嘘に陥ってしまうのか、無実の人をそこまで追いつめるような取調べ状況がなぜできあがるのか。そこに繰り広げられる「取調べる者－取調べられる者」の関係がどのようになっているかを、まずは考えなければならない。虚偽自白の理論は、この素朴なところから始まり、そこに徹することで今日にいたったものだと言ってよい。ここではその一端をごく簡単にしか紹介できないが、詳細については、末尾にあげた拙著をご覧いただければ幸いである。

2　自白への転落過程：嘘の自白に落ちる心理

　一言で「虚偽自白」と言っても、そこにはいくつものタイプがあって、それらを一律には論じられない。たとえば身内の大事な人を守るために無実の人が身代わりになるような虚偽自白がある。あるいはマスコミを騒がせる大事件が

起こると，まったく無関係の人が「自分が犯人だ」と名乗り出るようなことがある。悪名も有名の一つであり，その一種の有名願望のために行われる虚偽自白もある。しかしこれらの虚偽自白は取調べの場の問題が関わらないので，ここでの議論の射程外である。問題となるのは，何らかの状況・証拠によって犯人と目された人が，取調べの場で一定の圧力をかけられ，その状況下で自白に陥るという虚偽自白である。

　さて，取調べの場で無実の人が虚偽自白に陥る心理メカニズムを究明するにあたって，そこに2つのフェイズを区別しておく必要がある。一つは，否認している段階から「私がやりました」と認めるまでのフェイズであり（自白への転落過程），もう一つは，自白へと転落したあと犯行の筋書を語っていくフェイズである（自白内容の展開過程）。この両過程にはそれぞれ異なる心理メカニズムが働く。まず前者の転落過程から考える。

　被疑者が真の犯人であれ，あるいは無実の人であれ，これを否認から自白に追い込むについては，一般にそこに一定の圧力状況がなければならない。そこで指摘しておかねばならないのは，「真犯人を自白させる取調べ圧力が，無実の人をも自白させることがある」という単純な事実である。無実の人を自白させる圧力は，真犯人を自白させる圧力よりよほど強くなければならないはずだとの通念があるが，実際のところその通念に根拠があるわけではない。わが国の刑事捜査では自白の聴取が非常に重視される。また事件が重罪事件であればあるほど，その傾向は強まる。そこで被疑者から自白をとろうと最大限の努力が払われる。そのとき被疑者にかけられる圧力は，真犯人を自白させる力にもなれば，無実の人間を自白させる力にもなる。このことの危険性をまずは認識しておく必要がある。

　それにしても，自白して有罪と認められれば重い刑罰にかけられるのだから，多少の圧力がかけられたくらいでは，無実の人が嘘で自白することはあるまいというのが，世間の常識である。しかしここにはいくつかの誤解あるいは認識の盲点がある。

（1）被疑者が取調べの場で受ける圧力は第三者の想像以上に大きい

　たとえば有罪となれば死刑を覚悟しなければならない重大事件の場合，嘘で

第10章　虚偽自白の心理―無実の人がなぜ虚偽の自白に落ちるようなことが起こるのか―

自白して自分を死に追いやるようなことがあるとすれば，それは被疑者がよほど知的，精神的に弱い人間であるか，あるいは肉体的拷問など，よほどの強圧がなければならないと考えられやすい。しかし，ほんとうは，拷問などの強圧がなくとも被疑者が受ける取調べの圧力はそれだけで十分に厳しく，第三者が「これくらいで」と思うレベルで自白に落ちうる。このことが案外，知られていない。第一の問題はここにある。

　もちろん捜査側が，推定無罪の原則を忠実に守って，被疑者の身柄を押さえる時間を最小限にし，できるかぎり日常と変わらない場で，被疑者が無実である可能性を念頭におきながら，中立的な立場で事情を聞くというのならば，取調べの圧力もさほど大きくなることはない。しかしわが国の刑事捜査では，被疑者の身柄を押さえたうえでの取調べが長期にわたり，あるいは任意取調べの名目のもとでも事実上身柄が押さえられたに等しい状況におかれる。しかも多くの場合，推定無罪は名ばかりで，取調官は被疑者を犯人として断固たる態度で調べるというのが常態になっている。こうした状況のもとでは取調べの圧力が，被疑者に対して日常ありえぬほどの厳しさで迫ることになる。

　結果として被疑者が陥る心的状況を，列挙すれば，
① 身柄を押さえられて，それまでの日常生活から切り離され，自分を支えてくれていた関係の網の目から隔離され，周囲から入る情報源のいっさいを遮断されることで，心理的安定を失う。
② 代用監獄に置かれて，食事，排泄，睡眠の基本的生活まで他者に支配され，自分が自由にできる範囲が大きく限局される結果，自己コントロール感を失う。
③ 被疑者を犯人として自白を迫る取調官によって，ときに極悪非道な人間として非難され，精神的屈辱を受け続ける。
④ 事件に関連のない事柄についてもあれこれと取りざたされ，ゆえなき罪責感を募らせられる。
⑤ 無実であれば，自分はやっていないと弁解したい思いが募り，黙秘する気持ちにはなれない。しかしその弁解をいくら繰り返しても簡単には聞き入れてもらえず，無力感におしひしがれる。
⑥ こうした辛さも，いついつまで我慢すれば解放されるとわかっていれば耐

第3部　日本の法心理学研究から

えることができるが，その時間的な展望が見えないために，それに耐えることが困難になる。

　これらの諸要因が複合したとき，無実の被疑者が受ける圧力は，肉体的拷問に等しいレベルに達し，否認を貫く忍耐の限度を超える。それに加えて，被疑者を自白方向へと導くベクトルも働く。
　⑦否認を続けていると，家族や勤務先にまで捜査の手を広げなければならないとか，このまま否認を通せばかえって刑が重くなると諭されて，否認することの不利益を強調され，無実でも自白したほうがいいのではないかと思わされる。
　⑧理不尽な取調官にも敵対しきることは難しく，自分の将来の処遇が相手に握られてしまっていると感じて，迎合的な気分になり，またときおり見せられる取調官の温情にほだされる。

　否認する被疑者が，日常では味わうことのない①〜⑥の圧力が加えられ，同時に自白へと誘惑する⑦⑧のベクトルが働き続けるとき，どこかで自白への一線を越える臨界点を迎えることになる。取調べの場が被疑者を自白へと誘う圧力は，通常私たちが日常において想像するよりはるかに強いものになりうるのである。

(2) いまの苦痛と遠いさきの悲劇

　被疑者を自白へと押しやる圧力が，このように想像を絶する強さをもつとしても，一方で自白することで予想される刑罰の重さを考えれば，やはり自白は思いとどまるのが普通だろうと考えられやすい。しかし実はこの刑罰の重さということが虚偽自白の歯止めにはならない事情がある。その点について，ごく単純な事実がしばしば見逃されている。

　一つは，取調べの場を人（つまり第三者）が外から眺めて考えたときに陥るある錯覚である。人の一般的なイメージとしては，取調べの場におかれた被疑者は，そこで自白することの不利益（有罪になることで科せられる刑罰）と否認を続けることの不利益（苦しい取調べにさらされ続ける）をはかりにかけて，

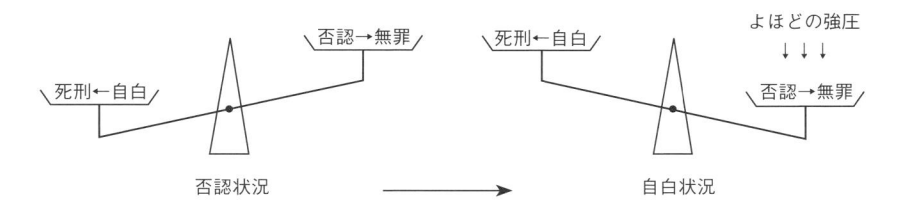

第 10 章　虚偽自白の心理—無実の人がなぜ虚偽の自白に落ちるようなことが起こるのか—

図 10-1　いまの苦痛を回避する心理

自白するか否認するかを決めるはずだと思われている。言わば 2 つの重り（不利益）を天秤ばかりの左右の皿に載せて，どちらが重いかを比べて量るというイメージである。

　このイメージでいけば，無実の人が取調べの場で多少の圧力を受けたくらいで，刑罰の重みを甘んじて受けるなどというのは考えにくい，まして死刑が予想されるような重大事件だと，無実の人がそれを自ら引き受けるということはありえないと考えられてしまう。しかし，この天秤ばかりのイメージは，被疑者のおかれた渦中の視点から見ると，明らかにおかしい。というのも天秤ばかりでは，左右の皿に重りを同時に載せて，それでもって両者を比べる。ところが実際はどうであろうか。

　たとえば，いま被疑者が取調べの圧力にさらされながらも否認を続け，その厳しさに苦しんでいるとする。このとき現実に味わっている苦痛が，天秤ばかりの右側の皿に載せられているとすれば，それに対して左の皿に載っているのは，自白すれば自分が有罪を認められ，重い刑罰を与えられるかもしれないという，あくまで遠い将来の可能性である。つまり一方にはたったいまの現在の辛さ，他方には遠い将来にやってくるかもしれない刑罰である。そこには明らかに時間のずれがあって，この 2 つを同時に比べることはできない。もし自白をすれば即決で直ちに 13 階段を上って首をくくられるというのであれば，それこそよほど酷い拷問でもなければ，虚偽で自白することはないかもしれない。しかし，そうでもないかぎり，この両者を天秤にかけて対等に比べことはできない（図 10-1）。

　人は時間のなかで，いつもいまを生きている。それゆえ現在の快楽を求め，あるいは現在の苦痛を回避するために，その結果として将来の重大な苦痛を予

想しても，あえてそれから目をつむってしまい，あとでしまったと思うことがしばしばある。取調べを受ける被疑者たちも，いまのこの苦痛を逃れるためには，死刑につながりかねないことが理屈でわかっても，ここはもう自白する以外にないと思ってしまう，そういう瞬間がある。青地晨はこれを「魔の時間」と呼んだ[注2]。実際，ここで自白しても，将来裁判所でちゃんと弁明すればわかってもらえるはずだという気持ちになる被疑者は少なくない。将来予想される刑罰はあくまで可能性のレベルの話であって，けっして必然性のレベルの話ではないのである。

　さらに，いま味わっている苦痛があまりにひどくなれば，人はさきの結果を考えるゆとりを失って，ひたすらいまのこの苦痛を避けることのみ考える。平静で心が安定しているときなら，現在と未来の利益－不利益を勘案して理性的な判断を下せるかもしれないが，被疑者の心的状況は，多くの場合そういうものではない。してみると，天秤ばかりの皿に載せられた死刑の可能性という重みは，現実の死刑の重みよりはるかに軽いものにならざるをえない。

（3）無実の人は刑罰に現実感をもてない

　もう一つ，虚偽自白をめぐって，ごく単純な，しかし一般の人が見逃しやすい盲点がある。それは「予想される刑罰」についての現実感の問題である。

　真犯人ならば，自分のなかに犯行体験の記憶がしっかりと刻まれている。そのなかでいつ自分に捜査の手が及ぶか恐れつつどうにか逃れていたものが，とうとう捕まってしまった。そうして取調べを受けたとき，ここで自白をすれば，あのときのあの自分の犯行の結果が刑罰として自分にかかってくるのだということを，文字どおり実感をもって感じることになる。つまり真犯人は予想される刑罰に現実感をもつことができる。

　しかしこれが無実の人ならばどうであろうか。ごく身近で犯罪のあったことを知っていても，やったのは自分ではない。たとえ多少警察から疑われるようなことがあったとしても，まさか自分が逮捕されるなどとは思わない。ところがその自分が現実に逮捕され，厳しい取調べを受けている。そのこと自体が無

注2：青地 晨『魔の時間』社会思想社，1980年。

第 10 章　虚偽自白の心理―無実の人がなぜ虚偽の自白に落ちるようなことが起こるのか―

実の被疑者には，考えられない非現実的な話である。そのなかで苦しくなって，追及されるままに罪を認めてしまったとしても，そのことが実際の刑罰につながるとの現実感はもてない。何しろ自分はやっていないのである。やっていない人間が，たとえ言葉の上で自白したとして，どうしてそれでもって刑罰にかけられることになるだろうか。そんなことはおよそ信じられないというのが，彼らの偽らざる心境である。

　さらに言えば，頑強に否認しているとき取調官からは，「証拠があるのに本人が認めなければ，反省していないということで裁判では極刑を言い渡されるぞ」と脅されることがある。そこではむしろ否認の結果として，かえって極刑を受けるかもしれないという逆立ちした発想を植えつけられる。そうなると犯行体験のないものにとって，犯行に結びついた刑罰の現実感をますます奪われてしまう。

　冤罪の被害者たちの書いた獄中の手記などを読んでみると，取調べのときの苦痛を繰り返し語っていながら，自白の結果予想される刑罰への恐怖については一言も触れていないということがある。ある人は手記のなかでこう書いている。「（そのころ）自分の身に何が起きているのか理解できませんでした。事の重大さにようやく気づいたのは起訴されて裁判が始まってからでした。拘置所から裁判所への鉄格子のついたバスの窓から見える街並や，楽しそうに集う人達の姿を見る時，いつも奇妙な感じにおそわれました。僕の身には信じられないような恐ろしい出来事が起きているのに，世界はまったくそれ以前と変わっていない，それが何とも不思議に思えたものでした」[注3]。こうした非現実感を思えば，無実の人にとって，自白の結果予想される刑罰が，ほとんど絵に描いたような，実感の欠けたものでしかないことに気づく。

　天秤ばかりの比喩にこだわるとすれば，その一方の皿に載った取調べの重みは，まさに現実のものとして，日常を平穏に送っている第三者の想像をはるかに越える厳しさでもって被疑者をおそう。しかもそれが否認を続ける限りいつまでも続くかのごとく思わされる。そしてもう一方の皿に乗った刑罰の重みは，たかだか可能性のレベルの話でしかなく，実際にやっていない被疑者の思いの

注3：榎下一雄『僕は犯人じゃない』筑摩書房，1983 年。

なかには，たとえここで自白しても後に訂正できるとの楽観も潜む。さらに論理的に予想されるはずの刑罰が，彼には現実感をもって迫ってこないのであるから，この皿の重みはさらに低減する。そうしてみると，この天秤ばかりがガタンと傾いて，虚偽の自白が浮かび上がるのも十二分にありうることだと言わねばなるまい。

裁判ではしばしば「死刑になるかもしれない重大犯罪であることを認識しながら自白していることが窺われ，特段の事情なき限り措信しうる」といった認定がなされる。しかしこの種の認定が，じつは，無実の被疑者の虚偽自白の心情からどれほどはずれたものであるかを知っておく必要がある。

3　自白内容の展開過程：「犯人になる」心理

こうした心的構図のなかで，無実の人が自白に落ちて，問題の犯行を自分がやったと認めたとして，もちろんその段階で取調べが終わるわけではない。被疑者が否認から自白へと転落したあと，次に取調官は被疑者に「では，どのように犯行をやったのか」と，その筋書を語ることを求め，被疑者はそれに応じて自白していかなければならない。この犯行筋書の展開過程についても，一般的な虚偽自白論には誤解がつきまとっている。

一つは，犯人でもないものが詳細な犯行自白ができるはずはない，これだけの犯行ストーリーを語っているからには真犯人以外に考えられないとする見方である。実際，多くの事件では被疑者の自白調書は実に膨大な量に及ぶ。それゆえ無実の人間に嘘でこれだけの犯行ストーリーが語れるはずがないと思う人が多い。もう一つの謬見は，この考えと裏腹に，だからこそ虚偽の自白は取調官の側で完全に創作して被疑者に強引に飲み込ませたのではないかとする，いわゆる完全なデッチ上げ論である。しかし，もしこの論のとおりであるとすれば，取調官は被疑者が無実だと知ったうえで，犯行筋書を勝手に作り，意識的に被疑者を冤罪に陥れたということになる。正義であるべき警察・検察がそこまでの罪悪を意識的にやってのけるとは考えにくい。とすれば，このいずれの見方も現実からは遠いものと言わなければならない。

現実に最もありうるところを言えば，取調官は被疑者を真犯人と思い込んで，

第 10 章　虚偽自白の心理─無実の人がなぜ虚偽の自白に落ちるようなことが起こるのか─

強く執拗に迫る。その挙げ句，被疑者がどうにも耐えられなくなって「私がやりました」と言う。そこで取調官は，そうして被疑者が認めた以上，やはり真犯人であり，自分から犯行を語れるはずだと考える。ところが苦しくなって自白に落ちた被疑者は，無実であるかぎり，実際に犯人がどのようにやったかはわからない。しかしそこで「わかりません」と言ったのでは，取調官からはまた否認に戻ったと思われて，それまでの苦しみに再びさらされることになる。現にそのようにしていったん否認に引き返す被疑者もいる。しかし結局はまた苦しくなって自白に落ちる以外にない。そうして追い込まれ，もはや引き返せないところまできたとき，被疑者はそこから自分が犯人になったつもりで犯行筋書を考えていく。そのほかに手がないのである。

　実際，多くの場合，被疑者は事件の周辺の人物で，事件そのものはマスコミのニュースや近所のうわさを通しておおよそ知っている。また取調べのなかで，問題となる証拠を突きつけられたり，捜査側の想定をあれこれと聞かされていて，自白に転落した時点では，おおよそどのような犯行であったのかを想像できるようになっている。つまり無実の人であっても，「犯人を演じる」ことができるところまできているのである。もちろん真犯人でない以上，いくら想像力をめぐらせてもわからないところもある。それに想像していったん語った筋書には，やはり証拠と矛盾するところも出てくる。しかしそのときには取調官がそれを指摘するであろうし，それに沿って供述を訂正していけば，最終的にはおおよそ捜査側の把握した証拠と合致する筋書ができあがっていく。

　こんなふうに無実の人が「犯人を演じる」というのは，いかにも倒錯した心理であるが，過去の冤罪事件の虚偽自白の多くは，まさにこれが事実であることを示している。一つの典型例としてあげられるのが仁保事件である。この事件で被疑者は自白へと転落したあと，取調官から犯行現場である被害者Ｙ宅への侵入経路を問われている。このとき，取調官の側は被疑者がやっと落ちたと思っており，その被疑者が真犯人である以上は自分から答えられるはずだとして，できるかぎりヒントを与えないで自白を求めた。それは当然の手続きであるのだが，被疑者のほうはこれに答えられず，困りはてた様子が次のように録音テープに収められている。

「Yの家のかんじんなとこの話になってくるんですが……，事実をいうたら，私にはその家そのものがわからん，ほいで裏から入って持って行った言うたら，またどういうふうになるじゃろか，違いはすまあか……，まあ自分でいろいろこう考えて見たんだが。よし，おりゃ犯人になったろ，犯人になったろ，犯人だ，犯人になったんや，おれがやったんや思うて，ものすごい自分で犯人になりすましてこう，とってみたんですけど……」

この「犯人になったろ」という心理は常軌を逸しているようにみえるかもしれない。しかし常軌を逸しているのは被疑者ではなく，彼が置かれた状況の方である。常軌を逸した状況のなかで，被疑者はごく正常な心理として「犯人になる」ことを選ぶのである。これこそまさに虚偽自白が「悲しい嘘」であるゆえんである。

4 取調官の側の心理

それにしても無実の被疑者をここにまで追い込んでしまう取調べとは何なのか。その場の異常性を思えば，その場をコントロールする取調官は，そのことに気づいていてもおかしくないはずだと思われるかもしれない。しかし，多くの場合，結果として虚偽自白を引き出してしまう取調官の側にはその自覚がない。虚偽自白は，捜査にあたった取調官の悪意のもとに生まれるのではない。むしろ問題は，その取調官をも包んでいる取調べの構図そのものにある。虚偽自白を理解しようと思えば，取調べられ自白に落ちてしまう人の心理に加えて，無実の人を虚偽の自白にまで追い詰めながら，そのことに無自覚でいる取調官の側の心理を同時に知っておかなければならない。

(1) 謝罪追及の心理

まず指摘しておかなければならないのは，謝罪追及の心理である。実際，わが国の刑事取調べは謝罪追及型だと言われる。たとえば，2009年にDNA再鑑定で無実とわかり，2010年に再審で無罪となった足利事件のS氏の場合，捜査官たちが最初に任意同行のためにS氏の家にやってきたとき，被害児の写

第10章　虚偽自白の心理―無実の人がなぜ虚偽の自白に落ちるようなことが起こるのか―

真をＳ氏に突きつけて「この写真に謝りなさいよ」と迫ったという。いたいけな4歳の女児を誘拐して殺していたずらをしたような犯人は許せないという捜査官たちの思いからであろう。その思いには，おそらく誰もが共感する。その意味では，この謝罪追及から取調べが始まるということに違和感を持たない人が多い。ある検察官などは，取調べ過程を録音・録画に反対するという文脈のなかで，取調べの場は懺悔の場である，被疑者が真摯に懺悔するような場所に録音テープなどはとんでもないと述べている。このように取調官たちのなかには，被疑者から謝罪や懺悔を求めようとするこのような謝罪追及の心性が強く根を張っている。

　実際，この謝罪追及によって真犯人が真実の自白に落ちることも，もちろんある。しかし一方で，同じ謝罪追及の圧力が，無実の人を虚偽の自白に追い込むこともある。問題は，謝罪追及しようとしている相手が，ほんとうに謝るべき立場にいる犯人なのかどうかである。もし相手が無実の人ならば，謝罪追及はおよそお門違いということになる。足利事件の場合も，任意同行を求める段階で，まだＳ氏が犯人だとわかっているわけではないのであるから，その段階で「謝りなさいよ」と言って迫るのは，やはりおかしい。そして現にＳ氏は犯人ではなかったのである。大事なことは，正確な事実の認定を行って，ほんとうに被疑者がやっていることが確認されてのちに，そのうえで責任を求めるということであるはずである。

　事実認定と責任追及とは，はっきり段階として区切らなければならない。ところが，事実認定以前に，疑わしいというだけで謝罪追及に走ってしまう。ここが怖いところである。謝罪を追及するということは，被疑者を犯人だと前提しているということであって，そこには「こいつがやったに違いない」という証拠なき確信がうごめいている。このことが虚偽自白を生み出す土壌になっているのである。

　残忍な事件が起これば，誰もが許せないと思う。警察官や検察官を仕事として選んだ人たちは，一般の人たちよりもさらにそのような正義感に燃え，職務に熱意を注いでいる。しかし，実のところ，犯罪を憎めば憎むほど，中途半端な事実認定で，すぐに謝罪追及，責任追及に走ってしまう。しかし，本来，取調べを仕事とする警察官や検察官こそ，この危険性を熟知し，それを防ぐべく

第 3 部　日本の法心理学研究から

最大限の努力を払う義務を負っているはずである。それゆえ，この危険性への無自覚は，単なる過失として許容できるようなことではない。

（2）消極証拠に目をつむった断固たる取調べ

　捜査官が特定の人物に容疑を絞って，身柄を押さえ，それを受けて取調官が熱意を込めて執拗に取調べる。それだけで，十分に虚偽自白の心理状況ができあがってしまう。ここで虚偽自白を防ぎうる方法があるとすれば，唯一それは，被疑者に容疑を絞ったうえで，なお「ひょっとすれば，こいつは白かもしれない」と，無実の可能性をつねに念頭に置いて取調べることである。ところが，この取調べの基本原則が，現実には，しばしばないがしろにされる。

　ベテランの検察官が現役の捜査官に向けて，取調べの心得を説いた『犯罪捜査101問』という教本[注4]がある。そこで取調官たちは，とにかく確信をもって断固とした姿勢で取調べなさいと教えられ，さらに，それでも頑強に否認する被疑者がいるときは，この被疑者に対して「『もしかすると白ではないか』との疑念をもって取調べをしてはならない」と諭されている。「白かもしれない」と思ってしまえば，断固とした取調べができなくなって，落とせるものも落とせないというわけである。被疑者が犯人であることを明確に示す証拠が他にあれば，「もしかすると白ではないか」と疑念を抱く必要もないが，証拠がまだ不十分で，本人の自白が出ないかぎり立件できないというような場合，そこには実際に被疑者が無実である可能性がある。上記の教本は，そうした状況でもなお「白かもしれない」可能性を排して，確信を持って，断固として取調べなさいというのである。そのとき取調官が抱く確信は，まさに「証拠なき確信」である。

　実際，人が確信を抱くについては，必ずしも証拠はいらない。憎悪や怨念，恐怖や不安が先立てば，曖昧な証拠で人はすぐに確信状態に陥ってしまう。そして逆に，この「証拠なき確信」が，ときに自白という証拠を生み出してしまう。被疑者の取調べを担当する取調官たちは，そうした確信の構図の「渦中」にいることを，自ら自覚しなければならない。

注4：増井清彦『犯罪捜査101問』立花書房，2000年。

第 10 章　虚偽自白の心理―無実の人がなぜ虚偽の自白に落ちるようなことが起こるのか―

　被疑者の虚偽自白を引き出す最大の状況要因は，取調官たちを包む「証拠なき確信」である。この確信によって取調官は，被疑者を追及し，罪への謝罪を求め，罪へのあがないによってこそ社会への更生が果されるのだと諭す。それはときに「罪を憎んで人を憎まず」という善意であり，また「社会正義を守る」という職務への熱意でもある。その善意と熱意が無実の人に注がれてしまったとき，それが強ければ強いほど，被疑者は厳しく辛い立場に置かれる。そしてその被疑者が無実の人だったとき，その辛苦が虚偽の自白を生み出すことになる。

（3）取調官には被疑者の置かれた状況が見えない

　取調官が被疑者を犯人だと確信して，謝罪追及を求めて断固として取調べるとき，ひょっとしてその被疑者が無実であるかもしれないという場合の，その無実者の立場，その心理に思いが及ばない。

　逮捕ないし逮捕に等しい身柄拘束状況に置かれたとき，被疑者は日常生活から遮断され，心理的な安定を失い（165 頁の虚偽自白要因の①），代用監獄に収監されて生活全体が支配され，自由を制約される（②）。そのうえで被疑者として非難され，罵倒され，精神的な屈辱を加えられ（③），事件とは無関係なことをあれこれ詮索され，むやみに罪責感を募らされることもある（④）。被疑者が自分はやっていないといくら弁解して聞き入れられず，極度の無力状態に陥れられることにもなる（⑤）。そのなかで被疑者はこの辛さからいつ解放されるともわからず，時間的な展望を失ってしまうし（⑥），そればかりか，否認していればかえって状況が不利になるかのようにも思わされる（⑦）。一方で，人間同士として，ときおり温情をかけられ，面倒見を受けて，取調官に迎合的な気分になることもある（⑧）。そうした取調べ状況の下にある被疑者にとっては，有罪になったときに与えられる刑罰の重みも，たかだか将来の可能性であり，また現実感を持てない架空のものでしかないために，虚偽自白を押しとどめる歯止めにはならない。

　一般の人々は，ふだん，犯罪に巻き込まれて被疑者として取調べられるという体験を持たない。だからこそ，被疑者の自白に対して，簡単に「それくらいで自白したのなら，ほんとうに違いない」と思ってしまう。しかしその当の取

調べ状況に置かれた無実の被疑者の「渦中の視点」に立ってみれば，この取調べの場ほど「非日常」で「異常」なものはない。被疑者に強いられたこの心理的現実を渦中の目で見ることさえできれば，「無実の人なら多少のことで嘘の自白に陥ることはあるまい」と言ってしまうことが，いかに安易な思い込みにすぎないかがわかる。

　取調官は取調べの場にいて，被疑者と事件に関わる尋問－応答を繰り返し，ときにお互いの個人的な思いをもやりとりする。しかしそうして場は共有していても，取調官はやはり取調官としての「渦中」にいる。取調官が「証拠なき確信」に駆られて執拗に，遠慮会釈なく被疑者を攻めるとき，その「渦中」からは，目の前の被疑者の陥っている「渦中」が見えない。いや，それが見えてしまえば，取調官自身が立場上苦しくなるがゆえに，あえて見ないでおくように努めることさえある。

　虚偽自白の悲劇が生じるのは，こうした2つの「渦中」が微妙に出会い，すれ違う場においてのことなのである。

5 「渦中の心理学」へ向けて

　虚偽自白の心理学は，すべてを見わたす特権的存在者の立場に立って，「人間とはこのようなものだ」という一般論の視点から語ることができない。問題は人間一般ではなく，個別具体的な状況にさらされ，その渦中に巻き込まれた具体的な個人だからである。だからこそ私はこれを徹底して「渦中の視点」から語ってきた。いや実を言えば，虚偽自白の心理学の射程は，この限られた範囲にとどまらない。

　そもそも人は，それぞれの身体を備え，その身体を世の中の流れに浸して，そこに生じる大小様々な渦の中を生きている。人はそれ以外の形を生きることができない。つまり「渦中」を生きるということは，神ならぬ人間の，言わば免れることのできない定めである。とすれば「渦中の心理学」は，一見特殊に見えるこの虚偽自白の現象にかぎらず，あらゆる人間の現象に通じるものでなければならない。

　「渦中の心理学」は，その素朴な見かけのゆえに，学として成り立つ条件を

欠いていると見えるかもしれない。しかしその「素朴」を排除したところに，何かしら客観的な科学がまったく別個に成り立つかのように考えるのは，私たちが長く囚われてきた一つの思い込みにすぎない。人は，それぞれに与えられた具体的な状況を，その身体で生きている。その「生きる形」を渦中の視点から記述し，そこからたぶんに錯覚をかかえた日常の見かけをとらえなおすことができるのならば，それもまた十分に意味のある学の営みと言ってよいはずである。いま私は素朴にそう思っている。

【参考文献】

浜田寿美男　(2001)．自白の心理学　岩波書店
浜田寿美男　(2002)．〈うそ〉を見抜く心理学　NHKブックス
浜田寿美男　(2004)．取調室の心理学　平凡社
浜田寿美男　(2005)．新版・自白の研究　北大路書房

第11章

顔の再認記憶における同調[注1]

厳島行雄・原 聰・仲 真紀子

1 記憶の歪み研究の概要

(1) 初期の研究の展開

　Ebbinghaus（1885/1999）が行った記念碑的研究以降，多くの心理学者は記憶の機能を解明するために多大な努力を払ってきた。彼は，読むことはできるが意味を持たない材料を主に用いて，私たちの記憶の過程を明らかにした。Ebbinghausの伝統を受け継ぐ記憶研究は，行動主義の流れの中で言語学習という形で研究され，条件統制された言語刺激を用いて，学習の経済性を支配する法則や忘却の実証的・理論的研究を進めていった。しかしながら，このアプローチの伝統には記憶の複雑性を明らかにするような枠組みが備えられていなかった。さらに研究のために使用された刺激は主に言葉であった。つまり，記憶心理学者たちは，記憶過程と忘却過程を支配する一般法則を，言葉という材料を用いることによって明らかにしようとしてきたのである。

　以上のようなEbbinghausの流れに位置する記憶研究とは一線を画す研究が，イギリスのBartlett（1932）によって行われた。彼は，人間の記憶の社会的な諸側面を解明するというアプローチを採用した。彼の研究には，メカニカルな

注1：論文は Nilsson L. G., & Ohta N. (Eds.) (2006). *Memory and Society-Psychological Perspectives* 所収の第8章　Itsukushima, Y., Hnyu, K., Okabe,Y., Naka, M., Itoh, Y., & Hara, S., Response conformity in false recognition memory.159-169. の日本語訳に一部加筆修正したものである。

第 11 章 顔の再認記憶における同調

記憶の働きではなく，日常の人間の記憶の働きを解明するという視点があった。そして人間が新たな情報に直面したときには，その情報が新奇なものであったり，理解を超えるようなものである場合，特定のスキーマ（枠組みとなるような既有知識）を援用して解釈してしまい，その解釈された世界が記憶として定着することを明らかにしたのである（Bartlett, 1932）。さらに Bartlett は，伝聞情報の変形に関しても研究した。その結果，記憶は言葉を素材として研究してきた中で見いだされてきた諸要因ばかりではなく，文化とスキーマの両方に関わる要因によっても影響を受け，変容することを明らかにしたのである。もちろん彼の研究が，記憶変容の証拠を明らかにしようとする記憶研究分野における，唯一の研究というわけではなかった。たとえば，Carmichael, Hogan, & Walter（1932）の記憶実験は，言葉による映像記憶への影響を扱う，画期的な研究であった。彼らは，実験参加者にあいまいな線画と言語ラベルを対にして呈示した。実験参加者は 2 群に分けられ，それぞれの群の参加者は同じ線画刺激を見るのであるが，この線画に対になって与えられた言語ラベルが，両群

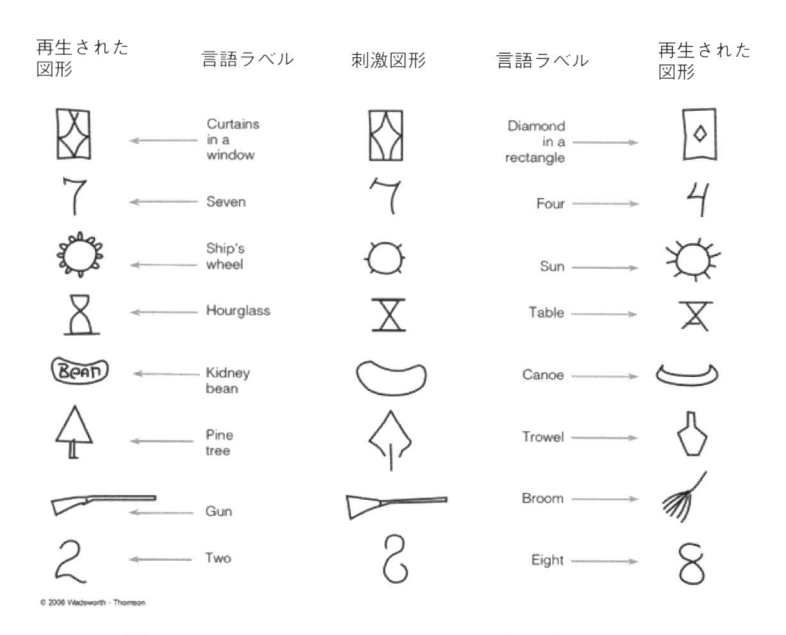

図 11-1　Carmichael, Hogan, & Walter（1932）の結果

で異なっていた。参加者はその後，呈示された線画の再生を行った。再生結果はきわめて興味深いものであった。つまり，2群の実験参加者は，それぞれが与えられた言語ラベルに一致する方向で図形を再生したのである。少し具体的に説明しよう。

　図11-1にはCarmichael et al.（1932）の実験に使用された刺激と典型的な再生結果を示した。実験参加者には，まず，中央の刺激図形が呈示される。次に，それらの図形が呈示された後に言語ラベルが呈示された（たとえば，「〜に似ていますね」）。実験では12の図形が使用された（図11-1の中央の図形）。これらの図形に呈示された言葉（言語ラベル）に2条件が用意されたのである。1つのグループには「〜に似ていますね」の〜に部分に，図11-1の各図形の上から順に「窓のカーテン」「7」「船の舵」「砂時計」「エンドウ豆」「松の木」「銃」「2」という言葉が使用され，もう一方のグループには同じ図形について「四角の中のダイヤモンド」「4」「太陽」「テーブル」「カヌー」「こて」「帚（ほうき）」「8」が呈示された。図11-1の両端の図形が再生された図形の例である。

　再生された図形は，その特徴によって5つのカテゴリーに分類された。評価は実験に関わらなかった人物2名によって行われた。

　5つのカテゴリーとは，
①オリジナルの図形とほぼ同じ
②線分の長さもしくはカーブが異なる
③図の部分の比率が異なる
④欠落があるか加えられたものがある
⑤ほとんど全体が異なっている
であった。その結果，再生された図形の多くがこの5番目のカテゴリーに分類されたのである。つまり，図形がそれに付与された言葉の意味によって変容したのである。

　Carmichael et al.（1932）の研究は，オリジナルの線画に関する記憶が，言語ラベルによって指示される情報に沿うような形で変容することを意味している。

(2) 1970年代以降の展開

　Carmichael et al. (1932) の研究は方法論的にかなり素朴なものであったが，日常生活で目にするような出来事の記憶に対する言葉の影響については，Loftus や彼女の共同研究者による一連の研究において広範な検討が加えられてきている（Loftus & Palmer, 1974; Loftus, Miller, & Burns, 1978）。彼女らは，出来事に関する記憶に及ぼす言語情報の効果を検討するための洗練した方法を用いた。その方法は「標準テスト」（McCloskey & Zaragoza, 1985）と呼ばれるものであった。この方法（Loftus et al., 1978）では，実験参加者は交通事故のようなかなり複雑な出来事を示す一連のスライドを見せられ（スライドには鍵になるスライドが含まれていた。1つの条件では，そのスライドには「停止標識」が映っていた），それらのスライド呈示後，実験参加者は各場面に関する質問に回答するよう求められた。質問の中には，誤情報（もとのスライドに類似しているが，実際には呈示されなかった情報。たとえば「徐行標識」）が挿入されていた。実験参加者は質問に回答した後に無関連の課題を行い，その後スライド対を用いた二肢択一の強制選択再認テストを受けた。つまり，刺激として見たスライドと，刺激として見たスライドに似ているが異なったものを対にして呈示されたものから，見たスライドを選択した。誤情報を受けた（たとえば，刺激では停止標識を見たが，質問では見たものが徐行標識と示唆されていた）実験参加者は，そうした誤情報を受けなかった（たとえば，停止標識を見て，停止標識が示唆されていた質問を受けた）実験参加者に比べて，実際に見た刺激を選ぶ確率が低くなった。この結果は，もとの出来事に関する記憶が事後の誤情報によって容易に置き換えられることを示していた。この現象は「誤情報効果」，「誤誘導効果」もしくは「事後情報効果」と呼ばれている。この効果に関しては，多くの記憶研究者による検討がなされてきた。それらの検討には，保持期間の効果，事後情報に対する警告の有無，再認項目の呈示順序，誤情報のタイプ，誤情報の呈示のタイミング，事後情報の呈示形式など，様々な側面が含まれている（Greene, 1992; Lindsay, 1994 等のレビューを参照）。

　では事後情報はどのようにして生起するのであろうか。Loftus らは出来事の記憶に言葉の意味が侵入し，記憶を書き換えてしまうという仮説を提案している（書き換え仮説ともブレンド仮説とも言われる）。彼女は記憶が再構成的

なプロセスであり，ビデオテープレコーダーのようには記録しないと主張している。さらに，その後，事後情報効果が観察されない条件も認められることが明らかになってきた。たとえば，事後情報に誤りが含まれている可能性を指摘すると（警告の存在），効果が減少・消滅する。事後情報が目撃された出来事とあからさまに異なる場合には，やはりこの効果が消滅する。また，目撃時の文脈を想起時に思い出す手がかりとして利用できると，この効果が縮小される等である。このような事後情報の効果が減少したり，消滅するという結果は，もとの出来事の記憶と事後情報の記憶が併存している可能性を示唆する。そこで，事後情報による書き換えが起こらずに，もとの出来事の記憶も事後情報の記憶も両方残る場合のあることを併存仮説と呼んでいる。さらに，その後，再認テストの代わりに，ソースモニタリングテスト（記憶の起源を問うテストで，見た，読んだ，その両方，そのいずれでもないという判断を求めるテスト）を行うと，事後情報効果が消滅することが明らかになった。モニタリングテストのような厳しい記憶の精査を求めると事後情報効果は消失するので，再認テストではそこまで厳しいチェックを求められないために事後情報効果が起こるとする，モニタリングの失敗説も提案されている。最近では，検索誘導性忘却という，類似した情報の検索を繰り返すことで忘却が起こるという説を利用して，事後情報効果を説明する試みも行われてきている。

2 記憶への社会的影響研究と現実世界で起こる社会的影響

　誤情報効果の研究においては，通常，誤情報は質問やテキストの形式で呈示される。誤情報の素材と呈示法について多様な方法があるにもかかわらず，誤情報が第三者によって直接呈示される研究は見られなかった。1990年代の中ごろになり，新たな研究アプローチが現れ出した。それは，第三者（研究協力者）の意見や反応が実験参加者の記憶に及ぼす効果の検討である。第三者の効果は，目撃証言研究において，とりわけ，目撃者による被疑者識別研究において重要であると認識されてきた（Kassin, Ellsworth, & Smith, 1989; Kassin, Tubb, Hosch, & Memon, 2001）。この効果は多くの研究において示されてきたが，Steblay（1997）によるメタ分析のレビューにおいても支持されている。

第 11 章　顔の再認記憶における同調

Wells & Bradfield（1998）などは識別後に与えられる他者による正のフィードバック（positive feedback）が，課題における実験参加者の確信度を高めることを見いだしている。

　第三者効果に関しては，他者の反応に対する第三者の意見，知覚判断，態度，行動変容などについて社会心理学において長期間研究されてきている。こうした現象は古典的に同調効果と呼ばれている（Asch, 1951; Deutsch & Gerard, 1955）。同調効果に関する伝統的な研究においては，知覚判断課題が用いられ，実験協力者の数が統制されていた。これは，同調効果を発生させるには実験協力者の数が重要な要因であると考えられていたからである。しかし，記憶実験においては，実験協力者のグループの大きさに関する要因はそれほど研究されてきてはいない（Walter, Bless, Strack, Rackstraw, Wagner, & Werth, 2002ではグループサイズを扱っている）。これは，日常の認知においてグループの圧力が問題となるような事象が社会心理学の領域のものとみなされていて，記憶研究ではそのような要因が関与する事象が少ないことによるのかもしれない。また，多くの記憶研究では以下に見るように，特に集団の圧力が存在しなくても同調効果が起こることを示しているために，むしろサイズの問題よりもどのような社会的状況がこの効果を生み出すのかに，研究者の興味の対象があるためともいえよう。

　記憶における同調効果に関する研究は，1990年代中ごろに始まる。Schneider & Watkins（1996）は，同じ単語リストを学習したと信じているが，実際には部分的に異なったリストを学習したペアの実験参加者に再認用の言語リストを呈示した。ペアの各実験参加者に対して呈示された単語が「見た(old)」単語か「新しい（new）」単語かを判断し，その判断を声に出して反応するようにさせたところ，最初の実験参加者の反応が次の実験参加者の反応に影響を与えたのであった。実際には呈示されていない単語を「見た」とする判断を耳にすることで，それを呈示された単語として記憶する（判断する）という現象を報告したのである。こうした記憶同調は，家財道具（Meade & Roediger, 2002; Roediger, Meade, & Bergman, 2001），物語（Betz, Skowronski, & Ostrom, 1996），ありふれた事物の線画（Hoffman, Granhag, Kwong See, & Loftus, 2001;Wright, Self, & Justice, 2000）などについても見いだされている。

これらの研究においては，同調効果は1人の実験協力者の場合においてさえ生じており（もしくは，Hoffman et al. の研究においては実験協力者が1人だと仮定されているものでも），このことは記憶の同調が集団の圧力が比較的緩い場合でも起こることを示唆している。

単語，家財道具，物語，線画などは目撃証言研究にとっては必ずしも適切な素材であるとはいえない。現実場面においては，人物識別がきわめて重要な意味を持つから，顔の記憶は特に研究が推進されなくてはならないにもかかわらず，顔に関する記憶同調の研究は皆無である。そこで顔に関する同調効果の検討を行うこととした。この検討はまさに後述する帝銀事件の目撃者たちが経験した顔の記憶の問題を心理学の視点から検討するものである。つまり，帝銀事件及びそれに先行する同様の事件の目撃者が経験した，他者からの情報が顔の記憶に基づく類似性判断に影響するかどうかを直接検討するものである。

3 現実世界における記憶の社会的影響

2003年9月10日の午後，スウェーデンの百貨店で買い物をしていた外相のアンナ・リンディが何者かによって刺殺された。現場が現場だけに多くの人がこの事件を目撃した。警察は事情聴取をするために目撃者を一つの部屋に集め，どのような犯罪で，犯人はどのような人物かをインタビューした。問題はそのようなインタビューが行われる前に，多くの目撃者たちはその事件について情報を交換していたことだった。刺殺というような出来事を経験すれば，私たちは当然ながら自身が目撃したことを相手に伝え，また相手の話を聞いたりするのは自然なことである。しかしながら，そのような情報交換によって耳にした情報が私たちの記憶を書き換えてしまうのである。つまり，記憶の同調が起こるのである。情報を交換することによって，目撃者の記憶が汚染されることになったのである。

この事件に関しては，後日，犯行の様子がビデオに録画されていて，それが検証に使用された。その結果は驚くべきもので，目撃者の語る犯人像や犯行様態はビデオに映っていたものや犯人の特徴とはまったく異なっていた。さらに事件の3日後に容疑者の写真が公開されたが，それ以前に目撃者が語っていた

第 11 章　顔の再認記憶における同調

容疑者の特徴と比較して，この写真が公開された後で目撃者が語った容疑者の特徴は，正確さが増していたのであった。つまり，事後の写真情報によって記憶が"編集された"のである。このように現実の世界でも，記憶の同調が起こるのである。私たちの記憶は容易に他者の意見を取り入れ，記憶を修正してしまう。帝銀事件でも目撃者の間でそのような社会的影響があったと推察される。たとえば，帝銀事件では社会的影響だけではなく，目撃者の記憶や識別を誤らせる方向で作用するような要因が数多く関与していたことも認められる（長期の保持期間，単独面通し，反復された識別，犯人と同様の着衣で撮影した写真を示すなどの衣服によるバイアスなど）。そこで，著者たちによる実験を紹介する前に，帝銀事件の目撃者がいかなる目撃者であったのかを以下に説明することにしよう。

4　帝銀事件における顔の再認記憶への社会的影響研究

　本研究は，先述したいわゆる帝銀事件と称される毒殺事件において，死刑判決を受けた平沢貞通の逮捕，有罪判決の重要な証拠とされた，目撃証言の信用性に関する心理学的鑑定意見書を作成する目的で実施された。ただ，研究報告自体は"Memory and Society: Psychological Perspective"というタイトルの著書に掲載されていることからもわかるように，認知心理学的観点からの報告として書かれている。しかし，本書は『法と心理学叢書』の 1 冊として上梓されるものであり，心理学研究が裁判の場において有用性を持っていることを確認することを目的としたものである。そこで，研究本来の趣旨であった心理学鑑定の作成に立ち返り，帝銀事件と目撃証言に関わる問題を吟味し，本研究の意義について確認しておく必要があるだろう。

(1) 帝銀事件と平沢貞道の逮捕

　1948 年 1 月 26 日午後 3 時過ぎ，東京都豊島区にあった帝国銀行椎名町支店で起きた行員等 12 名の毒殺事件を「帝銀事件」と通称している。東京都衛生局の腕章をつけた男が支店を訪れた。男は，「この近隣で集団赤痢が発生し，その 1 人がこの銀行に来た可能性がある。わたしは，GHQ[注2]の命令で行内を

消毒する，そして，消毒薬を飲んでもらう」として，16名に液体を飲ませた。この液体を飲んだ人のうち12名が死亡したのである。戦後の混乱期とはいえ，12名もの殺害事件は凶悪事件であり，大々的な報道も手伝い，世間の注目するところとなった。この事件発覚後，類似の未遂事件2件が報告された。1件は1947年10月14日，安田銀行荏原支店において，他は帝銀事件1週間前の1948年1月19日，三菱銀行中井支店においてであった。また事件翌日，三菱銀行板橋支店では，帝国銀行椎名町支店で強奪された小切手が換金された。警視庁は，これらは同一犯によるものと考え，捜査に当たった。捜査においては，帝国銀行椎名町支店で用いられた毒物の特定とその入手可能経路に加えて，訪問者に関する目撃証言が犯人逮捕に結びつくものと考えられた。帝国銀行椎名町支店での生き残り4名をはじめとして，各銀行の行員数十名の目撃者による犯人の人相供述に基づいて，警視庁は，日本初のモンタージュ写真を作成するとともに，複数の似顔絵も描かれ，新聞などを通じて犯人に関する情報の提供を求めた。

　毒物関連の捜査が行き詰まるなかで，1948年8月21日，北海道の小樽で画家平沢貞通が逮捕された。逮捕に至った決め手は，目撃者が供述した犯人の人相との類似性であったと言われている。平沢貞道は逮捕直後から犯行を否認していたが，9月23日に至り犯行を自供した。この自白を受けて，検察は平沢貞通を起訴した。公判に入ると，平沢貞通は自白を翻して再び否認し，その後の裁判においては一貫して否認を貫いた。しかし，1950年7月24日に死刑判決が下り，控訴・上告するも，最終的には1955年5月7日上告棄却により死刑が確定した。平沢貞通は，1987年5月10日獄死した。95歳であった。死刑確定から今日に至るまで合計18回の再審請求が行われてきたが，いずれも棄却され，第19次再審請求にまで及んだ[注3]。

注2：General Headquarters, the Supreme Commander for the Allied Powers（連合国最高司令官総司令部）1945年8月14日の日本によるポツダム宣言受諾に基づき，米陸軍マッカーサー元帥を総司令として東京に設置された，占領下の日本を管理する最高政策機関。イギリス，アメリカ，中華民国，ソビエト連邦，カナダ，インド，オーストラリア，ニュージーランド，フランス，オランダ，フィリピンによって構成された「極東委員会」の元に置かれ，1952年のサンフランシスコ講和条約発効まで活動した。

注3：本論文執筆中の，2013年8月に帝銀事件の原告平沢英彦氏が死亡した。これを受けて，東京高裁第2刑事部は同年12月2日付で再審請求手続きの終了を決定した。これに対して弁護団は12月5日に異議申し立てを行ったが，却下され，審理は終結となった。

(2) 目撃証言

　先にも述べたように，本件において被告人が逮捕され，有罪判決を受けた有力な証拠の1つは目撃証言である。

　本件における目撃証人は，帝国銀行椎名町支店4名，安田銀行荏原支店21名，三菱銀行中井支店15名，三菱銀行板橋支店4名，その他2名の合計46名である。この目撃証言に関しては，現在の心理学的研究の観点から考えると多くの問題点を指摘することができる。これらの問題点の中で，主要な問題点だけをいくつかあげておくことにする。

①事件直後から，事情聴取が行われたが，その際，数枚から数万枚に及ぶ大量の顔写真を取調官から呈示されていること。人相書に似た人物に対する人物識別のための面通しも行っていること。

②平沢貞通の逮捕直後から，取調べを受けている最中の被疑者に対し，取調室内において単独面通しを実施していること。

③警察官による単独面通しの後，検察官による再度の単独面通しを同一目撃者に対して実施していること。

④検察官による取調べ最中の面通しは，同一銀行内の目撃者数人が同時に行っていること。

⑤検察官による単独面通しは，10数分から1時間以上も被告人と同席する方法で実施され，その直後に事情聴取を受け，調書が作成されていること。

⑥平沢逮捕直後から新聞報道が連日行われ，しかも本人の顔写真も掲載されており，こうした情報に目撃証人が接していたこと。

　①に関しては，事後的に呈示され，犯人との同一性を判断する過程において，犯人目撃時の犯人に関するオリジナルの記憶が歪められる可能性がある。これは，目撃証言の心理学においては，事後情報効果あるいは誤情報効果として知られている（Loftus & Palmer, 1974; Loftus, Miller, & Burns, 1978 など多数）。

　②の単独面通しに関しては，誘導性が高い手続きであり，とりわけ，取調室における取調べ中の被疑者を対象とした場合には，誘導性はより高くなる（Dysart & Lindsay, 2007）。それゆえに，犯人識別手続におけるガイドラインなどでは，人物識別手続としてラインアップが推奨されており，わが国の「法

と心理学会」による『目撃供述・識別手続に関するガイドライン』（以下『ガイドライン』）においては単独面通し手続を禁止している。

　③であげた警察官，検察官による面通しは，識別手続の反復の問題を含んでおり，『ガイドライン』では「聴取の反復禁止」の中で禁止されている。反復識別は，目撃者に識別結果が誤りであったとの情報をもたらし，反応変更をもたらす可能性がある。他方，目撃者は，二度目の識別であるために，被疑者に対する熟知感を高め，この熟知感に基づいて「犯人である」と判断する危険性も増すのである。識別を反復すると，目撃者は犯人を識別しているのか，それとも一度目の面通しの際に見た被疑者を選択しているのか区別が困難になる。

　④における，同一銀行の複数の目撃者による識別は，目撃者間で互いに他者の判断や判断に至る過程を観察する機会となり，他者が示す判断の影響を受ける可能性がある。言語的反応はもとより，他者のわずかな目の動きや姿勢の変化によっても自らの判断が影響を受ける。

　⑤にあるような，取調べを受けている被告人の側に長時間同席することは，被告人に対する熟知感を増大させる。目撃者による犯人識別は，目撃者が持つ犯人像と目の前の人物との同一性判断であり，徐々に同一性を確認していくというのではなく，きわめて短時間で判断できるのが一般的である。この判断に時間がかかることは，逆に，犯人像の不鮮明さを反映しているものとみなすことができる。

　⑥に見られるような，大量の報道は，社会的判断の在り方，社会の大勢の人の意見として目撃者の判断に影響を与える。目撃者は，社会や多くの他者から逸脱することを避ける行動を選択する可能性がある。

（3）同調行動実験へ

　帝銀事件における目撃証言の聴取及び識別手続に関する心理学的問題の中で，われわれは先の④と⑥に着目した（①の問題に関しては，別の研究として実施した。その他の問題点に関しては，既存の研究が参考にできる）。これらに着目したのは，目撃証言に関わる次のような変化こそが重要であると考えたからである。

　先にもふれたように，目撃者による被疑者に対する単独面通しは，逮捕直後

に警察署において実施され，さらに2週間ほど経過して検察官による単独面通しが実施されている。この反復識別手続の実施において，注目すべきは，一度目の識別においては「犯人である」と同定した目撃者は皆無であったにもかかわらず，二度目の識別においては多くの目撃者が「似ている」「9分9厘犯人」などと，平沢＝犯人との判断に変化している事実である。この事実を，1948年8月24日の読売新聞における「上野駅頭に群衆二万人―5対6で帝銀容疑者薄らぐ」との見出しによる記事から引用する。

「興奮のさなかへ毒殺魔と面接した安田銀行高田馬場支店長戸谷桂蔵，三菱銀行中井支店大久保忠孝氏が出頭首実験が行われた。その結果一名は"違う"と断言，一名は"似ている"と断言，午後二時頃（略）生存被害者吉田，田中，阿久沢の三氏，ほかに三菱中井，安田荏原各支店の目撃者六名が待機，三時まず阿久沢さんをトップに一人ずつ首実験が始まった。（略）"面通し"（首実験）終り，生存被害者三名と目撃者二名は"違う"と断定，残り四名は"似ている"と回答。結局午前，午後十一人の目撃者の"面通し"で"違う"―六名，"似ている"―五名ということになった。」

この記事から，平沢貞通を「犯人である」と断定したものはなく，「似ている」としたものが5名であったこと，さらに「違う」としたものが6名であったことがわかる。ところが，この平沢逮捕直後の識別結果は，検察官による識別段階になって大きく変遷することになった。この識別結果の変遷は，何に起因しているのであろうか。この二度目の識別結果が公判廷にまで維持され，平沢有罪の主要な証拠とされたのであれば，最初の面通しから二度目の面通しの間に，何が起こったのかについて，明らかにすることが重要である。

こうした識別結果の変遷における，問題の核心はどこにあるのだろうか。注目すべきは，多くの目撃者が同時に識別結果の変遷を生じさせていることにある。個別の目撃者の記憶に基づく変遷であれば，個別の目撃者によって識別結果は分散するはずであるから，多数の目撃者が同時に識別結果の変遷を起こすこと，一様な方向性を持つ変遷が起こることは考えにくい。したがって，こうした識別結果の一様な変遷が同時に発生することの原因は，識別に携わった目

撃者の個別的な内部要因によってではなく，多くの目撃者が同時に体験する外部的な要因に基づいていると考えることが合理的である。多くの目撃者が同時に体験する外部的な要因として想定できることとしては，第一に報道による情報効果があり，第二にこうした報道や事情聴取，及び，識別手続の経験に基づく，他の目撃者による情報の効果がある。多くの他者からの情報が個人の反応に影響を与え，大多数が示す反応と同様の反応を行うようになる事実は，先述したように，社会心理学において同調行動としてよく知られている現象である。

　Asch（1951）の研究においては，明らかに差がある線分の長さの判断において同調行動が確認されている。すなわち，明らかに長さの異なる線分を「同じ」とする他者の意見によって，個人の意見も「同じ」という方向に影響を受ける。きわめて明らかな違いが検出できる刺激事態において認められる同調行動であるならば，あいまいな事態において同調行動が生ずることは十分に考えられる。あいまいな事態とは，正しい結果が自明ではない状態であり，行動の規準を客観的に特定することができない場面である。ここで扱う帝銀事件における目撃者による人物識別は，事件体験時より8か月から10か月も経過した時点で実施されている。さらに，この間大量の写真呈示を受け，人相書も多数作成され，それらに接してもいる。このような状況において，目撃者の犯人記憶はきわめてあいまいになっていることは十分に考えられる。帝銀事件の目撃者たちは，犯人に関する記憶自体があいまいになっている状態で，逮捕された平沢貞通に面通しをさせられ，多くの新聞報道や平沢の写真を目にし，他の銀行員との情報交換も行っている。これらの条件が重層的に目撃者の識別結果に影響を与え，結果的に同時期に多くの目撃者が平沢犯人説に傾いていった原因とは考えられないだろうか。これが本研究を構想した研究仮説であった。

（4）実験方法

　実験参加者は，通常授業の間に，1人の大学院生が本実験とは別の研究（ここではこの研究にはふれない）を行う目的で来室し，調査に回答するように依頼された。大学院生は，調査に関して約5分間説明を行った。この出来事から一定期間の後（第1実験では4か月，第2実験では1か月），調査に参加した実験参加者はその大学院生（この人物がターゲットとなる）に関する記憶テ

ストを受けた。実験参加者には，ターゲット（調査を行った大学院生）と呈示された顔との類似度を10点刻みで0〜100点の範囲で回答させた。実験参加者は高類似顔識別（HSC）条件，低類似顔識別（LSC）条件，統制（C）条件の3条件の1つにランダムに割り振られた。実験参加者数は，第1実験ではHSC47名，LSC52名，C32名であり，第2実験ではHSC18名，LSC19名，C16名であった。

　実験参加者は24枚の顔写真をスライドで1枚ずつ8秒間呈示された。12名の若い男性の顔を刺激として用いた。そのうち，4名はターゲットに類似しており（H），4名はターゲットとの類似度が中立的（N），4名はターゲットと類似していない顔（L）であった。これらの類似度は，あらかじめ別の実験参加者群を用いて，一対比較法によって評定させ，その結果を多次元尺度法で分析した結果に基づいて決定した。顔写真は2種類用いた。1つは感情表出のない顔写真であり，もう1つは笑顔写真であった。各写真の呈示順序はランダムであった。

　統制（C）条件群では，実験参加者は小グループで再認テストを受けた。他の2つの実験条件（HSC条件とLSC条件）群では，実験参加者は個別にテストされた。統制条件群の実験参加者の課題は，呈示された顔写真がターゲットと類似している程度を評定することであった。HSC条件とLSC条件群では，実験参加者が実験室に入室すると，ある男性がすでに待機していた。その男性は実は実験協力者（サクラ）であったが，彼も別の実験参加者であるかのようにふるまった。テストに先立って，実験者は実験協力者に年齢を訊いた。実験協力者は常に実験参加者よりも高い年齢を報告した。また実験協力者は2人の中で最初に声を出して反応するよう求められた。したがって，実験参加者の刺激顔に対する反応は，常に実験協力者の反応の後に続いて求められた。実験協力者の顔写真に対する評定値（得点）は，あらかじめ実験者によって指定されていた値であった。なお，HSC条件では実験協力者は高類似顔に対して高い得点を述べ，LSC条件では低類似顔に対して高い得点を述べた。

　1週間後，同じ実験参加者は再び実験室に入室し第2テストを受けた。第2テストはサクラのいない再認テストであり，同調効果が長期間持続するものかを検討するために実施した。

（5）結果

　図11-2にHSC条件の類似度判断結果を示した。図の横軸は顔類似性を示しており，Hは高類似度，Nは中類似度，Lは低類似度を表している。■，◆，●はそれぞれ実験協力者が報告した得点，実験参加者が評定した得点の平均値，そして，統制条件群の平均値から得られたベースラインを表している。最初の数試行では同調効果は見られなかった。第4試行において，実験協力者の90という高い値の報告に対する反応として同調効果が表れた。同じことは第5試行にも見られる。第9，11，14，17，19，22試行において，実験参加者は顕著な同調反応を示していた。この結果より，HSC条件においては高い同調効果を示していると言える。

　図11-3ではLSC条件の類似度判断結果を示した。図より，一定の同調を示しているが，HSC条件の結果とはやや異なっていることがわかる。実験参加者は実験協力者の高い類似度評定に対して確かに同調を示しているが，この同調の程度はHSC条件で見られたほどには顕著ではなかった。実験参加者の得点は，むしろ全般的にベースライン反応よりも高い水準を安定的に保っていたのである。

　高類似顔条件の試行において見られた実験参加者評定のきわめて強力な同調

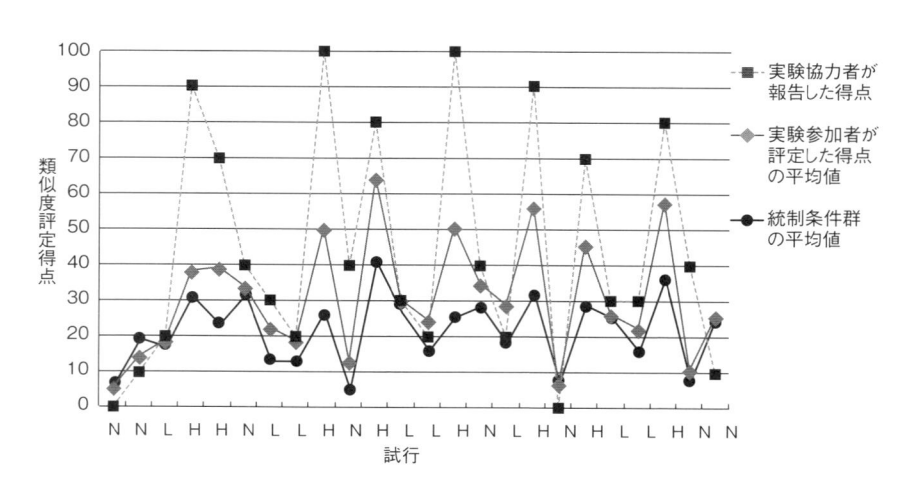

図11-2　高類似の顔に高類似得点で誘導した類似性判断結果

は，実験協力者の得点とベースライン得点の中間に落ちているようであった。このことは，実験参加者の評定は，実験協力者の反応とベースライン得点との関数としてとらえられる可能性を示している。図11-4はHSC条件のデータと回帰を表しており，図11-5はLSC条件について示している。

　これらのデータについて，実験協力者が示した得点とベースライン得点を独立変数とし，実験参加者の得点を従属変数とする回帰分析を行ったところ，$y=0.785x+4.39$の直線回帰式と，高い重相関係数2乗値（$R^2=.86$）が得られた。この関数は，同調度（同調が生じる度合い）は数値の上昇に伴って直線的に増加することを示している。さらに，この結果は，同調力（同調を引き起こす程度）は実験協力者の反応に従うものの，それを低減させるようなメカニズムがあるかもしれないことを意味している。

　しかしながら，LSC条件において回帰分析を行ったところ，直線関数は有意な分散とデータをよりよく説明する同調力を説明できなかった。得られた直性回帰式は$y=0.58x+15.73$（$R^2=.47$）であったが決定関数は$y=3.25x^{0.68}$（$R^2=.71$）という指数関数であった。このことは，低類似顔刺激に対する反応同調のメカニズムは，高類似顔刺激に対する同調とは異なることを意味している。

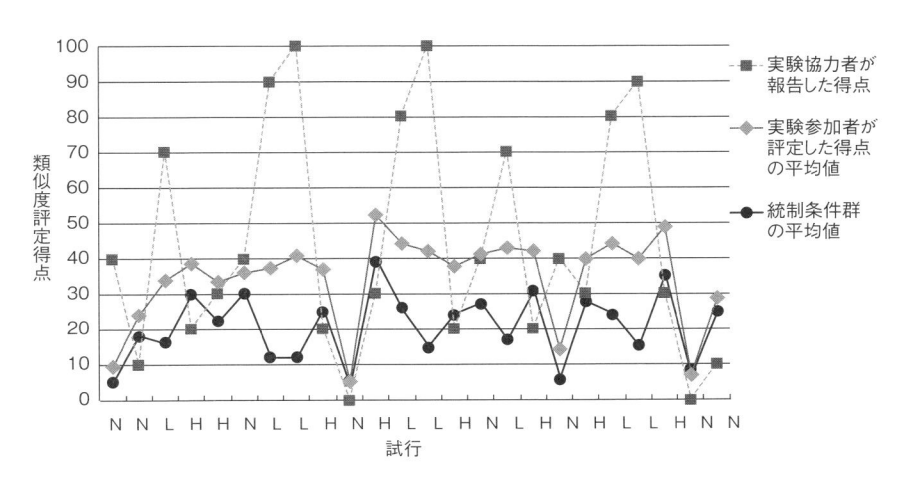

図11-3　低類似の顔に高類似得点で誘導した類似性判断結果

第 3 部　日本の法心理学研究から

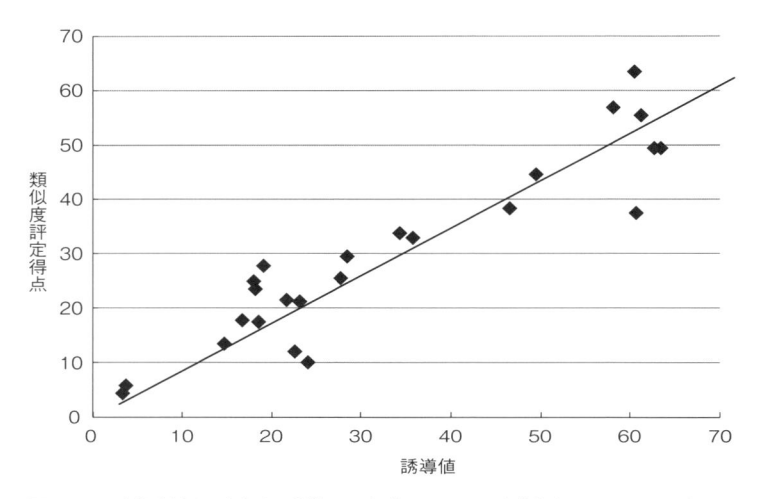

図 11-4　高類似顔に高類似誘導した条件における誘導指標から見た実験結果
　　　　（誘導値と統制群の平均値を示す）

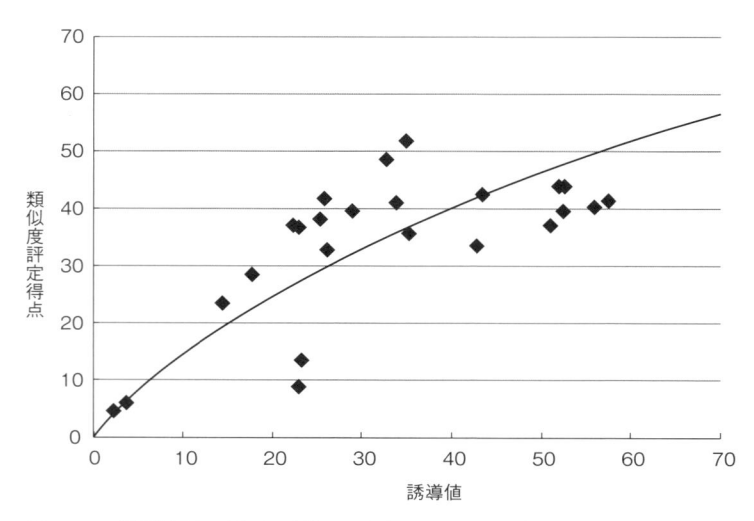

図 11-5　低類似顔に高類似誘導した条件における誘導指標から見た実験結果
　　　　（誘導値と統制群の平均値を示す）

類似度評定課題では，HSCとLSCの2つの同調条件が設定されていた。この計画においては，実験協力者が示す評定得点が同じ値でも，LSCにおける相対同調力はHSCよりも大きくなる。たとえば，ターゲットの顔と20の類似度を持つ刺激に対して80の評定を与えたとき，最大同調力はそれらの差分の60である。一方，同じ評定値が70の類似度を持つ刺激に対して与えられたとき，最大同調力は10である。分析の結果，同調力に対する同調条件の主効果が有意であった（$F(1, 97) = 4.28, p<0.05$）。この結果は，刺激顔とターゲット顔の類似度とは無関係に，他者から大きな類似を表現する数値が与えられた刺激は，小さな数値が与えられた刺激よりも実験参加者に同調反応を起こさせてしまうことを示唆している。

　さらに重要なことは，刺激の類似度水準と同調条件（HSCとLSC）の交互作用が有意であったことである。つまり，類似度が低い条件の顔に高い値を与えた場合の同調の程度よりも，類似度が高い条件の顔に高い類似度の値を与えたときの方が，同調が大きく現れたのである。図11-6はHSCとLSCにおける同調値の効果を示している。この数値は，実験参加者の反応値から統制条件によるベースラインの値を減算したものである。

　本研究のもう一つの目的は，同調の効果が記憶として残るものかを検討することであった。そのために，1週間後，同じ実験参加者は再度評定課題に臨んだ。ここでは，同じ顔刺激（ではあるが，異なる角度から撮影された顔）と新たに9枚の顔写真を用いて課題を行わせた。この課題においても，類似度判断を従属変数として採用した。図11-7に結果を示した。ここでは，同調効果が1週間後の再認課題においても維持されているか否かに関心があったのであるが，1週間後の類似度評定も図11-6で見られた結果と同様となり，同調効果は1週間後も維持されていた（$F(1, 97) = 4.57, p<0.5$）。

　以上の結果を得て，さらなる実験を行う計画を立案した（第2実験）。というのは，この驚くべき結果の普遍性を検証する必要性があったからであった。第2実験の手続きは，第1実験と同じであったが（各条件別の参加人数はすでに上述した），以下の点だけが異なっていた。第一に，第1実験と比較して，HSC条件の高類似顔に対してはより高い評定値を与え，LSC条件の高類似顔に対してはより小さい評定値を実験協力者に報告させた。この操作は，2

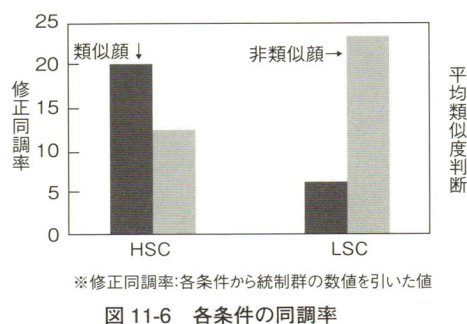

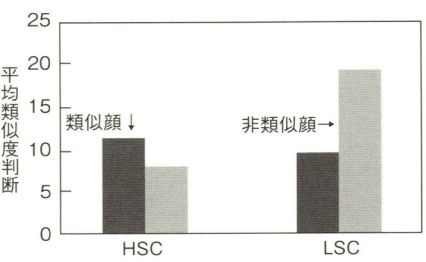

図 11-6　各条件の同調率　　　　　　図 11-7　1 週間後の類似度判断

つの類似度条件における類似度評定値の違いをより際立たせると考えたからであった。第二に，第 1 実験においてはターゲットの観察と同調課題の実施との間は 4 か月であったが，第 2 実験においてはその間隔を 30 日としたことである。この手続きは，ターゲットを目撃した時点と同調課題との間をより短い時間間隔にして同調効果を検証するためであった。

結果は，第 1 実験同様に強い同調効果を示した。回帰分析を行い，最良適合モデルとして HSC 条件で $y = 0.743\,x + 6.93$（$R^2 = .82$），LSC 条件においては $y = 3.19\,x^{0.662}$（$R^2 = .774$）が得られた。この結果は，1 か月後の再認記憶に対する同調の度合いは，刺激に与えられた数値と直線的（HSC）か指数関数的（LSC）関係にあることが明らかになった。さらに，他者からの数値が大きくなるに従って同調度も増加したのであった。最後に，1 週間後の類似度評定は第 1 実験結果と同様の交互作用を示した。

(6) 考察

本実験結果から，顔再認における類似度評定は他者によって与えられた数値に同調すること，同調の度合いは他者から与えられた類似性の数値の大きさを反映すること，同調効果は少なくとも 1 週間は持続すること，こうした現象は 1 か月または 4 か月を経過した後にも起こることが明らかになった。同調効果を報告したこれまでの研究では，かなり短い保持期間を用いることが普通であった。たとえば，Roediger et al.（2001）と Hoffman et al.（2001）の研究では，保持間隔は 48 時間であった。オリジナルの出来事体験からの時間経過に伴っ

て，出来事の記憶痕跡が減衰することは周知の事実である。オリジナルの出来事に関する記憶痕跡が弱体化すると，実験協力者から得られる情報は記憶痕跡に対してより大きな効果を発揮し，実験参加者は実験協力者によって与えられる情報をより躊躇なく受け入れるだろうことは推測にかたくない。本実験結果は，長期の保持間隔を採用したときに，こうした推測が正しいことを明らかにした。

加えて，本実験においては人間の顔をオリジナルの出来事として用いて同調効果を見いだすことができた。この結果は，先に指摘した言語リスト（Schneider & Watkins, 1996），物語（Betz et al., 1996），日常的に熟知した事物（Hoffman et al., 2001; Roediger et al., 2001; Maeda & Roediger, 2002），自動車（Wright et al., 2000）の記憶に対する社会的影響を示した結果と同様である。また本研究では，同調効果の程度を顔の再認記憶の範囲内で明らかにした。

本研究の特徴は，人間の顔想起に関する同調効果を検討する手続きとして，同調形成段階と再認段階において類似度評定という手法を用いたことである。現実場面で起きていることをシミュレートしたかったため，この手法を採用したのである。実際，現実場面においては，警察官が目撃者に対して被疑者や犯人を識別することを求める。もしも目撃者がラインアップからどの人物も識別できなかった場合には，目撃者は，自分が目撃した人物と，警察官が指さす被疑者との類似度を答えるように求められる（Loftus & Ketcham, 1991 の第7章参照）。本実験の結果は帝銀事件にとどまらず，次のような事件全般に当てはまるだろう。つまり，ある人物について複数の目撃者があり，その後彼らはその人物をラインアップから識別するように求められる。複数の目撃者が同じ1つの部屋の中でラインアップに臨む。そして，1人ずつ類似度を報告するように求められる。目撃者には他の目撃者の反応が聞こえるのである。こうしたとき，最初の目撃者の反応が次の目撃者の反応に影響を与え，またこれらが第三の目撃者の反応に影響を与える，ということが生じるのである。

本研究において，同調効果の程度は実験協力者によって与えられる数値を反映したものとなり，実験参加者の反応は高類似顔条件においては直線関数になり，低類似顔条件においては曲線関数になった。このような結果は，きわめて機械的に類似度を判断する基本的なメカニズムが存在するかもしれないことを

第3部　日本の法心理学研究から

示唆している。たとえば，本実験の実験参加者はまず実験協力者からの数値を受け取る。次に実験参加者自身の類似度数値を比較する。そして，報告すべき類似度数値を自動的に計算するのである。さらに，こうした活動は類似度判断に関わる記憶痕跡を強化し，1週間後には，この記憶痕跡が記憶から検索されたと推察される。このメカニズムが様々な場面でどのように作用するのかを明らかにするには，目撃者が実際に体験する出来事の特徴，実験協力者の特性，保持間隔，実験協力者が与える類似度数値などについて検討する研究が必要である。

　本研究の結論は以下のとおりである。犯人識別において類似度判断が採用され，目撃者が第三者から情報を得るような事態では，目撃証言はこの第三者から得た情報によってひどく汚染されたものとなる。記憶は単に個人内だけでなく社会的にも作られるものなのである。これこそが人間の記憶の本質である。

5　総合考察

　本研究では，他者による顔の類似性判断の情報が，目撃者の顔の類似性判断に強く影響することがわかった。つまり，目撃者による顔の類似性判断の前に他者の情報が先行して呈示されることで，きわめて容易に目撃者の判断を先行情報のそれに近づけることができた。顔の記憶に同調が生じたのである。

　従来から，このような記憶の汚染は目撃者への質問の語法（誘導），事後情報，また出来事の反復した語り，出来事を他者と話し合うことなどで起こることが知られている。そして，他者からの情報はそれが真であろうと偽であろうと，信用のおける友人や人物からの情報であれば，目撃者はそれをいとも容易に受け入れてしまい，記憶に取り込んでしまうことも示されてきた。さらに，そのようにして記憶に取り込んだことを目撃者自身は気づかないのである。つまり他者からの情報は，その起源が信用のおける人物や媒体からのものであると，強い同調効果を持つようになる。このような同調効果を防ぐには，捜査の段階で目撃者同士の話し合いを防ぐ方策が必要である。実際の識別においては，複数の目撃者が出会うような施設は使用せずに，目撃者ごとの識別が独立して実施されるような施設が必要になる。またマスコミ等は過剰な事件の報道を避

けるとともに，誤った情報を流さない工夫が求められる。さらに，このような効果を防ぐ方法の開発や，社会的影響を起こすメカニズムの解明が待たれる。

6 帝銀事件と本研究との連関

　本研究は，先にも述べたように帝銀事件の目撃者による人物識別結果に対する外部的な要因の影響を検討するとの問題意識に基づいて実施された。外部的な要因の影響とは，被疑者平沢貞通に対して実施された人物識別において，目撃者の識別結果が，犯人性に対する疑義から犯人性を強く主張する変化をもたらした要因のことである。本研究では，これを他の目撃者（同一銀行内）による情報効果と考えて実証実験を行った。結果は，他者による情報効果は絶大であり，しかも，1週間後においても同調効果は維持され，単に迎合的な反応ではなく，記憶化されることも明らかになった。この結果から，帝銀事件における目撃者による平沢貞通の人物識別結果の変遷に影響を及ぼした要因として，このような他者からの情報効果を指摘することができる。さらに，報道による情報効果も加わっていたことは明らかであるから，こうした外部情報によって目撃者の識別における変遷が生じ，この結果が公判証言まで維持されていたものと考えることができる。心理学的観点に立てば，帝銀事件における目撃者による平沢貞通の識別結果と公判証言の信用性はきわめて疑わしいと言えるだろう。

【謝辞】

　この研究を開始する機会を与えてくださった一瀬敬一郎弁護士に深く感謝いたします。また浜田寿美男教授には，適切なアドバイスをいただきましたことを，感謝申し上げます。

【参考文献】

Asch, S. E. (1951). Effects of group pressure upon the modification and distortion of judgements. In H. Guetzkow (Ed.), *Groups, leadership and men*. Carnegie Press. pp.177-190.

Bartlett, F. C. (1932). *Remembering: A study in experimental and social psychology*. Cambridge, Cambridge University Press.

Betz, A. L., Skowronski., J. J., & Ostrom, T. M. (1996). Shared realities: Social influence and stimulus memory. *Social Cognition, 14*, 113-140.

第 3 部　日本の法心理学研究から

Bradfield, A. L., Wells, G. L., & Olson, E. A. (2002). The damaging effect of confirming feedback on the relation between eyewitness certainty and identification accuracy. *Journal of Applied Psychology, 87*, 112-120.
Carmichael, L. C., Hogan, H. P., & Walter, A. A. (1932). An experimental study of the effect of language on the reproduction of visually perceived form. *Journal of Experimental Psychology, 15*, 73-86.
Deutsch, M., & Gerard, H. B. (1955). A study of normative and informative social influence upon individual judgment. *Journal of Abnormal and Social Psychology, 51*, 629-636.
Dysart, J. E., & Lindsay, R. C. L. (2007). Show-up identifications: Suggestive technique or reliable method? In R. C. L. Lindsay, D. F. Ross, J. Don Read, & M. P. Toglia (Eds.), *The Handbook of Eyewitness Psychology, Volume Ⅱ Memory for people*. LEA. pp.137-154.
Ebbinghaus, H. (1885/1999). *Memory: A contribution to experimental psychology*. New York: Teachers College, Columbia University (Reprinted Bristol: Thoemmes Press, 1999).
Greene, R. L. (1992). *Human Memory: Paradigms and Paradoxes*. LEA.
Hoffman, H. G., Granhag, P., Kwong See, S. T., & Loftus, E. F. (2001). Social influences on reality-monitoring decisions. *Memory and Cognition, 29*, 394-404.
法と心理学会目撃ガイドライン作成委員会（編）(2005). 　目撃供述・識別手続に関するガイドライン　現代人文社
Itsukushima, Y., Hanyu, K., Okabe, Y., Naka, M., Itoh,Y., & Hara, S. (2006). Response conformity in face recognition memory. L-G. Nilsson & N. Ohta (Eds.), *Memory and society: Psychological perspectives*. Psychology Press. pp.166-176.
Kassin, S. M., Ellsworth, P. C., & Smith, V. L. (1989). The "general acceptance" of psychological research on eyewitness testimony: A survey of the experts. *American Psychologist, 44*, 1089-1098.
Kassin, S. M., Tubb, V. A., Hosch, H. M., & Memon, A. (2001). On the general acceptance of eyewitness testimony research: A new survey of the experts. *American Psychologist, 56*, 405-416.
Lindsay, D. S. (1994). Memory source monitoring and eyewitness testimony. In D. F. Ross, J. D. Read, & M. P. Toglia (Eds.), *Adult Eyewitness Testimony: Current Trends and Developments*. New York: Cambridge University Press.
Loftus, E. F., & Ketcham, K. (1991). *Witness for the defense: The acused, the eyewitness, and the experts who puts memory on trial*. St. Martin's Press.
Loftus, E. F., Miller, D. G., & Burns, H. J. (1978). Semantic integration of verbal information into a visual memory. *Journal of Experimental Psychology:Human Learning and Memory, 4*, 19-31.
Loftus, E. F., & Palmer, J. J. (1974). Reconstruction of automobile destruction: An example of the interaction between language and memory. *Journal of Verbal Learning and Behavior, 13*, 585-589.
McCloskey, M., & Zaragoza, M. (1985). Misleading postevent information and memory for events: Arguments and evidence against memory impairment hypothesis. *Journal of Experimental Psychology: General, 114*, 381-387.
Meade, M. L., & Roediger Ⅲ, H. L. (2002). Explorations in the social contagion of memory. *Memory & Cognition, 30*, 995-1009.

Roediger III, H. L., Meade, M. L., & Bergman, E. T. (2001). Social contagion of memory. *Psychonomic Bulletin & Review, 8*, 365-371.

Schneider, D. M., & Watkins, M. J. (1996). Response conformity in recognition testing. *Psychonomic Bulletin & Review, 3*, 481-485.

Steblay, N. M. (1997). Social influence in eyewitness recall: A meta-analytic review of lineup instruction effects. *Law and Human Behavior, 21*, 283-297.

Walter, D. B., Bless, H., Strack, F., Rackstraw, P., Wagner, D., & Werth, L. (2002). Conformity effects in memory as a function of group size, dissenters and uncertainty. *Applied Cognitive Psychology, 16*, 793-810.

Wells, G. L., & Bradfield, A. L. (1998). "Good, you identified the suspect": Feedback to eyewitnesses distorts their reports of the witnessing experience. *Journal of Applied Psychology, 83*, 360-376.

Wright, D. B., Self, G., & Justice, C. (2000). Memory conformity: Exploring misinformation effects when presented by another person. *British Journal of Psychology, 91*, 189-202.

第12章

刑務所から見える犯罪者と刑罰

浜井浩一

1 はじめに

　「犯罪者」という言葉を聞いたときに，どのようなイメージを持つのだろうか。おそらく，テレビドラマで見るような凶悪犯罪の加害者，つまり，普通の人とは違った価値観を持ち，欲望のためなら他人を傷つけても平気なモンスターのような人間像ではないだろうか。たとえば，以前マスコミでよく取り上げられていた光市の母子殺害事件の加害者に対して持っているイメージのような犯罪者である。しかし，凶悪犯罪者は，本当にモンスターのような人間なのであろうか。光市事件の加害者については，自分の行った行為を反省することもなく，「ドラえもんが何とかしてくれる」などとわけのわからない言い訳をしたり，被害者遺族を愚弄するような手紙を知人に出したりするような，非人間的な人物として描かれているが，本当にそんな人物なのだろうか[注1]。

　多くの犯罪者は，裁判やマスコミ報道を通して，極悪非道の人物又は得体のしれない不気味な存在として描かれる。これは，裁判までは，事件が主役であり，警察や検察も裁判においてできるだけ重い罪で有罪を勝ち取るために，人格面を含めて加害者の悪質性を強調して描き，それをマスコミに伝えるためでもある。しかし，当然のことであるが，これは，裁判の証拠としての調書上の

注1：光市事件については，現代人文社編集部（編）『光市事件裁判を考える』現代人文社，2008年，を参照願いたい。

犯人であって，人間としての犯罪者の実像ではない。筆者が少年鑑別所や刑務所で殺人事件を起こした犯罪者と出会って最初に驚いたことは，彼らの起こした事件の残虐性と目の前にいた加害者とのギャップであった。筆者が刑務所等で出会った凶悪事件の加害者の多くは，おどおどしていて気が小さく弱々しい感じの人が多かった。ほとんどは，人から愛された体験に乏しく，そのため他人に心を許せず，人とうまく接することができず，未熟で小心，衝動的であるがゆえに，取り返しのつかない事件を起こしてしまった人たちであった[注2]。

筆者は，現在，大学で犯罪学を研究する研究者であるが，もともとは，法務省に所属していた実務家であった。法務省では，少年鑑別所，少年院，刑務所，保護観察所などで犯罪者や非行少年の処遇（更生支援）を担当したほか，法務総合研究所で犯罪白書の執筆も経験した。そのため，筆者は，犯罪学のなかでも，犯罪者処遇や犯罪統計の分析を専門としている。そこで，本稿では，犯罪者の実像を統計や刑務所などでの実務経験をもとに描いてみたい[注3]。

2 刑事司法の専門家による犯罪者像の違い

犯罪や犯罪者に関わる実務家としては，警察官，検察官，裁判官のほかに法務教官・心理技官や刑務官などの矯正職員，保護観察官などがいる。この中で，判決以前に関わる警察官・検察官・裁判官といった分野の人と判決後に関わる矯正職員や保護観察官では，犯罪者に対するイメージが大きく異なることが多い。簡単に言うと，裁判前に関わる専門家は，犯罪者を事件の加害者としてみているが，その後に関わる専門家は，犯罪者を（更生させるべき）一人の人間としてみているということである。これは，どうしてなのか？

答えは簡単である。判決前に関わる専門家（法曹）にとって重要なのは事件であり，加害者本人は処罰を受ける対象であると同時に証拠の一つにすぎない。これは，刑法の世界では，加害者の加害（犯罪）行為とその罪責[注4]が最も重

注2：光市事件の加害者も，母親とともに父親からの暴力に苦しみ，母親は自殺，本人がそれを発見している。
注3：刑務所や受刑者の実像については，刑務所モノグラフである浜井浩一『刑務所の風景』日本評論社，2006年，を参照願いたい。
注4：刑法の論述問題では，よく犯罪事例を読ませて，「○○の罪責を論ぜよ」という設問が問われるが，これは，設例のどの行為が何罪を構成するのかという構成要件要素を論是させる問題である。

要な要素となるからである。もっと大胆に言えば，裁判実務において最も重要視されるのは，残念ながら加害者本人ではなく，加害者の行為（及び罪責）について，加害者の供述に基づいて作られた証拠としての調書なのであり，それに基づいて判決が下される。だから，自分が裁判を受けている自覚さえなく，何を聞かれても満足に返答できない 80 歳で認知症の高齢者であっても，密室でとられた調書が理路整然として書かれている限り，何の問題もなく懲役刑が言い渡される。重要なのは，目の前の被告人ではなく，証拠として採用された調書の内容や調書間又は調書と他の証拠との整合性である。したがって，司法・検察の関心は調書に代表される証拠書類に向けられる。そのため，司法・検察統計も事件（件数）を中心に作られている[注5]。

　これに対して，判決後に関わる専門家にとって重要なのは，加害者本人がどのような人物であるかということにある。刑務所や保護観察所は事件を処理するところではなく，犯罪者という一人ひとりの人間を処遇し，更生させることが仕事である。そのため，矯正・保護統計も人を単位として作られている。ある意味，矯正職員や保護観察官にとって，事件そのものは，刑期，性別，年齢といった処遇上配慮を要する本人の属性の一つにすぎない[注6]。こうした役割の違いが，犯罪者や犯罪に対する考え方の違いに結びついている。同じ，刑事司法関係者といっても，行政的なつながり（各種協議会）を除くと，実務上の交流はあまりなく，残念ながらお互いの仕事の中身をよく知らないのが現実である[注7]。このことは，裁判員制度が始まる前の模擬裁判において，裁判員役の市民から刑務所での処遇や仮釈放について質問された現職の裁判官がほとんど何も答えられなかったことによく表れている。日本の刑事司法の最大の問題点の一つは，官僚機関にありがちな縦割り行政にある。犯罪者は，警察に捕まり，検察に起訴され，裁判所で実刑判決を受け，刑務所に収容され，仮釈放に

注5：最近，地検特捜部での強引な調書の作成や知的障がい者の調書などが問題となり，取調べの可視化についての議論が始まっている。
注6：ただし，最近は，被害者の視点を取り入れた教育など，被害者を意識した犯罪者処遇が求められるようになってきたため，教育内容や仮釈放などにおいても，事件そのものの比重が重視されるようになってきた。
注7：イギリスでは，こうした縦割りの対応を改め，多角的に少年非行対策を行うため，1998 年に法改正を行い，地域単位に，各行政機関から期限付きで派遣された警察官，保護観察官，ソーシャルワーカー，教員などから構成される少年犯罪対策チームを作っている。

なると保護観察所の指導を受ける。しかし，これらの刑事司法機関は，同じ犯罪者を処遇しているにもかかわらず，独立して業務を遂行し，ほとんど連携をしていない。実は，刑事司法機関は，必ずしも最終的目標を共有していない。日本の憲法や刑法には，刑罰の目的を規定した条文が存在しない。日本の刑罰は，裁判までは応報が主要な目的であり，最終的な目的として，犯罪者を更生させることで再犯を防止するという目的が刑事司法機関の間で共有されていない。だから日本の検察官や裁判官や弁護士は，判決を下すと「これにて一件落着」となってしまい，その後には何の関心も持たないのである。そうした無関心が，後で述べるような刑務所の福祉施設化を招いている。

3 刑事司法の専門家が持つ偏見

加えて，警察官，検察官や裁判官は，日常業務の中で更生できなかった人ばかりと接し，更生した人とは二度と会うことがないことを指摘しておく必要がある。『平成19年版犯罪白書』が示したように，罰金刑を含めて一度有罪判決を受けた人の70％は再犯をしない。検察官や裁判官は，この70％の人に二度と会うことはない。彼らが日々の業務の中で出会うのは，再犯をした30％の人たちだけである。当然，再犯者ばかりを目にするため，犯罪者は再犯を繰り返す傾向が高いと思いこんでしまう。これは，実は，刑務官も同じである。累犯刑務所の刑務官は，何度も受刑を繰り返す犯罪者ばかりを見ている。また，刑務官の中には，少年院を出てもちっとも更生しないと思っている人が少なくないが，これは刑務所で出会う犯罪者の中に少年院歴のある者がいるからである。しかし，これは偏ったサンプルと接することによる錯覚（偏見）である。

法務省のデータによると少年院を出て再び少年院または刑務所に収容される人は約3割である。ここでも70％の人は更生している。警察官，検察官，裁判官，刑務官といった刑事司法の専門家は，専門家ゆえに偏った経験を持ち，再犯を繰り返しては自分たちのもとに戻ってくる犯罪者たちを見て，知らず知らずのうちに偏見を持つようになるのである。刑事司法の専門家の中で，更生した人を見る機会があるのは，社会内処遇を担当する保護観察官や保護司たちだけである。こうした違いが，同じ刑事司法の専門家であっても，犯罪者に対する姿

勢の違いを生み出すのである。

4 刑罰の持つ逆進性

　最初に，犯罪者のうちどのような人が受刑者となるのかを確認しておこう。警察に検挙された約150万人のうち，受刑者となるのは3万人弱であり，受刑者は，犯罪者のごく一部にすぎない。つまり，刑事司法手続の各段階で選抜された犯罪者が受刑者となる。といっても，犯罪者の中のエリート（悪の中のワル）が刑務所に送られると考えるのは短絡的である。一般的に，家族や仕事があり社会基盤がしっかりしている者や，経済的に豊かな犯罪者は，弁護士の支援も受けやすく，被害弁償を行うことで示談を得やすい。教育水準の高い者は，コミュニケーション能力も高く，取調べや裁判の過程で，警察官や検察官，裁判官の心証をよくするために，場に応じた謝罪や自己弁護等の受け答えができる。その結果，こうした人々は，起訴猶予，略式裁判（罰金），執行猶予を受けやすく，よほどの重大（または著名）事件または累犯者でなければ実刑判決にはなりにくい。

　これに対して，受刑者の多くは，無職であったり，離婚していたりと社会基盤が脆弱である者が多い。さらに，教育水準やIQが低く，不遇な環境に育ち，人から親切にされた経験に乏しいため，すぐにふてくされるなどコミュニケーション能力に乏しい者が多い。当然，刑事司法プロセスの中では，示談や被害弁償もままならず，不適切な言動を繰り返し，検察官や裁判官の心証を悪くしがちである。その結果，判決では，まったく反省していないとみなされ，再犯の可能性も高いとして実刑を受けやすい。刑罰が強い逆進性[注8]を持つのはこうした仕組みに原因がある。

　また，社会的弱者が実刑となりやすいもう一つの要素は，彼らが累犯化しやすいためである。高齢者が万引きをしたケースでは，前科がない場合には，警

注8：逆進性とは，消費税率を例にあげると，税率が上がると低所得者ほど収入に対する食料品などの生活必需品購入費の割合が高くなり，高所得者よりも税負担率が大きくなるということをいう。ここでは，刑罰水準が引き上げられると，低所得者などの社会的弱者に富裕層よりも大きな負荷がかかることを指している。たとえば，富裕層にとって50万円の罰金は問題なく納付することができるが，生活保護世帯で50万円の罰金の納付は困難であり，罰金が納付できなければ，労役場留置となり刑務所に収容される。

察段階で微罪処分となることも多く，いきなり起訴にはならないし，たとえ示談の取れない状態で起訴されても実刑の前科がなければ執行猶予が付く可能性は高い。ただ，前述のように日本の刑事司法，特に刑事裁判までは，被疑者・被告人の更生をほとんど考慮しないため，起訴猶予や執行猶予の処分をした後は何の介入も支援もない。なおかつ，司法が三権分立の建前からか，孤高を保とうとするあまり，福祉をはじめ他の行政機関と連携することがないため，高齢のホームレスであっても執行猶予判決後に福祉につなげることはしない。しかし，そもそも高齢者や障がい者は，困窮や社会的孤立から罪を犯したケースが多いため，いくら本人たちが反省した上で社会に戻っても，貧困や孤立といった根本的な問題が解決していなければ再び罪を犯して刑事司法手続の中に戻ってくることが多い。再犯を繰り返しているうちにいずれは実刑となり，実刑となることでさらに社会とのつながりが希薄となり，社会から孤立し，累犯者となる負のスパイラルに陥りやすい。日本の刑事司法はある段階（前科が付いた段階）から累犯加重を機械的に適用するため，一度実刑になると，あとは累犯者として機械的に実刑となってしまう。こうした傾向は窃盗罪で顕著であり，窃盗の前科があれば，たとえ空ビール瓶窃盗の現行犯で実質被害がなくてもほぼ自動的に実刑となる。

　こうした現象を引き起こしている問題の所在としては以下の3点を指摘することができる。

①刑事司法における更生の不在（日本の刑罰は応報を基本としているため，起訴・裁判といった刑事手続に更生という視点が欠如している）。

②刑事司法と福祉の連携の不在（刑事司法が他の社会システムから孤立しているため，生活困窮が原因で万引きを繰り返している人を福祉につなぐシステムが存在しない）。

③福祉の不在（罪を犯した人に対する支援を福祉が自分たちの責務だと認識していないため，刑を終えた人に対して福祉的支援が届きにくい）。

5　平均的受刑者像

　さて，それでは，この事実を踏まえつつ，統計を通して受刑者の平均像を見

てみよう。

　まず，最近の受刑者人口の推移を見ておこう。図12-1は，新たに確定した受刑者（以下，新受刑者という）人員と年末受刑者人員の推移を見たものである。地下鉄サリン事件のあった1995年以降，社会不安を背景とし刑事司法は厳罰化に舵を切り，それまで減少傾向にあった新受刑者人口は増加に転じ，2000年以降は，定員を超えた過剰収容が続いていた[注9]。しかし，裁判員裁判の開始を目前にした2006年以降は，厳罰化傾向にも緩みが見られ，現在は漸減傾向にある[注10]。図12-2は，新受刑者の増加を年齢層別に見たものである。近時，高齢受刑者の増加が顕著であり，新受刑者が減少し始めた2006年以降も高齢者に限っては漸増傾向にある。ちなみに，新受刑者の高齢化がこれほどまでに進んでいるのは先進国で日本だけである。

　わが国では1990年代後半ぐらいから，マスコミ報道にあおられて，多くの市民が，治安が悪化したと感じている[注11]。しかし，図12-3にあるように，

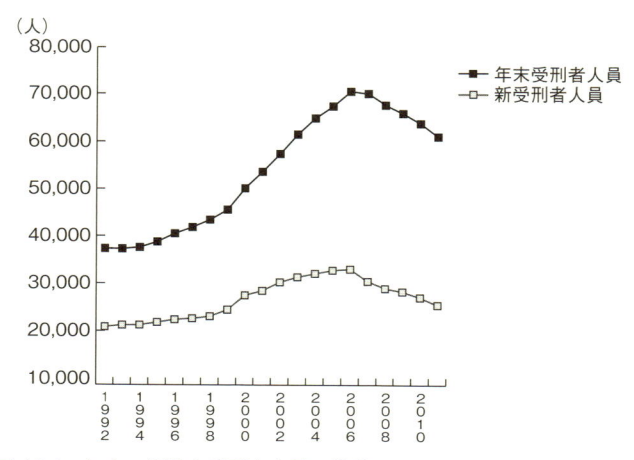

図12-1　年末・新確定受刑者人員の推移（出典：矯正統計年報による）

注9：過剰収容の原因は，新確定受刑者の増加と刑の長期化によるが，最近は，検挙人員の減少によって，新確定受刑者の伸びが減少しつつあり，刑務所人口の増加もやや緩やかになっている（浜井浩一「過剰収容の原因と背景にあるもの」『刑法雑誌』2006年，45巻，479-491.）。
注10：基本的に新受刑者人員は正式な裁判を求めて検察官が起訴する公判請求人員の影響を受ける。2006年から公判請求人員が減少しているため，新受刑者人員も連動して減少している。
注11：2002年をピークに認知件数ですら減少の一途をたどっているにもかかわらず，最新の内閣府の世論調査（2012年8月16日）によるといまだに治安が悪化していると思っている人が81％もいる。

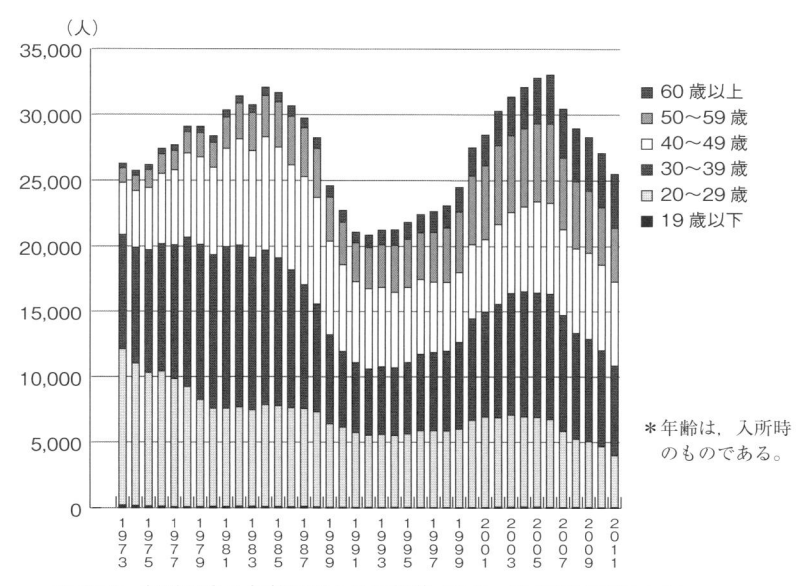

第 12 章　刑務所から見える犯罪者と刑罰

図 12-2　新受刑者の年齢層別人員の推移（出典：矯正統計年報による）

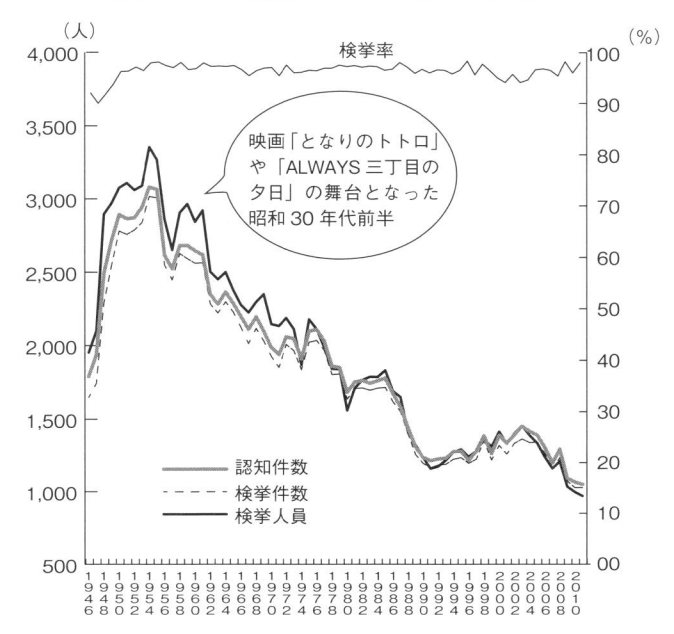

＊年齢は，入所時のものである。

図 12-3　殺人の認知件数等の推移（出典：警察庁の統計による）

（吹き出し）映画「となりのトトロ」や「ALWAYS 三丁目の夕日」の舞台となった昭和 30 年代前半

1950年半ば以降，未遂を含めた殺人事件は一貫して減少傾向にあり，犯罪の被害に遭い死亡する人の数は減少傾向にある。さらに，窃盗などの財産犯も2002年以降は減少傾向にある。これは，少子・高齢化に向かう社会としては当然の現象でもある。犯罪をライフコース（年齢）的に見た場合，犯罪活動が最も活発なのは25歳までの若年層であり，年齢を経るごとに犯罪を起こしにくくなる。つまり，少子・高齢化は，犯罪を起こしやすい年齢層が減少し，起こしにくい年齢層が増加することを意味しており，全体として犯罪は減少するのが自然である。最近の日本においても，若年層を中心に犯罪を起こして検挙される人員が減少している。

しかし，その一方で，1990年代後半から，中高齢層の検挙人員が，人口比で見ても急激に増加している。その背景には，経済成長の減速，少子・高齢化によるセイフティーネットの破綻や格差社会の進行がある。少子・高齢化の中で，犯罪の総量は減少傾向にあるが，同時に進行する貧困や社会的孤立の広がりによって中高齢層を中心に犯罪者として検挙される者が増加している。彼らは，前記のように社会基盤が脆弱で累犯化しやすいがゆえに実刑を受けやすく，図12-2に示したように，新たに刑務所に来る高齢受刑者が増加している。加えて，有期法定刑の上限が20年から30年に引き上げられるなど厳罰化によって長期刑を言い渡されるものが増えたため，刑務所の中で年老いていく受刑者が増加し，それが受刑者人口の高齢化に拍車をかけている。

また，中高年による犯罪の増加は，人口の高齢化だけが原因ではない。ここで，中高年による犯罪の増加を少し詳しく人口比で見ておこう。図12-4は，25歳以上の者について人口1,000人当たりの年齢層別窃盗犯検挙人員を1970年から2010年まで約5〜10年間隔で見たものである。図12-4にあるように，1970年の時点では，年齢を経るごとに人口当たりの検挙人員が減少している[注12]。先に述べたように，犯罪は加齢に伴って収束し，高齢者ではほとんど検挙される者がいないのが一般的である。ところが，2000年以降は，加齢

注12：ちなみに，1980年と1990年を比較した際に全体として人口比で見た検挙人員が減少しているのは，1988年に就任した金澤警察庁長官が，検挙率を上げることを目的とした自転車盗などの軽微な窃盗事件を積極的に検挙する方針を改めた効果が大きい。つまり，窃盗の検挙人員のなかでも大きな割合を占める自転車盗の検挙人員が，金澤長官の指示によって大きく減少したため，人口当たりの検挙人員が減少したのである。

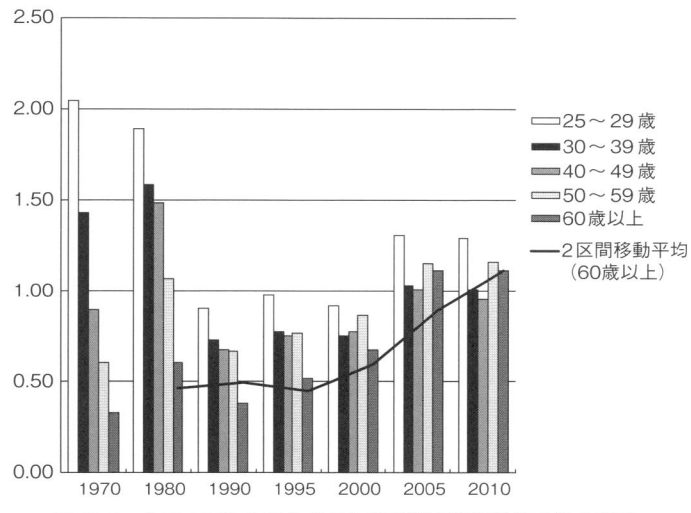

第12章　刑務所から見える犯罪者と刑罰

図 12-4　人口 1,000 人当たりの年齢層別窃盗犯検挙人員の推移
（出典：警察庁及び総務省の統計による）

による検挙人員の減少率が減衰し，2005 年には，ついに 30 歳以降の人口当たりの検挙人員の減少が完全にストップしている。実はこうした現象が起きているのは先進国でも日本だけである。60 歳以上の高齢者については，近時，増加傾向さえ認められる。また，2005 年以降は，25 歳以上のすべての年齢層で人口当たりの検挙人員が増加しているが，実は，25 歳未満の若年層は増加していない。つまり，最近の日本における高齢者犯罪の急激な増加は，単に高齢者が増えたためだけではなく，加齢による犯罪抑止効果が消失したこと，言い方を変えれば，日本社会の中で，青年期以後の中高年の犯罪を増加させるような何かが起こったか，あるいは，彼らの犯罪の発生を抑制するような何らかの条件が消失したことを意味している。

図 12-5 は，新受刑者の就業状況を見たものである。年々，受刑前に無職であった者（特にバブル崩壊後）が増加傾向にあるのがわかる。また，図には示さないが，同じように，離婚等によって配偶者のいない者が増加傾向にある。前述のように刑罰には消費税以上に強い逆進性があり，厳罰化に舵を切り始めた 1995 年ぐらいから，無職者，単身者（孤独者）を中心に受刑者の増加が顕著に認められる。

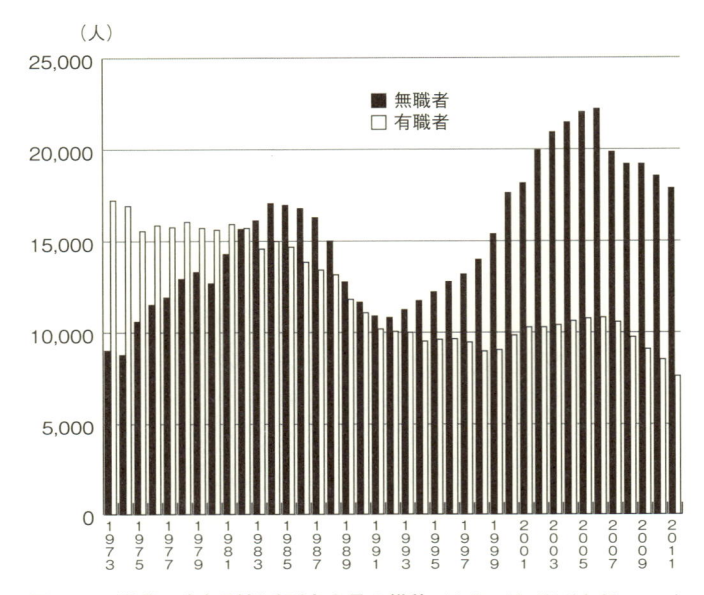

図 12-5　職業の有無別新受刑者人員の推移（出典：矯正統計年報による）

　図 12-6 は，新受刑者の IQ 分布の推移を見たものである。IQ でみると新受刑者の 25% 前後の者が知的障がいの基準とされる 70 未満のレベルにあり，精神障がいを有する受刑者も近時増加傾向にある。

　さらに，図 12-7 は，満期釈放者の帰住予定地の構成比の推移を見たものである。しだいに「その他」の割合が増えているのがわかる。「その他」以外の選択肢を見ればわかるように，帰る場所のある受刑者については，考えられる帰住先はすべて選択肢に含まれている。つまり，「その他」に含まれるのは，その一部に退去強制となる外国人，措置入院，病院保護など本人の希望とは関係なく帰住先が指定される者が含まれるが（また，漠然と暴力団事務所に帰住すると回答した者も，ここに計上されることがある），その多くは，帰住先が未定の者である。「その他」が増えている大きな理由の一つとしては，満期釈放になりやすい身寄りのない高齢受刑者が増加していることをあげることができる。

　仮釈放者と比較して，満期釈放者は，3 年未満の早期に再犯に至っている者が多い。図 12-8 は，65 歳以上の高齢受刑者の再犯パターンについて見たもの

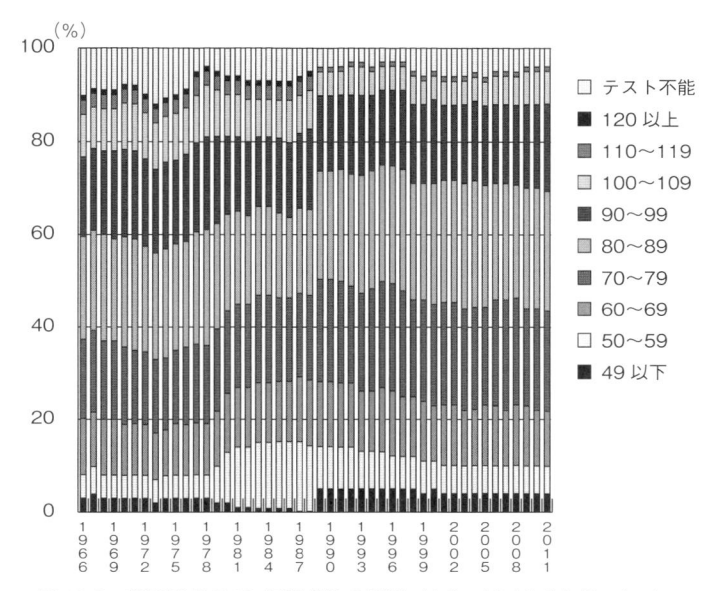

第 12 章　刑務所から見える犯罪者と刑罰

図 12-6　新受刑者の IQ 別構成比の推移（出典：矯正統計年報による）

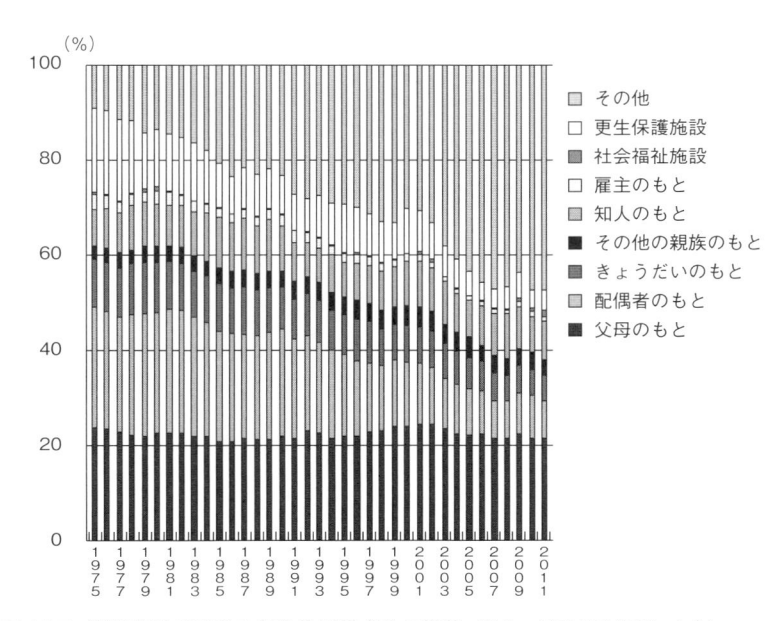

図 12-7　満期釈放受刑者の帰住先別構成比の推移（出典：矯正統計年報による）

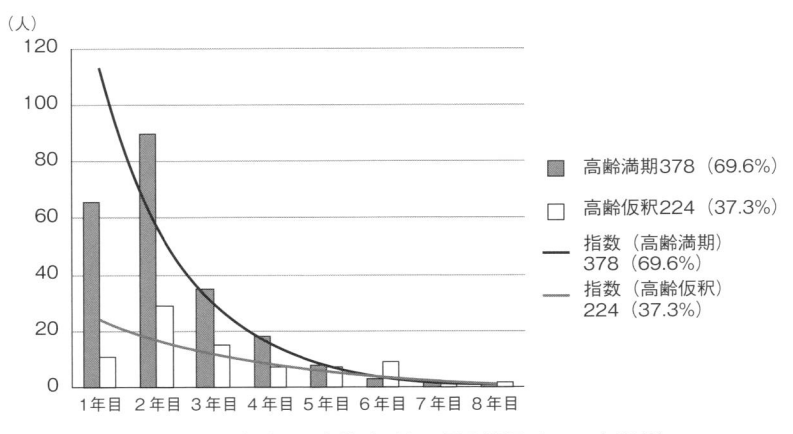

図 12-8　65 歳以上の高齢受刑者の再入状況〈1996 年釈放〉
(出典:法務総合研究所研究部報告 37 による)

である。満期で出所する高齢受刑者の多くが短期間で再犯に至っているのがよくわかる。また,『平成 19 年版犯罪白書』が再犯を特集しているが,それによれば,近年,中高齢層の再犯率に上昇傾向が認められるなど,日本社会がしだいに犯罪者にとって更生の困難な社会になりつつあることが統計的にも確認されている。

　以上,受刑者を統計的に見た場合,社会的基盤が脆弱で,いわゆる社会的弱者に分類される者が多く,それゆえに,社会に受け皿が見つからず,再犯に至る悪循環に陥っていることが理解できたのではないだろうか。

　では,少し具体的な犯罪者像を見てみよう。

6　人はなぜ犯罪者となるのか

　犯罪者を理解するためにおさえておかなくてはならない事実に,犯罪者(前科のある者)の 7 割以上は,再び前科がつくような再犯をしないということがある。前述のとおり,『平成 19 年版犯罪白書』によると,検察庁の犯歴データから抽出された犯罪者のうち,調査期間内(人によっては 50 年間)に再犯によって有罪判決を受けた者は 3 割弱であった。同じように,少年院を出た者のうち,再び少年院や刑務所に収容される者も 3 割に満たない。つまり,少年院

第 12 章 刑務所から見える犯罪者と刑罰

に収容された非行少年が，将来そのまま刑務所に入るわけではなく，少年院に入る者と刑務所に入る者の重なりは，一般の人が思う以上に小さい[注13]。

また，同じ犯罪者であっても少年と成人では，その犯行形態は大きく異なる[注14]。少年非行の多くは，重大事件を含めて少年期特有の心理的，社会的不安定さからくる一過性のものが多い。少年非行の特徴は，単独犯の場合には，思春期独特の心理的な問題や発達障がい[注15]などの何らかの障がいを抱えている場合が少なくない。場合によっては，深刻な親子間葛藤や虐待を抱えているケースもある。その一方で，集団非行の場合は，暴走族などの不良集団を背景にしている場合が多い。知的能力や家庭環境の負因などから学校生活にうまく適応できず，周囲の不良集団に居場所を求め，仲間と一緒になって，遊び半分や集団の勢いから，ひったくり，シンナー吸引，暴行，恐喝，強盗を繰り返してしまう。いずれの場合も，手口などは不良仲間内の口コミで伝わっていく場合が多く，一見，計画的で，大人顔負けで狡猾な犯行に見える場合もあるが，内実は，幼稚でずさんな手口を短絡的に繰り返していることが多い。

これに対して，成人の犯罪者の場合には，仕事や家族といった居場所を失い，社会的に孤立する中で，生活に困窮して犯行に至るケースが多い。強盗事犯などはこの典型であり，少年と成人とでは，事案の形態がまったく異なる。少年の場合には，強盗は不良交友の延長線上にあり集団を背景としたひったくりや万引き，暴行・恐喝が，勢いから強盗にエスカレートするケースが多いが[注16]，成人の場合には，経済的な困窮，特に多重債務を背景とし，思いつめたうえで

注13：もちろん家庭環境が劣悪で，初発非行の早いタイプの中には，児童自立支援施設から初等少年院，中等・特別少年院，少年刑務所，刑務所と犯罪者の王道を歩む者も一定数いることも事実である。彼らの多くは，愛情体験が極端に不足していたり，トラウマが大きすぎて，少年院での育て直しも効果が出にくく，情緒的に不安定な者が多い。そのため，一般社会はもとより，暴力団などの反社会的な集団のなかでも安定した人間関係を築けず，矯正施設が主たる居場所になってしまいやすい。

注14：日本の犯罪の特徴は，検挙人員に占める少年の比率が40%程度と他の先進国よりも高いことにある。これは，裏返せば，青年を含めて成人による犯罪の比率が非常に低いことを意味している。日本の治安が良好な大きな原因は，少年非行が20歳までに収束し，青年層の犯罪発生率が低いためでもある。

注15：発達障がいを持つものが犯罪者になりやすいわけではない。発達障がいに対する不適切な対応が犯罪を間接的に誘発する場合があることを指摘しているだけである。その証拠に重大事件を起こした発達障がいを持つ少年は，そのほとんどで事件後に障がいが判明している。

注16：マスコミで取り上げられる親父狩りのような路上強盗は意外と少ない。また，少年非行は，彼らの生活圏を超えないものがほとんどであり，親父狩りをする少年はサラリーマン家庭に育った者が多い。

の，郵便局やコンビニ強盗などの単独犯が多い。

7 受刑者の採用面接

さて刑務所の風景を一つ紹介しておこう。次の218〜219頁は2003年頃刑務所に勤務していたときに筆者が体験したワンシーンである。このシーンは決して誇張して記述したわけではない。治安悪化が叫ばれ，刑務所が過剰収容になっていた時代，刑務所の中では日々こうしたシーンが繰り返されていた。

当時，刑事法学者の中には，刑務所が過剰収容になっていること自体が，治安が悪化している証拠であるとまで主張する者がいたが[注17]，現実の刑務所の中は，ここに示したようなハンディキャップを抱えた社会的弱者であふれかえっていた。日本における実刑のほとんどは懲役刑である。受刑者には刑罰としての労働が課せられる。そのため，刑務所は巨大な工場でもあり，当時の筆者の仕事には，工場就業者としての受刑者の人事管理も含まれていた。刑が確定した受刑者を全国の刑務所に異動させ，また，刑務所内の工場に配置していかなくてはならなかった。しかし，当時の刑務所は，過剰収容にあえぐ一方で，所内の各工場は人手不足にあえいでいた。どうしてか。それは，受刑者のほとんどが，このシーンに登場するような人たちで，普通に働ける人がほとんどいなかったからである。

8 増加する高齢受刑者と刑務所での死亡

現在の日本における刑事政策上の最大の問題は，凶悪犯罪の増加でも，非行の低年齢化でもない。そんな現象が起きているのは，テレビや新聞といった世界の中だけの話である。三次元の現実の世界では，少子化によって（犯罪の最大の担い手である）青少年が減少しているため，殺人は戦後最低を更新，非行少年の減少によって少年院は統廃合されつつある。

注17：この主張は，因果関係に錯誤が存在する。治安が悪化したと勘違いした当局が厳罰化をしたため過剰収容になったのが事実である。当時，殺人の認知件数も被害者数も減少傾向にあり，日本の治安が悪化していたという事実は存在しない。詳しくは，浜井浩一『実証的刑事政策論』（第1部）2011年，岩波書店を参照されたい。

第 12 章　刑務所から見える犯罪者と刑罰

しかし，先に述べたように，高齢犯罪者の増加が大きな問題となっている。高齢犯罪者は，最近 20 年間で総人口高齢化の 3 倍近いスピードで増加している。高齢者犯罪を特集した『平成 20 年版犯罪白書』を見ると，社会的に孤立し，生活に困った高齢者が万引きや無銭飲食などを繰り返し，被害弁償もできず，引受人もいないため実刑となる姿が見えてくる。実刑となった高齢者は，受刑することでさらに社会とのきずなが弱まり累犯者となる。まさに負のスパイラルがそこにある。そして，その結末に存在するのが，図 12-9 に示したように刑事施設で死亡する高齢被収容者の急増である。そこから見えてくるのは，社会に居場所がなくなり受刑し，刑期満了後も行き場がなく，再び刑務所に戻ってきて，最後は刑務所で人生を終えていく高齢者の姿である。

　刑務所は，社会の中で唯一収容を拒否したり，たらい廻しをしたり，途中で追い出したりできない施設である。福祉を中心とするセイフティーネットが十

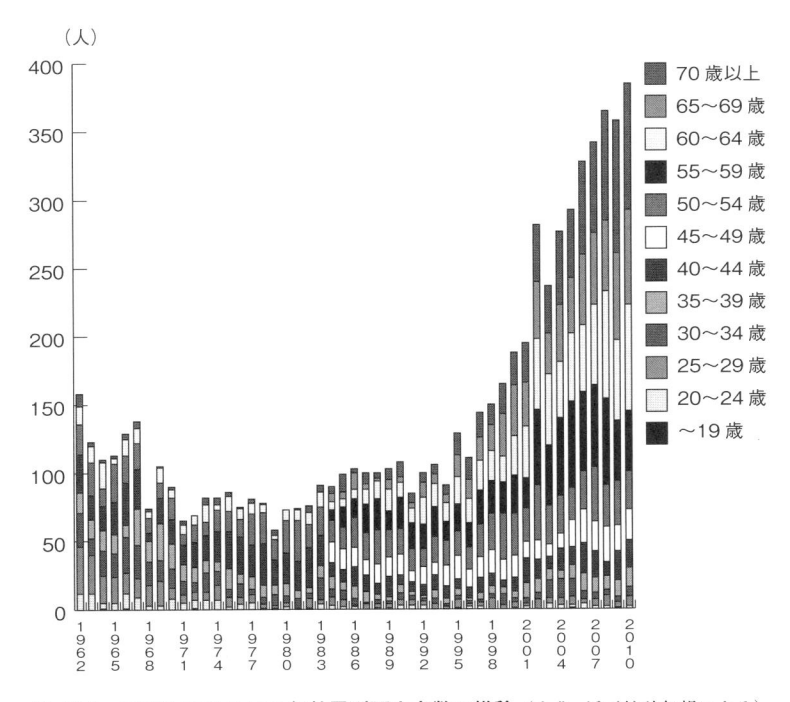

図 12-9　刑事施設における年齢層別死亡者数の推移（出典：矯正統計年報による）

第3部　日本の法心理学研究から

受刑者の配役を決める処遇審査会（受刑者採用面接）

　面接会場のドアが開く。受刑者が一礼して「入ります」といった後，書記担当の副看守長が「椅子の前に行きなさい」と指示すると，受刑者はよろよろと行進しながら椅子の前に行き，「111番刑務所太郎」と申告する。それを見ていた議長（分類審議室長）が「何だ，その行進は。もっとしゃんとせんか。やり直し」と怒鳴る。再びドアに戻ろうとする受刑者を制止し，考査統括が「室長。彼は脳梗塞の後遺症で左足に麻痺が残っているので……」と割って入る。すると室長は，「そうか。だったらしょうがないな。まあいい。座りなさい。しかし，そんな身体じゃ刑務所は辛いだろう。新入訓練はちゃんとできたか？」と受刑者に向かって問うと，受刑者は「はい。しんどかったです。でも，まだ身体は動きます。掃除でも何でも使ってください」とはっきりした声で返事をする。室長は「お前なー，その年と身体じゃ刑務所はつらいだろう。もういい加減に懲りろよ」とあきれ顔でいう。
（その後，処遇部門の統括をはじめ各部門の幹部が10分程度質問をする）
　受刑者が面接を終えて，部屋を出て扉が閉まった後で，考査統括が「111番刑務所太郎」というと，工場を統括している処遇統括が「15工（養護工場）お願いします」と室長に向かって提案。これを受けて室長が「15工か。階段は大丈夫か」と問うと，処遇統括が「手すりを使えば何とか歩けます」と答え，最後に室長，「気をつけて使ってやりなさい」と指示。

　再び副看守長「次，入れ」とドアの外の待機室に声をかける。ドアが開く。受刑者が何もいわず，一礼して，副看守長の指示を待たず入室しようとする。副看守長が「挨拶はどうした。『入ります』だろ」と指示すると，彼は言葉の意味が理解できず，戸惑った表情を浮かべながら，ドアの外に立っている刑務官を振り向く。その刑務官に小声で「入ります。といいなさい」と指示されると，今度はわかったのか，片言の日本語で「ハイリマス」といって，懸命に手を振りながら行進して入室。椅子の前に来ると，再び片言の日本語で「ロッピャクロクジュウバン・リュウデス」と申告する。室長が「劉なんだ」と聞くと，おろおろしながら黙っている。考査統括が「室長。国対Fです（日本語が話せない外国人のこと）」というと，「そうか。しょうがないな。おい，日本語わかるか。身体の調子はどうだ」と聞くと「少し，少し」とニコニコしている。処遇統括が，身振りを交えながら「からだ，病気，大丈夫か？」というと，やっとわかったのか「うんうん」とうなずいている。室長も，それ以上質問してもしょうがないと思ったのか。「規則を守って頑張りなさい。わかったな」と言い渡し，引き上げさせる。受刑者が部屋を出た後。

考査統括が,「660番劉です」というと,処遇統括が「8工お願いします」と提案。室長「8工場か。日本語を早く覚えさせなさい」。

　次に面接会場に入ってきた受刑者は,少し緊張しているのか表情がこわばっている。震える声で「213番刑務所二郎です」と申告して着席する。室長が「刑務所は三回目か。どうだきちんと働けそうか。」と聞くと,苦しそうな表情で「電波を通して声が聞こえるんです。前回入っていた刑務所が,いろいろと自分の悪口を電波で流しているので,それを止めさせてください。」と訴える。室長がやや困ったような表情で「わかった電波の件は考えておくから,電波を気にせず作業に集中しなさい。電波以外には問題はないな？」と言うと,「電波さえなくなれば,だいじょうぶです。がんばってみます。」と回答。受刑者が部屋を出た後。考査統括が,「213番刑務所二郎です」というと,処遇統括が「7工お願いします」と提案。室長「7工場か。幻聴の方はだいじょうぶか。担当に十分注意して使うようにいっておきなさい」。

　再び副看守長が「次,入れ」と指示。ドアが開く。今度の受刑者は大声を張り上げて「入ります」と挨拶し,指示どおり椅子の前でさらに声を張り上げて「555番刑務所三郎です」と申告。副看守長の指示で着席した受刑者に,室長が「何回目の刑務所だ」と質問すると,耳を議長の方に向けながら「えっ？ちょっと耳が遠くて,聞こえないです。もう一度お願いします」と答える。再び室長が「難聴か」といいながら,大声で「今度は聞こえるか。何回目の刑務所だ」と聞くと,やはり聞こえないのか,悲しそうな表情で「すいません。まだ聞こえません」との返事。進行係の副看守長が席を立って受刑者の耳元で「刑務所は何回目だ」というと,やっとわかったのか,嬉しそうに「お恥ずかしい話ですが。10回目です」と返事。

　20人の面接審査が終わった後,室長は「今日も一段とひどかったな。ちゃんと働ける,まともな受刑者はいないのか。これじゃ刑務所の作業はもたんぞ」とあきれ顔で席を立とうとしたので,すかさず担当幹部が「室長,この人たちはまだ良い方ですよ。この場に出てこられない人が一杯いるんですから。」と追い討ちをかける。

(浜井浩一・芹沢一也『犯罪不安社会』2006年,光文社から抜粋)

分に機能せず，社会が排他的になれば，居場所を失った人々が最後に行き着く場所が刑務所である。社会の中に居場所を作れなければ，回転ドアのように受刑者は刑務所に戻ってきて，最後は刑務所で死を迎えるしかない。

9 刑罰は何も解決しない

　罪を犯した高齢者や知的障がい者が犯罪を繰り返すのは，彼らのモラルが低いからではなく，そこに，経済的困窮と社会的孤立が存在するからである。にもかかわらず，厳罰化によってこうした問題に対処しようとすることは，経済的困窮や社会的孤立という問題をモラルの問題にすり替えて，問題を起こした人に犯罪者というレッテルを貼って，社会からつまみ出しているだけである。そもそも厳罰化すると犯罪が減るというのは科学的根拠のない幻想である。不況下に刑罰を強化するとどうなるのか。日本の刑事司法が厳罰化へと大きく舵を切った1995年ごろから，仕事や家族を失った人々が次々と刑務所に送り込まれるようになってきた。高齢受刑者が急激に増加し始めたのもこの頃からである。そして，厳罰化によって罰金が高額化したため納付することができず労役場留置となり刑務所へ収容される者も増加した。経済的困窮や社会的孤立から万引きや無銭飲食をした者を実刑にし，累犯者にしてしまったのが厳罰化の本当の姿であった。消費税と同様に刑罰を引き上げると低所得者を中心とする社会的弱者ほど打撃を受けやすい。

10 社会的包摂かそれとも排除か

　結局，刑務所の中に高齢者や障がい者が増えているという問題は，罪を犯した人をモラルの問題として，個人の問題に還元していまい，彼らを社会的に排除することで問題を解決しようとするのか，それとも，罪の背後にある社会的な問題に目を向け，罪を犯した人を支援し，罪を犯さざるをえない状態から救い出すことで問題を解決しようとするかという社会の姿勢の問題である。前者を支持する人は，罪を犯す人を自分たちとは異質な存在と考え，後者を支持する人は罪を犯すことを自分たちの問題と考える。そして，支配階層にいる人に

とっては，罪を犯した個人を自己責任と切り捨ててしまう方が安上がりで都合がいいのである。しかし，罪を犯した高齢者に道徳教育を行っても何の問題も解決しないのは明らかである。

11 罰して終わりの日本の刑事司法

そして，現在の日本は，犯罪を個人のモラルの問題と考える。だから，食べ物の万引きや無銭飲食といった比較的軽微な犯罪であってもそれを繰り返す人に対しては，反省が足りない，懲りていないと考えて重い刑罰を科す。そうして実刑となった受刑者が日本の刑務所にはたくさんいる。他人が自宅の外に置いた空ビール瓶を持って行ってしまう知的障がい者は，確かに刑法上は窃盗罪を構成する行為を繰り返しているが，その本当の原因は，モラルの乏しさではないし，刑罰によって解決できる問題ではないし，刑務所に収容することで矯正される問題でもない。現在，日本の刑務所には，その原因に対する解決策が示されることなく軽微な犯罪を繰り返した結果，実刑判決を受けた高齢者や障がい者，そしてその両方に属する高齢障がい者が多数収容されている。なぜ，そうなるのかというと，端的に言って問題解決能力を持たない司法が，問題を解決したつもりになっているからである。そして，その最大の原因は，刑事司法の孤立と福祉の不在である。こうした受刑者の多くは，犯罪を起こすことで刑事司法機関と関係を持ち，刑事手続に乗る。しかし，その犯罪行為の背景には，経済的困窮や社会的孤立が存在する。そこに福祉をはじめとする行政の手が届いていないから犯罪が発生する。

いったん犯罪が発生すると，警察官，検察官，裁判官が順々に関わるのであるが，彼らにできることは刑罰を科すか，科さないかの二者択一だけである。どちらを選択しても万引きを繰り返しているホームレスが抱えている経済的困窮や社会的孤立は解決しない。解決しないから，再犯を起こし刑事司法に戻ってくる。この負のスパイラルから彼らを救い出す方法は簡単で，犯罪の原因となっている問題に対する解決能力を持っている機関に彼らを引き継ぎ，そこが責任を持って対処すればいいのである。対処の際に，刑事司法機関の協力が必要であれば，そのための連携を整備すればよい。司法の独立の名の下にこの当

たり前のことができていないから，一度犯罪者となってしまうと，刑事司法手続の中をぐるぐる回る無間地獄にはまり込んでしまう。そして，最後には，刑務所が終の棲家となってしまうのである。

12 再犯防止というレトリック

しかし，最近になってようやく司法も，刑務所が福祉施設化し，高齢者にとっての終の棲家となりつつあることに気づき始めた。犯罪白書においても再犯防止が取り上げられるようになり，白書の分析によって中高年を中心とする再犯率が上昇していることや就労や帰住先を失った人たちが再犯に至っていることがわかった。これらを総合すると，1990年代以降の中高年の再犯率の上昇は，長引く不景気や人口の高齢化に伴い，定住先を失ったり，就労を失ったりして，社会的に孤立する人が増加し，福祉や就労といったセイフティーネットが彼らを十分に支えられないことが背景にあることがわかってきた。

こうした知見に基づいて政府は，刑務所出所者等に対する定着支援や就労支援に乗り出した。

そうした再犯防止対策をまとめたものが，2012年7月20日に犯罪対策閣僚会議が公表した『再犯防止に向けた総合対策』である。この文書は，後で述べるように数値目標の設定や再犯者率の解釈など一部に気になる点がないわけではないが，全体としては一貫性をもった，犯罪学的に見ても理にかなったものとなっている。その内容も実証的な根拠に裏づけられた対策の重要性を指摘するとともに，「再犯防止は，一たび犯罪に陥った人を異質な存在として排除したり，社会的に孤立させたりすることなく，長期にわたり見守り，支えていくことが必要であること，また，社会の多様な分野において，相互に協力しながら一体的に取り組むことが必要である」と指摘するなど，犯罪者の更生や社会復帰の重要性を指摘した内容となっている。様々な省庁の利害調整や政治的な配慮などを経たうえで出てきた文書としてはとてもよくまとまっていると，行政官出身の筆者は思う。

再犯防止には，定着と就労が欠かせないが，それは地域社会の中でしか実現できない。人は，刑務所の中ではなく，地域社会の中で更生するのであり，地

第 12 章 刑務所から見える犯罪者と刑罰

域社会が更生の重要性を理解し，罪を犯した人を受け入れなければ更生はない。また，罪を犯した人は，一人ひとり異なった問題を抱えており，それに対する指導や支援は，その問題性を考慮したものでなくてはならない。また，そこで採られる対策は，実証的に評価され，科学的知見に基づいて改善修正されなければならない。再犯防止に万能薬はない。この文書には，こうした要素が凝縮されている。

ただし，この『再犯防止に向けた総合対策』では，そうした再犯防止のための対策は，「同時に，犯罪被害者の置かれている状況や視点を踏まえ，国民の理解の下で進めるべきものである。」とした上で，「国民の安全・安心に対する期待に応えるという点において，再犯防止対策の効果等を適時適切に示すことには大きな意義がある。(中略) 具体的な数値目標等を設定し，その達成時期や達成までの工程を示した上で，定期的にその達成状況を公表していく必要がある。」と指摘し，刑務所出所後 2 年間の再入率を 10 年間で 2 割削減するという数値目標を掲げている。実証的な対策を講ずる上で効果を測定すること，また，その結果を国民と共有することはとても重要なことである。ただ，少し危惧されるのが，数値目標を掲げてしまうと，それを達成できない場合に，政策そのものが否定される危険性もあるのではないかということである。

今回の再犯防止対策が，財務省だけでなく，新自由主義的な政策方針を持つ政治家たちからもある程度支持されているのは，累犯とはいえ万引きなど軽微な犯罪で実刑にして刑務所に収容するよりも，就労支援等によって社会で働かせて納税者とした方が費用対効果の面でも効率的で安上がりだと考えられているからでもある。

しかし，ここで一つ気をつけておかなくてはならないことがある。それは，更生の主体が，更生する受刑者たちにあるのに対して，再犯防止の主体は，立ち直ろうとする受刑者にあるのではなく，再犯によって被害を受けるかもしれない社会の側にあるということである[注18]。更生ではなく再犯防止だけを目的とした場合，就労支援や定着支援によって再犯率の低下という目標が達成されない場合，こうした受刑者等に対する支援策は容易に否定され，より高価であ

注 18：これは，龍谷大学で行われた研究会において，当時岡山少年院長であった西村重則氏が指摘した視点である。

っても効果が確実な拘禁による無力化（incapacitation）政策に転換される危険性が常に隣合わせに存在することを忘れてはいけない。筆者が再犯防止策の実証的な評価を推進しつつも，数値目標化に危惧を抱くのはそのためである。

　筆者がエビデンスに基づく再犯防止を訴えているのは，犯罪対策は目的を達成する効果が発生しなければ意味がないし，そこに合理性があるからであるが，同時に，その方が政治家，官僚，市民に理解してもらいやすいからである。筆者にとって再犯防止は刑事政策の目的の一つにすぎない。犯罪者は，犯罪によって社会に困難をもたらしているが，実は，彼ら自身も困難を抱えているから罪を犯すのであり，刑罰を受けることでさらに大きな困難を抱える存在となってしまう。倫理的には，彼らは罰せられるべき存在であるのかもしれないが，犯罪に至った困難を克服することを支援し，家族や仕事を得ることができれば，再犯は防止できる。最近の犯罪白書の再犯研究もこのことを支持している。言い換えれば一市民として幸せな生活を送ることができるようになれば，少なくともその幸せな状態が続いている間は再犯の心配もなくなる。筆者は，刑務所の中で受刑前に幸福な人生を送っていた受刑者を見たことがない。筆者の考える更生は，単なる再犯防止ではなく，社会復帰，ノーマライゼーション，つまり罪を犯した人が一人の市民として幸せな人生を送れることにある。再犯防止は行政としては重要な課題であるが，その最終目的は，更生することで罪を犯した者であっても一市民として幸せな人生を送ることができるようになることではないだろうか。そうなれば，再犯の危険性は限りなく0（ゼロ）に近づくはずである。

　なお，本稿は，本書の趣旨に合わせて，筆者がこれまでに発表した論考を部分的に組み合わせて再構成し，そのうえで加筆・修正したものであることをお断りしておく。

第13章

意図せず虚偽事実が共同生成されること[注1]
―幼児と大人のディスコミュニケーション―

山本登志哉

1 問　題

　子ども，なかでも幼児の証言能力をどう評価すべきかという問題が，裁判の過程でしばしば重要な争点になっている。また，いわゆる知的障がい者の証言についても，これと同じような事態が成り立っている。すなわち，彼らの証言の信用性を評価する一つの資料として，知能指数，あるいは発達指数が用いられるが，それらの指数は「その人の能力が何歳程度の水準にあるか」を測定して定められるように，そこで問題になっているポイントの一つは，彼が特に知的能力の面で「どの程度子どもであるか」ということである。したがって，ここでも問題は「子どもの証言とはいったい何か」ということになる。

　心理学的に見ると，記憶には次のような問題がある。第1に，記憶はそれを覚え，保持し，思い出すすべての段階でもともとの事態からの変容を起こす（厳島，2000）。いくつかの実験により誤った記憶を想起する危険性は場合によって幼児で著しいことが明らかである（高岡，1999）。さらには変容の如何を問わず，記憶の本体を心像といった実体としてイメージする見方を否定する有力な議論もある（高木，1998）。

　第2に，記憶内容をあくまでその想起の文脈の中で理解し，分析する議論

注1：本稿は，山本登志哉（2001）．虚偽事実の無意図的な共同生成と証言者の年齢特性『法と心理』1 (1)，102-115．を修正したものである。

が進んでいる（たとえば佐々木，1996）。想起に関わる文脈として他者の存在，会話というものはきわめて重要なものとなり，誰からどのように聞かれたかによって，想起の内容が変化することが様々な実験で確かめられている（高岡，1999）。証言する子どもを混乱させることなく，ラポールの取れたゆったりした雰囲気でじっくり聞き出せば問題がなくなるわけでもない。たとえばカウンセリングのように受容的な関わりの中で，幼児期に関する虚偽の記憶が再生されてしまう（Kotre, 1996）ように，そのような関係もバイアスとして理解すべきである。

　第3に，複数の証言が大筋で一致し，聴取者の側の故意の誘導が一切なかったとしても，それが誤ったものとなる事態，すなわち虚偽事実の無意図的な共同生成が現実に起こる。甲山事件を参考にしながら構成された，出来事の共同想起実験によってもそれは実証された（山本・高岡・齋藤・脇中，1997；脇中・齋藤・高岡・山本，1997）。本稿はこの第3の問題を出発点として，第2の問題にわたって議論を展開し，虚偽事実の無意図的共同生成プロセスに年齢的要因がどう絡むかを発達心理学的観点から検討する。

　体験についての幼児の語りは非常に曖昧な断片的な表現をとる場合が多く，その発言内容はしばしば著しく矛盾している。「虚偽事実の無意図的な共同生成」プロセスの中で，そのような幼児の語りの特徴が，大人を混乱させ，事実の確認と確定にマイナス要因となる。だがたとえ語り手が大人の場合でもそのような不正確な語りや矛盾した語り，著しい場合にはまったく根拠もなく行われる作話的な語りなどがしばしば繰り返され，誤った事実を流布させる原因となる。だとすれば，この現象に関する幼児と大人の差は，単に語りの不正確さの量的な差や語り手の個性に，その原因を求められる可能性もある。実践的な問題としては，幼児に対して事実関係を聞き取る場合，その注意力や記憶力などの量的な限界に配慮すればすむのか，それとも量的な差を超えた質的な差に留意する必要があるのかという問題が存在する。

　本研究が検討の対象とするのは，この問題である。以下，山本ら（山本ら，1997；脇中ら，1997）の実験で得られた，聴取場面における聴取者と被聴取者である幼児の会話，聴取者会議における聴取者同士の会話，そしてさらに今回新たに実験から3年を経て小学生となった一部の被聴取者に対して再び行われ

た聴取時の会話をデータとし，彼らの語り口の個人差と年齢によるその変化を分析する。それらをとおして，聴取者と被聴取者の間に存在していた深刻なディスコミュニケーション構造を，発達心理学的に解明する。

2 方　法

(1) 分析対象者
被聴取者：年長児男女各 5 名（聴取開始時年齢 5 歳 4 か月〜6 歳 2 か月，平均 5 歳 9 か月），及びその 10 名の中から，小学 3 年生女児 4 名男児 3 名（聴取開始時年齢 9 歳 0 か月〜9 歳 8 か月，平均 9 歳 4 か月）。

聴取者：幼稚園児に対して心理学を専攻する 2 回生女子 6 名，及び小学生に対して心理学を専攻する研究者，大学院生男女各 3 名。

(2) 実施時期
プレエピソード：1996 年 6 月 24 日から 28 日。
出来事の発生：1996 年 7 月 1 日。
幼稚園時聴取：同年 7 月 6 日から夏休みを挟み 10 月 25 日までに 5 回。
聴取者会議：聴取開始前に 1 回の聴取者打ち合わせの後，各回の聴取終了後，及び夏休み終了後の第 3 回聴取前に計 6 回。
小学校時聴取：2000 年 3 月 6 日から 4 月 17 日までに 2 回。

(3) 手続き
出来事の経験：プレエピソードとして実験者の 1 人が「折り紙お姉さん」の役で 1 週間，朝から年長児と遊ぶ。別の日に園の先生が年長児のうち 10 名を別室に呼び，初対面の 3 歳児（ゴウくん）と遊ばせるが，みんなでビデオを見ているうちに 3 歳児が居なくなり，後に部屋に戻ってから，その子が見つかったと報告される。その日「折り紙お姉さん（タカちゃん）」は子どもが部屋に戻ってから登場。

幼稚園での聴取と聴取会議：聴取者が 2 人 1 組で被聴取者を別々の部屋に呼んで出来事当日の状況を聴取，オーディオテープに記録（一部ビデオ撮影あり）。

1人1回15分前後。各回の聴取後に会議を開き，次回聴取方針を確定。5回の聴取終了後に報告書を作成（手続きの細部は山本ら，1997を参照）。自由面接法による。

小学校での聴取：聴取者1人が被聴取者を個別に呼んで，幼稚園時の出来事について聴取。オーディオテープ及びビデオテープに採録。1人1回30分程度。半構造化面接法による。

3 結果と考察

(1) 事実確認に関わる年長児の語り口の特徴

実験の中で，聴取者は出来事当日の流れを確認すべく，誰がいつ，何回幼稚園に来たかを子どもたちに繰り返して聞いている。以下はその一例である。タカちゃんは実験者の操作により，ゴウくんを連れ出した人物と聴取者に理解されている。

＜プロトコール1＞（B君：5歳11か月時，第1回聴取。聴取者T）……………
　T：この日以外（ゴウくんに）会った？　一緒に遊んだ日以外。他の日は来た？
　　他の日にも遊びに来たりした？（147）
　B：うーん，ゴウくんはな，1回しか来てない。（148）
　T：タカちゃんは？（149）
　B：タカちゃん？タカちゃんは1回だけ。（150）

ゴウくんが1回しか来ていないのは事実である。しかしタカちゃんは出来事当日を含め6回子どもたちと一緒に遊んでいる。B君も例外ではない。聴取者たちはなぜか当初からタカちゃんも幼稚園に行ったのは1回だけであると思いこんでいた。その結果，タカちゃんが普段，朝から来ていたという意味で語られたと解釈される子どもの証言が，出来事当日の話と解釈されてしまい，虚偽事実の一つを構成した。その意味で重要な会話の一つだが，見てわかるとおり，聴取者の問い（149）はオープンクエスチョンで自由に答えさせている。その結果，自発的な「嘘」が発生し，聴取者の思いこみは修正されずに確認，強化

第13章　意図せず虚偽事実が共同生成されること—幼児と大人のディスコミュニケーション—

された。B君については2回目にも同様のやりとりがあり，他の子どもたちもA君のように当初タカちゃんが複数回来たことを曖昧な形で表現する子どももあったが，誰も聴取者の思いこみに気づいてそれを否定・修正せず，結果的に聴取者の思いこみの枠にはまりこんでいった。

次のA君の発言は，他の子からそれを支える証言が得られず，聴取者の報告書に採用されなかったものである。ビデオの途中でタカちゃんがゴウくんを連れ出したという場面を確認するために，聴取者がタカちゃんの位置を確かめようとしている。

＜プロトコール2＞（A君：6歳4か月時，第5回聴取。聴取者T）‥‥‥‥‥

　　T：タカちゃん誰と一緒にビデオみてたの？じゃあ。(629)
　　A：うんとね，みんなで見てた。みんなで見た。(630)
　　T：見た？誰のお隣に座っていたのかな？近くに座っていたのかな？　A君は近くだった？(631)
　　A：うーんとね，立ってた。(632)
　　T：立ってた？(633)
　　A：うん。(634)
　　T：ふーん，じゃあ座っていないんだ。(635)
　　A：そいでね，ドアのところくらい，ドアのどこかに立って見てた。(636)

他の子どもたちの多くが，ビデオの時間にタカちゃんは別の部屋に居たという，事実に反する主張を一致して行っている中，A君は第4回目の聴取時にタカちゃんが自分たちとずっと一緒にビデオを見ていたと述べた（507～520）。そして第5回目ではその具体的状況の描写も行っている（636）。しかしタカちゃんはこの時点ではまだ隠れて子どもたちの前に姿を現していない。また過去にその部屋でAと過ごしたことや他の部屋でビデオを一緒に見たことも一度もなく，完全にA君の作話である。

ここであげられた2つの事例に含まれる「思い違い」や「嘘」は，今回の聴取場面ではごく一般的な現象であった。もちろん子どもによってもそのような「思い違い」や「嘘」が非常に目立つ子どもと，比較的慎重かつ正確に答えて

いる子どもの差はある。次に，まず誤りの目立つJちゃんの例でその特徴を見てみる。

Jちゃんの語りに目立つことは，聴取者の問いに対して「知らない」「わからない」「忘れた」などの拒否的な答えが少ないことである。547回のやりとりが行われている中で，拒否的な答えは3％以下に留まり，しかもその大部分は第1回目の聴取に集中している。その結果，不正確な語り，誤った語り，揺れ動く矛盾した語り，そして作話が連続するという結果になる。次はそのようなJちゃんと聴取者との間の，誤解を含みつつ揺れ動く会話パターンをよく示す例である。会話の焦点は，ゴウくんが居なくなった後，ゴウくんが見つかってもう一度子どもたちの前に現れたかどうかである。この時点までに，複数の子どもがゴウくんがもう一度子どもたちの前に現れたとも解釈しうる発言をしており，Jちゃんも第2回聴取（199～205）において，そうとも取れる発言をしている。

＜プロトコール3＞（Jちゃん：5歳4か月時，第3回聴取。聴取者T）..........
　　T：（ゴウくんは）いつ戻ってきた？ おやつ食べてるとき？（235）
　　J：ううん。うんそう。ええ，牛乳…録音不良…（236）
　　T：牛乳？ 牛乳飲んでるとき？（237）
　　J：うん。（238）
　　T：牛乳飲んでるときに帰ってきた？（239）
　　J：うん。（240）
　　T：へえ。それからなんかしゃべってた？ ごうくん，そん時？（241）
　　J：いなかったからしゃべってなかった。（242）
　　T：ふーん。ごうくんいなくなってから，もう1回帰ってきたの？（243）
　　J：うん。（244）
　　T：何か持ってた？ その時，このプレゼントとか。（245）
　　J：持ってない。（246）
　　T：持ってなかった？ おじちゃんと一緒にいた？ その時は。（247）
　　J：いてなかった。（248）
　　T：1人でいた？ ごうくん。（249）

第13章 意図せず虚偽事実が共同生成されること―幼児と大人のディスコミュニケーション―

　　J：うん。(250)

　聴取者はゴウくんが本当にＪちゃんの目の前に再び現れたかどうかを確認しようとして，彼がいつ現れ，どのような様子であったかを繰り返し尋ねている。これに対してＪちゃんの答えは，個々の問いに対しては比較的明確に答えながら，全体としてはもう一つ意味が掴みにくい。しかし注意深く読むと，そのわかりにくさは両者の会話に発生した重要な誤解によるものである可能性が見えてくる。それはＪちゃんが初め「ゴウくんが戻ってきた」という言葉で「ゴウくんが見つかったと先生が報告した」という事実を述べたつもりなのに，聴取者が「実際にＪちゃんの目の前にゴウくんが現れた」と理解した可能性である。Ｊちゃんの本来の発言意図がそうであったことは，ゴウくんの様子を尋ねられて「いなかったからしゃべってなかった」(242)と答えていることから推測できる。だからこそ，その言葉の意味を測りかねた聴取者は，誤解の可能性に十分気付かないまでも「もう一回帰ってきたの？」と再確認している。だが以降の会話は，再び目の前に現れたことを前提としたやりとりに戻り，Ｊちゃんもまったく抵抗せずにその流れに沿って答える。

　ここで問題にしたいのは，たまたまこの会話に偶然に生じた誤解ではない。Ｊちゃんに限らず，そのような誤解の可能性を強く推定させるやりとりをわれわれは比較的頻繁に見いだすことができるが（たとえば前述のように「タカちゃんが普段朝から来ていた」という趣旨と思われる発言を「その日の朝」と聴取者が解釈するなど），一般にその誤解を生じやすくしている語り口の特徴が何かであり，その特徴がなぜ誤解を生み出すかである。それを明らかにするため，次にＥ君の語り口を示し，その特徴を分析する。

　Ｅ君についての聴取者の「(Ｅ君は)すごい言動がしっかりしてるん。しかも大きいねん」(Ku：第１回聴取後会議)という発言にも見られるように，彼の発言には誤りが少なく，作話発言がまったくない。次に彼の特徴をよく表す典型的プロトコールを示す。

＜プロトコール４＞（Ｅ君：６歳３か月時，第２回聴取。聴取者 M）……………
　　M：ゴウくん最初，誰と来た？（71）
　　E：男の人２人と。（72）

M：どんな男の人？（73）

E：忘れた。でも帽子をかぶっている人が1人か…録音不良…ってことは覚えている。（74）

　　……中略……

M：E男君が最初にいないって言ったって，他の子が言ってたんだけど，それは本当？（120）

E：わかんない。自分の（は？），よく見てませんでしたので。だってその（ビデオが終わる）前（にはゴウくんが出ていったことに）気づかなかったんだもん。（121）

　Jちゃんと異なり，「忘れた」「わかんない」など拒否的な応答が多い。全体で467回のやりとりがある中で，そのような拒否的な発話は82回で発話回数の約35％を占め，3％にすぎないJちゃんと著しい対比をなす。質問に「忘れた」を繰り返した後に再び知っていることについては尋ねられるとしっかり答え始める例が多く，この拒否的反応傾向はE君が不真面目な対応をした結果という解釈では十分理解できない。むしろ，答えるのが面倒という気持ちをベースに持ちながら，自分の記憶に照らして少しでも曖昧な質問に対してはすぐに「忘れた」と拒否し，それ以外は答える傾向と解釈するのが妥当であろう。

　E君の応答が決して不真面目なものでないことは，上記のプロトコル4でも明らかである。74において，ゴウくんがどんな男の人と来たかを尋ねられ，E君は最初に「忘れた」と言った後，自分の記憶範囲をしっかり限定して相手の問いに答える。また121においてはなぜ自分がはっきりとわからないか相手にその理由を説明しようとしている。同じ第2回聴取時の「（ビデオ時の他児の着座位置は）忘れた。周り全部見てないもん」（239）という発言も，さらにはゴウくんのビデオ鑑賞時の着座位置を答えた後で，聴取者の誤った理解を訂正すべく，「テレビを見やすいようにゴウくんを真ん中の位置に座らせ，彼の前の席は空けておいた」という事実どおりの理由を付けて答える（同：251）のも，同質の語り口である。

　これらの例に，自分の記憶には限界があり，発言は慎重にすべきだという意識さえE君には見て取れる。彼の記憶に対するこのメタ的認識は，第1回聴

第 13 章　意図せず虚偽事実が共同生成されること―幼児と大人のディスコミュニケーション―

取時の次のような発言にもよく現れる。「（ゴウくんと一緒に来た人はどんな人か）目に写ってるけど忘れたな」(22)。他の様々な語り口と同様，この発言にも，現に自分の意識に立ち現れているものについて，それを一歩引いたところから評価する姿勢が見て取れる。

　自己の記憶に対するメタ的意識とともに，E君の語り口の重要な性格として相手の誤解に対する敏感さがある。

＜プロトコール5＞（E君：6歳6か月時，第3回聴取。聴取者F）‥‥‥‥‥
　F：E男君はゴウくんが出て行くところを見たの？（286）
　E：ん，見てない。いなくなったところは見た。（287）
　F：あ，いなくなったところを見たのか。（288）
　E：いなかったところだけど。（289）
　F：あ，いなかったところか。（290）

　プロトコール4にも語られているように（120），「ビデオ時にゴウくんの出ていくところを見たのはE君」という証言が，他の複数の子どもたちから得られていた。実際はE君はゴウくんが居なくなったことを，彼が居なくなった後に気づき，そのことをみんなに告げた。その事実を知らない聴取者は，子どもたちの誤った証言に基づいて，E君にその時の状況を繰り返し聞いている。E君は繰り返しそれを否定しつつ，正確に状況を伝える努力も見せる。それが「いなくなったところは見た」（287）という発言で，「（いなくなるところではなく）いなくなった後の状況（空の椅子）を見た」と表現しようとしていると考えられる。これに288で聴取者はE君の言葉をそのまま反復している。言葉づらで言えばE君の主張を正確に聴取者が受け取ったことになる。ところがここでE君は「いなかったところだけど」と自発的に発言の訂正を行った。すなわち，「いなくなったところ」という自分の言い方が，「いなくなった後」という自分の意図した内容とともに，「いなくなるところ」という解釈が二重に成り立つこと，そして相手がその異なる解釈を行う可能性があることに気づき，修正の必要まで感じたのである。

　以上の点を指摘した上で，Jちゃんの語り口とE君を比較しつつ，論点を整

理しよう。Jちゃんを典型として，多くの子どもたちに共通して見いだされるのは，他者の問いにその問いから思いついたことを，特に吟味することなくそのまま答えようとする傾向である。その結果，個々の語りは他のところでした別の語りとしばしば矛盾するが，その矛盾を特に問題と感ずる様子もない。また，自分の意識にのぼってきたことが，現実の自分の経験とつながっていくものか，それとも想像によって立ち上がってきたことなのかの差を重要視しているようには思えず，作話に対してもきわめて「寛容」である。さらには自分の発言が他者の誤解を生む可能性があることにも注意を払っている様子は見受けられない。

　全体として，思い出され，意識にのぼり，語られたことについて，距離を置いてメタ的にチェックする姿勢を，彼らの中にはなかなか見いだしがたい。そしてE君の語り口はまさにこの正反対の位置にある。彼は自分が思い出し，または意識にのぼってきたことに対し，それが他の事実，発言と矛盾しないかメタ的にチェックする姿勢を持つ。そして言葉の意味について同時に異なる意味が成立しうること，自分と他者に異なる意味が了解されてしまう可能性があることを理解し，そこで生じうる矛盾を避けようとする。

　このように，JちゃんとE君を一つの典型例とするような語り口の差は，単に記憶力の差や注意力の差といった量的なものに還元できない，質的な差を含んでいる。だとすれば，次に問題となるのは，そのような質的な差が2人の性格の差といった個人的な差として理解されるべきか，それとも事実を巡る語り合いの発達的な差を表現するものかである。そこで次に，3年余りを経過した時点で行われた聴取のデータから，この点を検討する。

(2) 3年後の語り口の変容

　3年後に行われた子どもたちの聴取で実験者は，曖昧な記憶をもとに，「タカちゃんがゴウくんを連れ出した」という誤った「記憶」が生成するかどうかに一つの注目点を持っていたが，実際には当時そういう出来事があったことをぼんやりと思い出すことがやっとという状況があった。以下に示すJちゃんの例にもその様子がうかがわれる。

第13章 意図せず虚偽事実が共同生成されること─幼児と大人のディスコミュニケーション─

＜プロトコール６＞（Ｊちゃん：９歳０か月時，第１回聴取。聴取者 Y）………

 Y：幼稚園の時，お姉さんが来て，何回かゴウくんのこと聞かれたことない？（85）

 J：覚えてないです。（86）

 Y：覚えてない？　そうか。なんかそんときに，幼稚園の時にお姉さんたちが来て，いろいろ検査とかテストとかしたことについて，何か覚えてることある？（87）

 J：それはないけど，なんか，お姉さんたちが来たのは，なんか（88）。

 Y：お姉さんたちが来たのは覚えてる？　ふんふんふん。そのお姉さんたちは何してた？（89）

 J：…（沈黙）…忘れた。（90）

 Y：何してたかは忘れたけど？（91）

 J：はい。何か来た。（92）

 ……中略……

 Y：ああそうか。他には何か，どんなお話やったか覚えてる？（131）

 J：…（沈黙）…えっと，ビデオっていうかなんか，体育館の何か，違うときかもしれないけど，クマのプーさんをお友達と見た。（132）

 Y：あ，体育館でクマのプーさんの話も見た？　これ別の時かもしれない？（133）

 J：はい。（134）

　ここでＪちゃんの答え方は３年前とはまったく変わり，曖昧な記憶について一転して慎重に答えるようになっている。88では，記憶の範囲を限定して答える傾向が見て取れ，さらに印象的なのは132の答え方である。このやりとりの直前でＪちゃんは，ゴウくんと見たかどうかわからないとしつつ，ピーターラビットのビデオをみんなで見たことを思い出した。そのあと熊のプーさんを見た話も思い出している。ところが３年前とは異なり，「違うときかもしれないけど」という限定を自発的に付け加えるのである。すなわちＪちゃんは問いへの答えの中で自分の意識の中に浮かび上がってきた光景を，一歩引いた地点からそれがいつどこのものであったか検討し，相手に誤解を生じないようにす

第 3 部　日本の法心理学研究から

るメタ的な姿勢を持っているのである。

　次の 3 年後第 2 回目の聴取の次のやりとりで聴取者は，誤った記憶を誘発すべく積極的な誘導を行っている。以下のやりとりの直前に，聴取者は当時の状況を整理した上で，「タカちゃんっていう人は，ゴウくんを，どういうふうにして呼んだりしたのかなあ」（464）と質問し，「そしたら，タカちゃんていう人が途中から，そーっとゴウくんを呼ん（で）何かして，呼んで，内緒で，えと，ゴウくんに折り紙とかを渡した」（467）という，事実と異なる推理を引き出すことに成功した。

＜プロトコール 7 ＞（J ちゃん：9 歳 1 か月時，第 2 回聴取。聴取者 W）………
　　W：（タカちゃんがゴウくんにプレゼントを）渡したんかなあ。その辺は J 子ちゃんはビデオの方ずーっと見てたから，見てはいないよね。（468）
　　J：はい。（469）
　　W：でも，何かそういう気配はしたような気はする？（470）
　　J：うーん，しなかった。（471）
　　W：あんまり気がつかなかったんかな？（472）
　　J：はい。（473）
　　W：でもきっとそうかもしれないよねえ。（474）
　　J：はい。（475）

　だが現時点で誘導された推理と，自分自身がそれについて当時どう感じていたかの記憶との，2 つを J ちゃんは明瞭に区別している。そして，自分の記憶とは異なっても，そうである可能性が存在することも承認できる。思い違いや記憶違いはあるものの，発言に対して慎重であり，想起内容をメタ的に検討でき，そして 3 年前に強かった作話傾向がまったく消滅している点で，J ちゃんの語り口は劇的に変化している。3 年後の同様の語り口は再聴取ができた 7 名すべての子どもに確認できる。

　以上，J ちゃんたちが 3 年前の語り口から，当時の E 君と共通する語り口へ変化したという事実からすれば，J ちゃんたちと E 君との間に見られた差は，個人差として理解されるのではなく，発達的な差として理解されるべきこと

が明らかである。次に，聴取者がJちゃんたちの「幼い」語り口をどうとらえ，あるいはとらえ損なっていたかということについて検討する。

（3）大人の受け止め方

　子どもに体験の中身を聞き，事実を再現しようと聴取に臨んだ大学生たちは，幼児の語りがあまりに「いい加減」であることに混乱している。次の2つのプロトコールは聴取者会議における聴取者の発言である。

＜プロトコール8＞（第2回聴取後会議）……………………………………………
　　Ki：あ，D男だけ（他の子とは言うことが）別や。なんかすごい自信たっぷりに言うやんかー，みんな。そのくせ，そのくせ間違ってるから，ちょっとびっくりする。
　　　　……中略……
　　Ki：（笑い）なーんか，もー，訳わからーん。

＜プロトコール9＞（第4回聴取後会議）……………………………………………
　　T：よくわかんない。
　　F：ふーん。
　　Ki：そんなもんですかねえ。
　　F：子どもって…録音不良…
　　T：ぽーっとしてるし。

　子ども同士の間で証言が矛盾し，一人の子どものなかでも言うことがしばしば矛盾する。そして，聴取者たちが驚くのは，Kiの発言に見られるように，そういう矛盾した発言を子どもたちが実に堂々とすることである。矛盾を解消しようとしてさらに聴取を重ねても，しばしば別の矛盾に変わるだけという場合も多い。われわれ大人の会話では，真剣に事実を確定しようとする場合には，発言間に矛盾が存在してはいけないという意識があり，誤る可能性のある発言には慎重になる（あるいは嘘をつくためには故意に自信を持ったふうを装う）。相手に誤解を与えてはいけないという意識も成り立つ。そういうことを相互

が了解していることが，その種の会話を進めるための暗黙の前提として成り立つ。ところが，幼児との会話において，その前提が満たされない現実にぶつかり，それが何を意味するのかわからずに混乱しているのである。

　そのような壁に突き当たったとき，聴取者がその壁の正体をどう解釈し，解決しようとしたか，代表的なものとして次の二つをあげることができる。一つは子どもの個性への原因帰属で，たとえば幼児間で証言が矛盾した場合「（D男は）なんか怪しげな発言が多かったで」（F：第5回聴取後会議）という発言が行われ，他の聴取者も次々に例を出して賛同し，D男の証言を退ける。「（B男は）信用おけない」（T：第3回聴取後会議）とか，「彼女空想の世界に入ってる」（Y：第5回聴取後会議）といった評価もまたほぼ同じ質を持つものと考えられよう。二つめは子どもの能力への原因帰属である。たとえば「ぼーっとしている」（既出）と注意力の弱さを指摘したり，「忘れっぽい」（Ki：実験後感想文）と記憶力の弱さに原因を求めて彼らの発言の矛盾を説明しようとする。

　相互に矛盾する証言の目の前に当惑した聴取者たちは，そのなかでも比較的一致する話や，あるいは物語として筋が通りやすいと理解される話を探していかざるをえない。そうやってある程度の筋が通ってくると，その筋に引きずられる形で子どもたちの証言が一斉に揃ってくることもある。そしてその枠にはまらない多くの発言は，上記のような形で退けられ，あるいは忘れられていくことになる。矛盾のない全体を構成するために多くの細部を無視するという「事実」の確定方略の採用を，聴取者の未熟さや不真面目さのせいにすることはできない。同じ状況に立たされたものは，誰であれそれ以外の方法を容易に思いつかないであろう。

　ここで検討すべきは，上記のような聴取者の現象理解と子どもの実態とのズレである。幼児は聴取者の問いを契機としてその時々に思い浮かんだことをそのまま語る傾向が著しく，矛盾のない事実関係を全体として構成しようとする意識がきわめて希薄である。彼らにとってコミュニケーションは，その時々でなんとなく自分の思いが伝わり，話が通じればよいという形で進行していく傾向が強い。したがって聴取者が事実を確定するために採るコミュニケーションへの構えとは，最初からずれているのである。ところが聴取者は，コミュニケーションがうまくいっていないという実感を持ちながら，そのことの持つ構造

第13章　意図せず虚偽事実が共同生成されること―幼児と大人のディスコミュニケーション―

的な意味に気づかず，問題は個性や注意力・記憶力の量的な差に還元されてしまう。その結果，矛盾する子どもの語りについて，それが会話構造の中で持つ意味を了解・評価しようとする努力は放棄され，個々の語りは本来の文脈を離れてバラバラにされ，全体の物語構成から見てそれが使える部品かどうかを検討して機械的に組み合わせる形になってしまうのだと考えられる。

4　総合討論

以上の分析の視角から見ると，この実験における「虚偽事実の無意図的な共同生成」は，大人と幼児が異なる語り口，コミュニケーションへの態度を持っていることをお互いに気がつかず，事実確定の努力が行われてきたという，構造的なディスコミュニケーション事態に主要な原因の一つがあったことになる。最後に，この態度のズレを発達心理学的観点からより一般的な形で議論しておきたい。ここでは「語りの中での客観世界の共同的な立ち上げ」の問題として結果を解釈する。

われわれ大人にとって普通，現実世界はそれぞれの主観の外側にあると了解されている。私の意識は現実からずれることがあり，さらには他者と認識が一致した場合にでも，それが「事実」と異なる可能性があることを理解できる。私たちが過去の事実について語り合うとき，その場に共有された心的空間の外部にある事象を語り合っているのだとお互いに了解できる。そして私たちは語り合いの外に世界を，しかもお互いに一致する唯一の世界を共有していると信じている。「事実」はその唯一の世界に時間と空間を特定して位置づくものである。間主観的にそのように位置づけられたものが「客観的な事実」となる。

だとすれば，そのような矛盾の存在にほとんど無頓着に見える幼児は，他者との語り合いを通して，その意味での「客観的な事実の世界」を立ち上げているのではない。彼らにとっての「事実」は，自分自身の意識内容や他者との語り合いの内容そのものに密着したものと考えられる。幼児が想像した事実と経験した事実を区別する能力に限界を持つことがいくつかの実験で指摘されているが（高岡，1999），そのような現象もこの文脈で理解可能であろう。

だとすれば，この実験に垣間見られた子どもたちの発達的な変化は，語りを

通した世界の立ち上げ方，立ち上がる世界の質の変化であるとも言える。聴取者と幼児は，お互いに気づくことなく，質の異なる世界をそれぞれが立ち上げ，相手と共有しようとしていたと考えられるのである。その差に気づかずに子どもの言葉を解釈するとき，困惑と不当な評価が生ずる。その限りで，今回の「虚偽事実の無意図的な共同生成」現象は，幼児が当事者の一方としてそこに含まれていたことに大きな意味があったと言える。

ただし，法的な空間では日常はおよそ求められないような，厳密な論理性が要求され，事実との対応関係の確認が求められるため，大人でさえもそのような特異空間に十分に対応することは困難である。にもかかわらず聴取者によってその空間は生み出され，その結果日常ならば大人と幼児の間に本来共有可能なものも，そうと気づかれぬまま断ち切られ，両者のズレは著しく拡大されたと考えられる。

今回の実験結果は，このように，幼児の語りを法的な事実確認という特異な空間にそのまま載せて判断することの構造的危険性を，発達心理学の観点から明らかにした。だがここで「幼児の話は信用できない」といった単純な否定的評価に留まるべきでない。その大人との差を意識した，幼児の文脈に添った聞き取りと解釈，ないし「翻訳」の方法を模索する必要があるはずである。どのようにしてその「翻訳」は可能となるかは，発達心理学にとっても，法の実践においても，重要かつ大きな困難を伴う次の課題になる。

【引用文献】

厳島行雄（2000）. 目撃証言に潜む記憶の忘却と歪み―記憶心理学からの理解―　季刊刑事　弁護　現代人文社, 23, 130-133.
Kotre, J. N. (1996). *White Gloves : How We Create Ourselves Through Memory*. W. W. Norton & Company, Inc. 石山鈴子（訳）(1997). 記憶は嘘をつく　講談社
佐々木正人（編）(1996). 想起のフィールド―現在のなかの過去―　新曜社
高木光太郎　(1998). 想起の身体，他者の記憶　談　TASC, 58, 54-64.
高岡昌子　1999　虚記憶の生起に関わる既有知識要因　人間文化研究科年報　奈良女子大学大学院人間文化研究科, 14, 23-36.
山本登志哉・高岡昌子・齋藤憲一郎・脇中洋　(1997). 生み出された「物語」―幼児と大人の共同想起実験から（上）―　発達, 64, 41-57.
脇中洋・齋藤憲一郎・高岡昌子・山本登志哉　(1997). 生み出された「物語」―幼児と大人の共同想起実験から（下）―　発達, 65, 58-65.

第4部

公開座談会

公開座談会[注1]

「法と心理学の実務と理論を巡る日中対話」

浜田：馬先生，今日は小さな会でじっくりと話をしたいということで，わざわざお越し下さいましてありがとうございます。

　もともと馬先生とお会いしたのが日本の「法と心理学会の第10回記念大会」で，中国と韓国と日本，それぞれの法心理学会の活動を紹介し合う会を持ったときに，交流をどのように深めるかをお話させていただきました。その後，中国の学会に私たちをお呼びいただき，その中で日本の報告をさせていただいたり，馬先生のお勤めになっている中国政法大学の方で講義をさせていただくという形で，私たちもこちらから出向いて話をさせていただいたりしました。こうした取り組みを今後どのようにもっと具体的に進めていくかということで，このたび，中国での法心理学会での研究を具体的な論文として出し，私たちも日本で行われている代表的な研究の具体的な論文を出し合って一冊の本にしてまとめよう，そしてお互いの違いや共通する部分を確認しながら，今後の交流を具体的に進めるための礎となる協働の本を出そうということになりました。今回は馬先生にお越しいただいて座談会をし，その結果を本の中に盛り込む形にしようということでこの機会を持たせていただきました。当初は閉じた形で担当の編集者だけで話をするという予定でしたが，せっかくの機会ですし，急遽このよ

注1：〈主催〉法と心理学会，〈共催〉立命館大学法心理・臨床センター，中国政法大学心理学創新団隊，〈日時〉2013年10月7日（月）3時〜6時，〈場所〉立命館大学朱雀キャンパス

うな公開の形になりました。馬先生にはもっとたくさんの聴衆の前でお話をお聞きしたかったのですが，準備不足でその点は少し残念ですが，親密な話し合いになるかと思いますのでよろしくお願いします。

馬：ありがとうございます。浜田先生のご意見に賛成です。

山本（司会）：今日の進め方ですが，大きな筋としては，さきほど浜田先生からお話がありましたように，まず中国と日本では抱えている法的な現実，社会的な現実が相当異なっていて，その中でそれぞれの学会が果たす社会的な役割もずいぶん違っていること。何を解決しなければならないかという課題も違う。そのあたりの状況の違いをお互いに認識しておく必要があると思います。

　そこで最初に，できるだけ具体的なところでわかり合うというのが大事になってくると思うので，本に掲載されたそれぞれの研究論文についてお互いにどのように感じられたかをまず浜田先生と馬先生にお話しいただくところから始めたいと思います。そこからお互いの状況の違いを理解していきたいと思います。違いの1つには学会の性格があります。学会の成立の経緯，何を目的に作られたのかということにも違いがあります。

　また刑事事件では実際に事件が起こってから起訴されるまでの捜査のステップ，起訴されて判決に至る訴訟のステップ，それから刑が確定して有罪とされた人にどのような処遇がなされるかという矯正のステップという，3つの段階があると思いますが，論文を読むとそれぞれの違いが見えてくる手がかりが書かれていると思いますので，それについてお互い理解し合うことを最初の段階でやってみたらどうかと思っています。

　次に，その違いを明らかにしながらも，論文の中で共通して取り上げられている問題点，共通点もあるわけで，そこのところを少し議論できればと思います。さらにそれぞれが抱えている社会の問題の中で学会がこれから果たしていくべき役割についても話し合えればと思います。

　それらを踏まえたうえで，そういう性格の違う者同士がどう刺激し合って新しいものを作っていけるのか，その具体的な方策についても探ること

ができればと思います。最後には，せっかくご出席いただいたのですから，会場の皆様にも一言ずつお話をいただきたいと思います。では，浜田先生お願いします。

浜田：馬先生が日本の法と心理学会に来られて，お話いただいた時からの印象でお話させていただきますと，日本との違いで一番大きなものは，日本の場合，私たちがこの「法と心理学会」を立ち上げたのは，冤罪，つまり無実の人が間違って事実認定をされて人生を左右されることが起こっていることによるという点です。逮捕され起訴され裁判で有罪判決が出て，場合によっては死刑の判決が出てしまい，処刑されるケースもあります。そういう冤罪が起こってしまっていて，無実を訴える人たちの声を身近に聴く中で，私たちは，心理学として何かできないかというような，法の世界において限定された問題からスタートしました。そこからスタートしていろいろ他の法の問題などにも広がってきたのです。

　ある犯罪が起こり，それについて何が起こったのかを明確にする捜査をし，その結果特定の人物が被告人として起訴されれば裁判になります。そして有罪無罪が決められ，有罪の判決が出ればそれに対する処遇として刑罰が決められ，場合によっては死刑もありうる。死刑の場合には矯正ということはないが，それ以外は刑期を務めてから社会に復帰することも前提としてあります。事件から最後の矯正処遇に至る流れそのものは，当然ながら中国と日本で共通するのですが，学会の出発点が違っています。

　現在では日本の法と心理学会は司法の多くの領域をカバーするようになってきましたが，出発点では事実認定の間違いをどうすればただすことができるか，つまり正確な事実の認定をするにはどうすればいいのかという論点からスタートしています。その点，中国のほうではむしろ具体的に刑事捜査に関わり，かつ裁判の実務を行い，矯正を行うという，国の機関の側の施策の1つとして心理学をどう活用すればいいのかという観点から研究が進んできたように見受けられます。

　だから歴史的に心理学が法の世界に入り込むときの形がずいぶん違います。だからこそ両方の視点から相補い合って議論しなければならないとい

う問題意識が登場してくるのでしょうが，その出発点の違いが非常に大きいと感じています。

　そのような出発点の入り方の違いが研究の方向や結果にどのような違いをもたらしたのかを考えてみると，日本の研究の場合は，いわゆる冤罪の起こる事実認定の問題に加えて，具体的な事例研究を通して，そこにどんな心理的な要因が働いてどんな間違いを引き起こしうるのか，また間違いを引き起こさないためにどういう捜査手続き，裁判手続きが必要かという個別事例に軸を置いた研究が中心になっているかと思います。

　中国の場合は，逆に大局的に見てどうだというような，たとえば，犯罪を犯して刑務所に入って後に出所した人たちが再犯する場合としない場合があるのはどうしてかということを，質問紙調査のような形で当事者たちから聞き取りをするとか，また被疑者の供述の取り方についてどういう取り調べをすれば本人が自分のやったことを正直に言う気持ちになるか，そして自分のやったことを正確に語るには何が必要かを，これも質問紙法的手法で調べています。つまり，1つの事例にこだわるというよりも，たくさんの人たちのケースを質問紙的に聞くことから傾向を知り，対策を読み取るというような形の研究が多いと感じました。私たちが法の世界に関与する仕方と中国のそれとの違いが，1つはそういう視点の違いというような形で現れているのではないかと感じました。

　5つしかまだ論文を読んでいませんが，事例研究的なものが中国ではどれくらいあるのか，馬先生にお聞きしたいですね。日本には私たちの学会以外にも犯罪心理学会があって，その学会ではおそらく質問紙法的なものや統計的な研究が相当あると思いますが，私たちの学会では事例研究，誤判研究，事実認定の間違いに対する研究などが中心です。

　もう1つは，実験的手法を用いた研究が日本の場合はかなり多くあるという点です。中国の，犯人の同一性識別について論文を見せていただきましたが，中国では実務のうえでこうしたほうがいいのではないかという手続きの方向に関する提案がなされていますが，日本の場合はむしろ実験的手法を用いてどうやったときに同一性識別の間違いが起こりうるのかという研究や，どういう条件をそこに用意しなければいけないのかを明らかに

するという研究が多くなっています。事例研究と実験的手法が日本の場合に特徴的ですが，見せていただいた論文の中では中国にはそのあたりの論文がありません。そこでどの程度中国でそうした研究がなされているのかをお聞きしたいと思います。

馬：中日両国の法律心理学の違いは国家制度と文化的な違いに見られますね。まず中国は公有制の国家体制ですから，国家の権力と機能は法律心理学の中にもはっきり見えます。次に中国では現在この領域の研究に従事している研究者は基本的に高等教育機関に勤めていて，まず南京大学や南開大学といった総合大学です。2番目は中国政法大学や西南政法大学，中央司法警察学院のような政法系の学校です。3番目は国家レベルの中国人民公安大学や省一級及び市一級の司法警察学院など，警察系（公安系）の学校です。このほか，さらに多くの応用と実践を行う者が仕事の中で意識的に法律心理学の理論や方法を用いて業務効率を高めていて，そういう人びとは全国の警察，検察，裁判所，司法の各分野にいます。中国で法律心理学の理論研究をやっている人たちは，基本的にこれら3種類の学校にいて，すべて公立なので，その性格から様々な制約があります。実態から言えば，国とか政府のために，犯罪を打ち破り，減少させるという目的により多く関わることになります。

　ただし3点目にも注意が必要です。今現在の状況は単に一つの過程であって，最終状態ではないということを見なければなりません。つまり中国の法律心理学はこれまでに歴史的な進歩の過程を持っていることです。20世紀の60〜70年代，犯罪の原因はすべて「階級の敵」と名づけられ，処刑されることもありえました。家庭内紛争，傷害事件あるいは言いがかりの事件でも，反革命のレッテルを貼りさえすれば，判決を下して処罰したり処刑することもありえたのです。中国で80年代になぜ最初の法律心理学が成立したかと言えば，こういった極端な形で社会の現象を解釈しても理解はできず，人びともそれを納得できなかったからです。そのため，司法部は当時犯罪心理を研究するよう提案し，階級闘争以外の犯罪原因を探ることになったのです。ですから学問的な発展の問題を含めて中国の問題

を理解するにあたっては，時系列を追って見なければなりません。中国の法律心理学は発展途上にありますが，歴史的に見ればすでに大きな進歩を経ているのです。

　このほか，先ほど浜田先生がおっしゃった中日両国の法律心理学における研究方法の違いについて，私も同じ意見です。日本の研究論文を見てわかったのですが，事例研究や事例からの帰納的研究が多く，質的な研究が重視されていました。中国では現在質問紙や尺度法などの測定道具を使った大規模な調査研究がとても多いです。私自身が「心理学報[注2]」や「心理学進展」の編集者として法律心理学分野の論文を審査した経験からいうと，3つに分類できます。1つ目はレビュー論文で，欧米を中心とする国外の研究を紹介します。2つ目は実験で，その類の論文が占める割合はとても大きいです。3つ目は質問紙研究です。法律心理学界では多くの研究者は法学の出身なので，彼らは進んだ心理学の実験方法は理解できず，尺度法や質問紙は彼らがこの分野に入るには一番簡単な方法なのです。この3つの他に，事例分析の論文もあります。たとえば今年（2013年）出版された「法律実践における心理学」論文集には邱興華事件[注3]の事例研究が載っています。私はこの研究は良くできていると思いますが，この事件は中国で大きく取り上げられた殺人事件でした。私たちの学部学生の1人が3年の時間を費やして公文書を調べ上げ，殺人犯の家族や親戚，友人，警察，裁判官にインタビューして，モデルとなるような質的研究を行いました。全体として，私たちの論文の数は相当多いのですが，そのレベルは様々です。中国では法律心理学領域で教育研究に関わる人は決して多くないのですが，実務応用の仕事に就いている人は非常に多く，彼らが毎年大量の論文を生み出していて，その中にはとても簡単な経験の報告もあるし，一

注2：中国心理学会の中心的学術誌。
注3：2006年に陝西省で発生した大量殺人事件。夫婦で道教寺院（観）にお参りに来た邱興華が同寺院の僧（道士）らとトラブルを起こし，後にそれを理由として同寺院に凶器を持って押しかけ，寺院関係者や参拝客10人（子どもを含む）を殺害。道士1人の遺体を激しく毀損したのち，放火して逃走。逃走中にさらに湖北省で1人を殺害。懸賞金をかけられた捜査のののち，1か月余り後に逮捕。逮捕後2か月で一審死刑。控訴審で弁護側が被告の精神鑑定書を証拠提出したが裁判所は採用せず，控訴後1か月弱で死刑判決が確定し処刑される。その後被告人に対する精神鑑定をどうすべきであったかが，司法制度改革における人道化・人権尊重問題に関連して大きな論争になった。

般的な論文の水準に達しているものもありますが，高い水準の論文が多いとは言えません。

　私は中日の法律心理学の違いは，1つには研究組織の違いだと思いますが，それはすでに述べました。さらに研究方法上の違いは，これは決して本質的な違いではないでしょう。重要なのは3つ目，つまり対象の違いです。日本がより関心を持っているのは事例であり，中国が関心を持つのは社会現象です。簡単に言えば，中国は生活や経済的にある程度進歩がありましたが，社会の管理モデルでは未だに相対的に遅れています。そのことが中日の法律の役割に違いをもたらしています。日本では法律は政府の恣意的な権力行使を制限し，それは公民の権利を保障するためのものです。しかし中国の法律は政府の統治を実現する助けとなるもので，庶民に言うことをよく聞かせるためにあります。けれどもあと30〜50年すれば，中国の法律もまた変わりうるでしょう。その原因は日本はより早く西洋の思想を受け入れ，法治に向かいました。それに対して私たちはより人治に重きを置き，人の社会に対する影響を重視しました。両国の現状の中で法律もまた異なり，法律心理学の対象も当然に異なるのです。中国では心理学部に犯罪心理学という選択科目があるだけで，その専攻コースはまだなく，心理学界は法律領域の問題を研究していないと言えるのに対し，法学者はこの新たな観点と方法で社会現象を解釈することをもっと望んでいるのです。

　つまり日本の研究は公正と（権力の）監視，民衆の権利を保障することに重点を置いています。それに対して中国の研究が重視しているのは効率と奉仕であり，私たちは政府に奉仕し，法の執行と司法の効率を高める手助けをすることを重視しています。けれども，ここで強調すべきことは，まさに心理学がそこに加わることで，一歩一歩公平が実現されることです。私たちは実際に政府のために奉仕していますが，しかし心理学が介入することで政府が公平正義を実現するためにかなり手助けにもなっています。もちろんこの歩みは日本のものとは違っていて，中国政府も現状を変えたいと思い，専制には先がないことを知っていますが，どのようにそれを改めるかについてはまだ模索中なのです。日中は異なる道を通って同じ

目標に向かっている関係と言うべきでしょうね。

浜田：日本と中国の違いの典型的な現れかもしれませんが，日本では具体的な事件での「鑑定」つまり，捜査段階での供述や法廷での供述をどうみるのかという，鑑定を求められることがあります。中国では供述を心理学的にどうみるのかという鑑定の作業を心理学の人たちに求められることがあるのか，また求められるとすればそれはどういった場面でのことでしょうか。

馬：鑑定というのは，証拠として使えるもののことでしょうか。

浜田：日本の場合でも，それが求められるのは争いのある事件ですので検察側からの鑑定依頼というのは私たちの場合は非常に少ないです。弁護側から被告人の供述を取られた状況と合わせてどうみるのかという要請があって，鑑定をするのですが，通常は検察がそれを証拠とは認めませんので，裁判所が独自にそれを採用したら証拠となりますが，それはなかなかうまくいきません。そこで実情としては弁護側が提出した意見に添付した証拠として提出されます。

馬：やはりいろいろ状況が違うことが見えてきます。中国の刑事訴訟法では鑑定を行う専門家証人はすべて裁判所が指定することと規定されています。当事者や弁護士は鑑定を求めることはできますが，それが認められるか否か，また誰に鑑定させるかは裁判所が決定します。たとえば精神病鑑定では被告人が自分で探しに行くことはできません。それゆえ，先ほど述べられた鑑定と，私が理解する鑑定は異なるものです。中国では浜田先生の言われるような，犯罪心理学や法律心理学をやっている人びとが提出する意見は，法律上の鑑定意見とはみなされません。それは証拠とはなりえますが，法定のものではなく，裁判所が求めて行われたものではないのです。法定の鑑定資料と証拠資料は異なるものです。たとえば，現在多くの弁護士が専門家に依頼して，たとえば当事者が何らかの病気にかかっていることの証明を出してもらいますが，これらはいずれも一種の意見にすぎ

ず、証拠資料と呼ばれます。中国では裁判所が措信したものだけが証拠とよばれます。証拠と証拠資料は別のものです。中国にも専門家証人はいますが、主には精神病鑑定で、刑事能力についての鑑定を行います。心理学や犯罪心理学に携わる研究者も具体的事件の討議に参加もしますが、その意見は法廷には出されません。

　ここで質問ですが、日本の法心理学者はどういう人たちでしょうか。まずは弁護士ですか。法心理学はどのような人たちがやっているのでしょうか。

浜田：それこそが心理学が法に関わるようになった歴史の違いだと思います。われわれが関与するのは有罪無罪の争いのある事件です。「供述や自白が出ているが、これを信用していいのか」という疑問が主として弁護側から出されて、従来の法の判断に加えて心理学的な要因を考慮しなければ正確な判断ができないと考えられるときに、心理学者に鑑定を依頼するということが行われます。ただし最初に僕らが頼まれた2, 30年前の頃には法心理学者という名前がついていたわけではなく、ただ心理学をやっている人間に（鑑定を）やってほしいということでした。そこでわれわれはそれまでやってきた研究や意見を言えるのなら引き受けようということで始めました。その人たちが結果的に法心理学者になったというだけです。

　法心理学者が先にいたわけではなく、心理学者にそういう要請があり、その必要に応じた人たちが日本の法心理学会の母体になってます。そしていったんそういう仕事ができるようになれば、次にも要請が来るということになりました。われわれの法心理学者の第一世代では、関西の人でしたら今では30～40件のケースを受け持つ人が出てきています。

馬：先に中国の法心理学者を紹介したときに申しましたが、中国ではやはり警察学校とか法学とか法の実践に関わる人たちが心理学に寄ってくるような形で法心理学研究者のグループに入るようになったので、日本の場合でも、弁護士も入っているのかという質問になったのですが、心理学者の場合にはどういう研究分野の人たちが多いのでしょうか。研究以外にカウンセラ

ーとかもやっているんでしょうか。

浜田：僕の場合では子どもの発達心理学をやっていたのが，たまたま「甲山事件」という知的障害の子どもの目撃供述が問題になった事件で要請を受けたところから始まりました。子どもの目撃証言をどうみたらいいのかというのが裁判の最大の争点になるというので心理学者に意見が求められました。たまたまそれが発達心理学という領域に重なるということから，呼ばれたのですが，それがスタートでした。

片：やはり大学で教えている人たちですか。

浜田：はいそうです。

馬：大学の教育に関してですが，法心理学のコースというのは，どういう大学で教えるのですか。法学の大学ですか。

浜田：もともと，日本では法学，つまり法と絡むようなところで研究している人たちの中には心理学をやる人ほとんどいなかったといえるでしょう。逆に先ほど申したような形で心理学の研究者が実際に事件について要請を受けて，実際の心理学的な研究が，裁判や捜査の事実認定に必要だと気がつかれたことで初めて，大学のロースクールなど法曹を養成するプロセスでも，事実認定の問題も考えないといけないということになり，そこで心理学者が教員として講義することにもなったし，また今では国の側つまり行政として検察・警察でもその必要性を認めて，たとえば警察大学に僕らも呼ばれてそこで講義をすることもあります。私自身，明日も東京の警察大学校で話をしますが，いまは心理学者にそういう要請が入るようになったのです。以前は敵のように言われていたのが，その必要性を感じるようになったのでしょうね。これについては「足利事件」が大きな契機となったのです。この事件は物証上無罪となったのですが，任意同行の1日目ですでに自白をしてしまって，膨大な調書を作られていたということがありま

した。この現実を目の前にしたときに彼ら（警察・検察）も考えないといけないということでわれわれに講義を要請してきたのです。

片：警察や検察の中の心理学専門のコースではなく，あるいは法科大学で法心理学を学ぶのでもなく，ですか。

浜田：外部からわれわれが呼ばれて行ったのですね。

山本：これまでおもにお二人が話して下さったのは，それぞれの法心理学が立ち上がっていくプロセスの違いで，日本では事件の被告の側から始まった研究が多かったのですが，中国ではどのように効率的で公平な社会を作るかという政府の観点からの要請という形で始まった。日本も中国ももともとそういうものに対して特別な方法を持っている心理学者がいたわけではなく，要請がどこから来たかという方向性はそれぞれ違うが，現実の要請に合わせる形で，心理学者が法心理学者になっていったというプロセスは共通していたということなんですね。

　もう一つ印象的だったのは馬先生が，「違う道を歩んで同じ所にたどり着く」とおっしゃったのは非常に大事なことだと思っています。今回寄せられた論文を拝見していて，もうかなり根深い社会の成り立ち方の違いというものが反映されていることがあるような気がします。

　少し具体的に例をあげて話をすると，1つ目は捜査の段階，2つ目は訴訟に入ってからの段階，3つ目は刑が確定してからの措置や矯正をどのように行うのかの段階があります。まずこの最初の段階の捜査をして起訴をするプロセスについて，日本と中国の刑事法の違いについて説明をした文章を拝見して，日本のことについては読んだらわかるという感じですが，中国の制度についてはピンとこない印象のものがいくつかあって，そのご説明をしていただきたいのです。

　たとえば，刑法の110条ですが「法院（裁判所）と検察院（検察），または公安機関（警察）が，犯罪事実があり刑事事件を追及すべきと考える場合は立件すべきだ」というふうに書いてあるそうです。不思議に思った

のは日本では立件するのはあくまで検察です。捜査は警察もしますし，立件された後に判断するのは裁判所がするわけですが，この説明からすると，裁判所も検察も警察も全部が立件すると読めるのです。この点について具体的にどういう意味なのかをご説明下さい。

　もう一つは「私訴」という概念です。これは何かというと，要するに検察などが調べたが結局は起訴しなかった事例があって，起訴しないことが正式に決定しているわけですが，ところが被害者がその決定に納得がいかない場合には，刑事事件に関していくつかの条件，たとえば被害者が証拠を握っている等の条件を満たした場合には「私訴」ができるということになっているのです。日本でも検察が起訴をしなかったときには，それに不満を持った人たちが検察審査会に訴えるという制度はありますが，検察審査会でそれを検討して議決が出たとしても，必ずしも検察はその議決に縛られないので，再度検討はするが再び不起訴にするということもあるわけです。そのあたりの誰が，その控訴の権利をもっているのかという，その作られ方に違いがあるのではないかと思ったのです。もしかして法システムの中で問題解決をするときの調整の仕方の違いが双方にあるように思ったのです。そのところをまず最初に教えていただきたいです。

馬：山本先生が言われたことは管轄の問題です。この問題は私が見れば少しも曖昧なところはなく，実際の状況は山本先生が理解されているようなものとはおそらく違っています。中国では警察機関が立件する事件，すなわち管轄する事件は一般の刑事事件や重大な刑事事件です。これらの事件が発生すると，警察機関は立件し，捜査し，逮捕します。逮捕時には検察院の同意が必要で，検察院が同意しなければ逮捕できません。公安機関は捜査を経て十分な証拠を得られれば，検察院に送り，検察院が起訴します。これが第1種の事件（または案件）です。第2種の事件では，われわれは職務犯罪と呼んでいて，汚職や賄賂，瀆職犯罪などがあります。刑訴法は明確に規定していて，これらの案件は検察院が立件し，警察を経ずに検察院が自ら事件の捜査を完結させます。第1種の案件との違いは，基本的にはすべて国家公務員の犯罪だという点です。第3種は，裁判所が受理でき

る一連の自訴事件です。自訴事件には重婚罪などがあります。証拠を裁判所に提出するだけで，直接立件できます。自訴は少なく，基本的にはすべてが公訴事件です。これら3種の案件は，それぞれ異なる管轄で，われわれからすれば明確なものです。

　中国の法律体系の乱れは，警察，検察，裁判所という3つの組織の上に政法委員会というものがあることです。過去には多くの事件の処理に政法委員会がそれら3つの機関の指導者を呼び出し，それらの事件はいかに処理すべきかを指示しました。政法委員会は「維穏」と呼ばれる政治権力の安定を出発点とし，政法委は広汎な社会的安定に意を注ぎ，3つの機関は具体的な案件の公平公正に意を注ぐと言えるでしょう。3つの機関は各々の職務から出発して，時には裁判所長や検察長が政法委の意見を受け入れたくないこともあります。しかし党の指導という体制から見れば，彼らも最後はその意見に従わざるを得ません。政法委の権力が大きすぎることは，中国の法律が乱れ，問題が生じる部分です。実際すべて法律の規定するプロセスに従っていけば，問題は起こりえないのです。法律システムには問題はなく，その執行過程に問題があると言うべきでしょう。

浜田：実際に最高裁まで行ったような事件で，政法委が関与することもあるんですか。

馬：判決がすでに行われた場合に政法委が影響を及ぼすことはきわめて少なく，その影響力は公訴段階と審判段階に見られます。河南省商丘市で発生した「趙作海事件[注4]」を例にあげましょう。現地の警察が「殺人事件」を捜査した際，検察院に趙作海の逮捕請求をしました。この事件について，警察は二度送検したのですが，どちらも「事実が明らかでなく，証拠が不足している」ことを理由に差し戻され，「補充捜査」を求められました。

　趙作海は3年3か月拘束された後，この事件は上級の政法機関によって

注4：1999年に故意殺人罪で執行猶予つき死刑判決を受けたが，11年後に殺されたはずの被害者が現れ，冤罪であることが判明した。拷問により自供させた3名の警察官は勾留の後停職，趙作海には国家賠償が行われた。

重点的に審理すべき期限超過事件に指定され，迅速に終結させるか，釈放するか，処罰することを要求されました。このような圧力もあって，検察院は自分たちの意見を最後まで貫くことはできず，完全に警察の意見に従う形で公訴しました。趙作海は判決を受けて監獄に入れられましたが，2010 年になってそれが冤罪であることが明らかになりました。商丘の検察院はわれわれの学院の教学実践基地であり，検察官はかつて事件後にわれわれと討論したことがあるので，この事件には私自身が触れたことがあります。最高裁判所のレベルでの関与もきっとありえますが，私たちには見えません。

山本：今のことについても社会的な決定がどういうプロセスを経て行われるかということについて，それぞれの異なる事情があるんだということまではわかります。それぞれのシステムに問題があるのだとすればそれに対して学会としてどのような働きかけができるのかということについては改めて考えなければならないと思います。

　少し質問，というか違う部分を感じたことについて話を続けさせていただきます。日本では3つの，裁判所，検察，警察が一応独立した機関としてあるわけですが，（中国では）その上に政法委員会というのがあって，影響力を持っているので3つが必ずしも独立したものとしては展開していないということでした。また先ほどの私訴ということも考えると，中国ではいろいろな力が影響し合って物事が動いていき，起訴までの間にいろいろな調整が行われているのではないかという印象を持ちました。

　それで起訴された後ですが，論文を読みますと，中国では裁判が2か月以内に結審しなければならないというようなことがあるようですが，日本では裁判がすごく長い。たとえば死刑が関わるような裁判は 10 年でも 20 年でも続くということがあるわけです。そういう意味では中国の裁判は非常に素早く行われている印象があります。

　そしてその後の展開で関心を持ったのは，一方で非常に早く判決に至るし，死刑と決まった場合には1週間以内に処刑することが決まっているようですが，他方で死刑を2年間執行猶予する制度があって，その2年間で

態度が良く反省が深かったりすると無期懲役に替わる，さらに素晴らしい態度でいると有期刑に替わる，というようなこともあるようですね。刑が決まった後の融通性というのか，それが死刑に対してまでも融通が利くという，良く言えばある種の柔軟性を感じました。日本ではあえて悪く言えばこのような柔軟性はなく，杓子定規と言えなくもない。

　さらに，柔軟性の問題なのかと思ったのは，刑が確定して収監されるときに全部の期間を収監されるわけではなく，日本の仮釈放のような制度に該当するのかもしれませんが，早い段階で地域に戻す，そして地域の中で，自治体で矯正教育を行うというシステムがあるということなんですね。それが法的な条項としてある。あるいは中国は日本より社会が犯罪者の矯正を支えるようなシステムを作ろうとしているようで，それが可能であれば刑期を短くしても良いというところまで考えているのだとすれば，非常に柔軟性のあるシステムだというふうに見えてきます。中国の方からすれば，それはそのとおりの理解だということなのか，ちょっと違うのか，そのあたりを教えていただきたいです。

馬：事件の審理の期限については，わが国の刑訴法で非常に明確に規定されていて，日本とは違います。一つの事情をお話しすれば，中国で何ゆえ効率を求めなければならないのかがよく理解できるでしょう。北京の裁判所では最近40歳前後の中堅裁判官がおおぜい辞職や配置転換を求めています。その原因が何かと言えば，仕事の圧力が重すぎるんです。北京の中級裁判所民法廷は裁判官と判事補佐官，書記の3人1組で構成されますが，1年間に70以上の審理を行わなければなりません。中国は十数億の人口を抱え，事件も非常に多く，裁判官は心理的圧力が最も大きい職種の一つです。

　このほか，中国は人間関係重視の社会（熟人社会）です。どんな事件でも長引くほど，とりなしや助けを求めたりする人からの裁判官への圧力が大きくなる可能性が増えます。このため，そういう規定は諸刃の剣といえるのですね。利も有れば害もある。ただ，現在の私たちの大きな状況を見ることが大事です。改革開放から30年，中国経済は発展し，人々の法意識も強まってきました。民事事件か刑事事件かにかかわらず件数は毎年

倍々に増加しています。それで効率が優先されてしまうわけですが、公平や公正を軽視しているのではありません。

　死刑に猶予が付くという話ですが、それは一つの進歩です。どうしてそう言えるかというと、それは政府の理念を考慮しつつ、一般の人々の思いにも配慮しているからです。伝統的には中国人は応報刑をとても重視し、容赦がない傾向にありました。人を殺せば死ぬのが当然というわけです。けれども御存じのとおり、そのような考え方は世界の潮流には合いません。中国の為政者もそれを知っていて、死刑を減らすことを望んでいるのですが、庶民はそれを拒むのです。ですから、死刑に猶予が付くというのは実は一つの過渡的な形といえます。次に共産党は過去に「自白すれば寛大に、拒めば厳しく」という政策をとっていました。もし自白すれば、それが恐るべき罪であったとしても、なお彼に自ら改める一つの機会を与えるのです。共産党のこのような刑罰の理念は、戦争の時代から来ています。捕虜が「殺さないでください、そうすればあなたのために働きます」と言えば、はたして彼を殺すでしょうか？　そんな戦争の時代の刑罰手段が未だに現代の中国に影響しているのです。

　まとめていうと、執行猶予付き死刑と似たような現象は私たちの国だけに見られるのではなく、実際は日本にもあります。日本では繰り返し再審請求するなどいろいろな手段や道筋で死刑を執行させないこともありえます。ですから、中国は中国の国情に合った方法を使っているのだと言えるわけです。

山本：猶予というのは、判決の段階で裁判官の決定として猶予が付くのですか。死刑が決まってから何か別のことで決まるのでしょうか。猶予はどういう基準で決まるのでしょうか。

馬：まずは中国で死刑が多いことは確かな事実です。死刑に猶予がつくのは、死刑が確定する罪であっても情状酌量のような、それほどにひどい手段でないとか影響がないなら猶予されます。

　このほか、コミュニティ矯正制度は中国では2003年ごろにアメリカか

ら導入しました。その適用対象は主に軽犯罪，たとえば財産型の犯罪，家庭生活型の犯罪などで，刑期がだいたい3年以下のものです。ではどうしてこのような制度を採用したのでしょうか。それは第1に中国が現在刑罰の軽減を重視しており，過去のような厳罰主義をとらなくなっているからです。第2に刑罰の人道化ということがあります。これが2つの大きな流れです。さらにそのようにすることは司法への負担を減らし，そのような人々が家庭や地域の環境でよりよく自分を改造し，矯正する優れた手段なのです。私はよくこんなたとえ方をするのですが，現在の刑務所は「熱いお湯」と言っていいのではないかと思います。でも社会に出ればそこは「氷水」で，出所者に対しては冷たいので，いったんコミュニティに戻すのです。このコミュニティは「温水」というわけです。刑務所の熱いところから社会の冷たいところに戻ったときに適応できなくなるので，社会復帰の途中に，中国語では「中途の家」というのですが，こうしたコミュニティを置くのです。

　そうして社会に復帰しやすくするのですが，こういう試みはかなりうまくいっているのではないでしょうか。コミュニティ矯正という処遇を通して社会の冷たさと温かさの両方を伝えて社会復帰への足がかりとしているのです。

　しかし実際執行するにはコストがすごくかかりますが，再犯率はかなり下げられます。最近の追跡調査で約7,000人に調査をしたところ，再犯率は1,000分の1くらいになっています。

山本：1000分の1というのは衝撃的な数字ですね。

馬：北京での数字です。

　ところで私はこの6年間は取調べのことにも興味を持っているので，自分でもこうしたことに関わっているのですが，たとえば日本で取調べをするときに何か特別な心理学的な手法や技術を使うことはありますか。実践現場でのことですが。

浜田：最近，特に被疑者の取調べでは，知的障がい者の取調べに対しては検察のほうでも慎重になっていて，心理学をやっている人たちに技法などの協力を求めて，テクニックなどの検討を始めています。これは知的障がいの人たちの冤罪が起こり，真犯人が後から出てきたような事件が出発点になっているのですが，（社会的）弱者の事件や取調べ，これは被害者の問題についても，たとえばわいせつ被害の女の子の事情聴取や子どもへの虐待についての事情聴取などの場合などにも，司法面接という形でその技法を独自に開発しようとしています。これはイギリスなどの影響が大きく[注5]，日本でも具体的に検討されています。

　それ以外の知的障がいなどの障がいを持っていない一般の被疑者，被害者，目撃者に対しては特にこれという検討はありません。ただ，冤罪事件などで，無実の人が自白するというようなことが現実に起こっているということは認識せざるをえない状況になっているので，われわれに意見を聞いたり講義を受けるというようなこともあります。具体的にはここ十年くらいの間にそのようになってきていますね。

馬：話は変わりますが，法心理学の体系についてお尋ねします。

　法と心理学会の図書販売で『法と心理学のフロンティア』[注6]という本がありましたが，この本を見ますと法心理学の枠組みをかなり大きく作ってあったように思いました。これは欧米の法心理学のテキストに比べてもかなり体系を大きく作られた本だと思うので，大学でも学生たちに授業などで紹介したりしています。日本の法と心理学会は法心理学の体系をどのようにとらえておられて，どこまで実際に取り組んでおられるのでしょうか。

注5：イギリス（イングランドとウェールズ）において現在捜査現場で実際に用いられている，子どもの供述聴取に要求される基準（MOGP: Memorandum of Good Practice）や，米国を中心に用いられ，日本でも導入の動きがある NICHD があり，また 2011 年に日本学術会議心理学・教育学委員会法と心理学分科会は「提言：科学的な根拠に基づく事情聴取・取調の高度化」をまとめ，さらに北海道大学の仲真紀子教授を中心に，「子どもへの司法面接：面接法の改善その評価，犯罪から子どもを守る司法面接法の開発と訓練」のプロジェクトが精力的に展開されている。
注6：菅原郁夫・黒沢香・サトウタツヤ（編），北大路書房，2005 年。

第4部　公開座談会

浜田：体系を考えている人がいるわけではなく，具体的な事例を追いかけて行けば行くほど多方面に考えざるをえないという現実があるということを誰もが自覚して，領域を広げていかざるをえないということになっているのだと思います。

　私自身のスタートは，刑事裁判での冤罪への取り組みでしたが，その中でどのような手続きがなされなくてはならないかということを含めて，取調べ，事情聴取，目撃証言の問題などの，これまで狭義の法心理学のなかで取り上げられてきた問題に留まらず，裁判での言葉のやりとりやコミュニケーション状況なども含んだ問題も出てくる。さらに民事の問題にも絡んでくるし，司法における公正性をどうするかなど，一つの問題を突いていけば，結果としてあらゆる問題に広がらざるをえないというところです。必ずしも体系ということではないのではないかと思います。広がることは大事なのですが，問題は，あまりにも拡散してしまうことでしょうか。出発点である個々の具体的な事例がどうであったかということを手放さないようにということを私自身は心がけています。

山本：残念ながら時間がきてしまいましたので，最後にお一人ずつお話ししていただきますが，その前に1名か2名，フロアからどうしてもここだけは押さえておきたいというところがありましたらお話いただくことにします。

女性1：私がおうかがいしたいのは，被害者の受け止められ方が日中で違うかどうかということ，被害を受けた時にその責任が被害者の側にかなり強くあるという考え方が中国にあるのではないかと感じております。

　私は小学校の教科書の内容分析をしておりまして，中国を含めて東アジアの教科書の葛藤処理の分析で，中国の教科書に「農夫と蛇」というお話があります。その話は，凍えていた蛇を農夫が助けるのですが，ところが蛇が暖まって息を吹き返すと，助けてくれたその農夫を殺してしまうのです。最後に農夫は「蛇は悪い者だと知っていたのに，助けた私が悪かった」と言って死んでいくのです。被害者である農夫が，そういう状況を醸成したのが悪かったと言っておしまいになるのは，日本の心情からすれば受け

容れられなくて，やはり中国では被害者が被害を受けるのが悪いんだ，その環境を醸成したのはお前だろうというような考え方があるのでしょうか。そのような考え方があるのかないのか，それは単に教育場面だけのことなのかどうかというのをお聞きしたいのです。

山本：民話にも同じような例があって[注7]，親からはぐれた狼の子どもがお腹をすかせていたのを農夫が見つけて世話して餌をあげていたら，だんだん大きくなって噛んだりするので森に放してやった。そのあとで森を隔てた所に農夫が行ってその帰りに狼に出会って恐かったけど，よく見ると自分の育てた狼だったので，名前を呼んだら狼がやってきて食らいついてその農夫を殺してしまったという話です。そこで話が終わってしまうのですよね。どこに救いがあるの？　って……。

女性1：そうなんですよ。（笑い）

馬：蛇というのは私たちのシンボル体系では悪を代表するものです。中国の文化では，悪に対して寛容である場合は，それがどのようなものであれ結果は自分が背負わなければならない，と考えられています。それは中国的な一つのロジックです。自己責任（自食其果）の考えが強調するのは人間性のことで，人は本来善であるが，もし悪い行いをしたならば，責任を負わなければならないし，罪があることになります。

山本：そのへんが違うと，犯罪に対する対処の仕方も違っていくのでしょう。

女性2：そもそも中国に冤罪というものが存在するのでしょうか。政法委員会の意に反したら冤罪であっても冤罪でないというか，すぐに処刑というか短くするのはたったっとやってしまえ，という感覚があるような気がする。方向性として，冤罪があったときに日本では積極的に冤罪を立証できるか

注7：飯倉照平・鈴木健之（訳）『山東民話集』平凡社東洋文庫，1975年。

を分析していくということですが，中国では犯罪を犯した人はあくまで犯罪を犯した人であって，それをどう矯正していけるか，どう社会に復帰させるかという研究があるというふうにしか見えなかったのです。

先生は途中で死刑には2つの道があって1週間以内に執行される場合と2年間執行猶予があるというふうにおっしゃったけれど，馬先生のご説明の中ではその2年間の執行猶予が付く人は，情状酌量でもともと死刑判決が下りるべき人ではなかったというようにおっしゃっていまして，柔軟性があるのではなくて死刑の判決自体が間違っていた可能性があったり，あるいは政法委員会や政府の働きかけがあって変えられるような，何か別の力が働いているようにも聞こえてしまう。冤罪という概念が中国には存在していないのではないのか。先ほど，中国にも冤罪事件があったとおっしゃったのですが，それは日本の冤罪と同じものなのかどうなのかということです。

山本：これは僕が答えるのも変なのですが，中国でも最近冤罪が大きな社会問題になっていることは間違いなくて，その一つの例として，ある男性が妻を殺したということで逮捕されました。ところがそれが冤罪だということがわかったのですが，それはなぜかというと殺されたはずの奥さんが生きていて出てきたというのです。（笑い）こういう明らかな冤罪があって話題となったのですが，もちろん中国でも冤罪に対する取り組みは，中国的なあり方ではあると思います。

女性2：中国的なあり方とは？

山本：論文を読んでいただいたらわかると思いますが，政府と違う観点からの問題提起というのは学会の中で出されてくるのです。たとえば，日本側の論文の中で浜井先生が矯正のことについて，再犯率を下げるのを考えたとしてもその人が社会の中で生きられるという状況が必要であって，その人の問題というよりは社会の問題として対応していかなければならないということを現状に対する批判としておっしゃってるわけなんですが，それに

「法と心理学の実務と理論を巡る日中対話」

対して中国の側では，RRAI，要するに再犯の危険性を測る尺度というのが作られていて，そこでの結論も厳罰化がいいというのではなく，社会がどう受けとめるかというように社会が変わらないとだめなんだと，日本と同じ結論に達しているんです。

　そんなふうに学会がある意味では幅広くいろんなものを受け入れてしまっている状況があるというように感じています。

　あと中国を理解するうえで非常に重要なことわざがあるのですが，「上に政策有れば下に対策有り」と言って，上は上でいろんなことをやってくるけど私たちは私たちで対抗して生きていきますよ，っていう発想が中国ではベースにあるようです。それを日本的な感覚で見てしまうと実態がうまく理解できないのではないかと思います。

片：冤罪のお話でしたが，確かに中国でもここ何年か……，毎年と言ってもいいぐらいにかなりメディアで騒がれているような大きな冤罪事件が起こっています。山本先生がおっしゃったのは2005年に明らかになった冤罪事件[注8]ですね。今年3月にも大きな冤罪事件がありました。自分なりにこうした冤罪事件をニュースなどでチェックしてみたら，やはり基本構図は浜田先生がおっしゃったことに当てはまっているように思います。

　でも中国の現状からいうと，先ほども申したように今は刑務所での処遇はよくなったということですが，中国での取調べはある意味では荒く，拷問のようなやりかたも残っていて，冤罪にはそんなことが原因としてあったのです。それが暴露されたときに，メディアではこういう拷問のような取調べがあって冤罪になったのだというように話を持っていくのですが，浜田先生がおっしゃるように，拷問じゃなくても人は簡単に自白に落ちてしまうのです。しかし，中国では冤罪が拷問と直結しているととらえられやすいので，その解決は心理学者の介入より，法学者による法制度の整備に頼ります。たとえば中国の新しい刑事訴訟法はすでに録音録画などの可視化について規定しており，重大事件に関して必ず全過程を録音録画する

注8：この佘祥林事件については，本書「おわりに」（296頁の注5）を参照のこと。

ように改定されています。「道は違うが帰着するところは同じ」ということが，このようにそれぞれ異なる歴史や文化の流れの中で行われているでしょう。しかし，法心理学的視点からは，浜田先生がいつも強調されている人間の営みの基本構図をしっかり掴む必要があると考えています。

山本：最後に一言ずつ今日お考えになったことをお聞かせ下さい。

片：日本と中国の協働はやはり日本と中国の2か国に限られた問題ではないと思いました。日本も中国も，世界の法心理学がどのように動いているかつねに気を配っています。このように，中国と日本が世界の主流の心理学をめざしながら協働し交流するときに，何に気をつけなくてはならないか，何が問題となりうるか。たとえば中国が日本から学ぶとしたときに，もし日本が欧米の心理学をめざしているのなら直接欧米の方に目を向けたほうがもっと効率がいいかもしれません。しかし，中国と日本の協働ではそうではない何かがあって欲しいし，また何かが必ずあるのではないでしょうか。そういうところを直視して可能性を探っていくのが大きな課題ではないかと思います。

馬：確かにそのとおりかと思います。特にその中で大事なのは，問題解決を共有することではないかと思います。方法は多元であっていいし価値観も多元であるんだけれども，何かの問題解決を共有することで協働の可能性が広げられていくのではないかと思います。

山本：感想を少しお話させていただきます。こうして少しお話させていただいたなかでもかなりお互いに考え方が違うことが見えてくると思います。その中で，日本の法と心理学会と中国の法心理学会がどのような関係を取り結ぶことが必要なのか，そしてその中でどう交流していくことがお互いにとっていい意味で刺激になるのかを考えてみたいと思います。そのとき目標となるのは問題を共有して考えていけるようになることですが，たぶん今すぐにはそれはむずかしいでしょう。もっと時間をかけてお互いの違い

を理解するというステップがとても大事だと思います。

　具体的なこととしてそれぞれの学会のレベルでも，個人レベルでも，たとえば，先ほどお話にあったような 0.1% に再犯率を下げたというような試みの現場を見せていただくことや，裁判を見せていただくとか，刑務所に犯罪を犯して入ってみるとか（笑い）。やはり生に体験してみて，この人たちはどういう状況を生きていて，どういう問題を抱えていて，何を解決しようとしているのかということを理解するきっかけを作る，そのレベルでの交流というのが現段階ではとても大事なのではないかと思います。

　その次に，具体的な問題として，実際に国際化の中で犯罪の国際化の問題などが当然あって裁判が起こっていて，そこに法と心理に携わるものがどのように関われるのかというのは当然起こるわけですから，そういう現実に目を向けていく中で改めて問題を共有するとはどうすることなのかが見えてくるのではないでしょうか。

馬：浜田先生，山本先生，そして座談会に参加してくださった皆様に感謝を申し上げます。私たちは法心理学に関わる同業者であり，自分の国の法制度がもっと健全になり，人びとをもっと幸せにしていくことを望んでいると思います。この点において，私たちの使命も同じであるはずです。今後ともより多くの機会に，お互い協働しつつ法心理学の発展を進めていくことを願っています。

　今回の交流の中で，私は日本の弁護士団を中国にお呼びすることを考えました。日本の弁護士たちが中国の弁護士と交流し，心理学がどのように役立つかを伝える。このような進め方がより効果的かもしれません。心理学者が関連する問題領域で見いだした知見を，まずは弁護士が活用し，そのことを通じて裁判所にまで影響を及ぼす。日本の法心理学会における心理学者と弁護士の協力は私たちが学ぶべきところです。私たちもこのようなやりかたで，社会の公平と公正を実現するための仕事に介入し，心理学の働きを高めることができるでしょう。

　ありがとうございました。

第 4 部　公開座談会

浜田：ありがとうございました。私も馬先生をはじめ中国の方々とおつきあいをさせていただいていて，ある意味まだ十分に中に入り込んだ形での議論はできていないとは思いますが，日本と中国の違いをいろいろな形で感じます。しかし同時にたとえば，虚偽自白の問題は非常に日本的なものをひきずっているわけですが，突き詰めて見ていくと同じ人間の問題として共通する部分もたくさん出てくると思います。

　虚偽自白の心理も先ほど最後のところで話題になりましたように，拷問で落ちてしまうというような理解のしやすさがあるわけですから，まずは拷問という取調べのやり方はとらないし，とれないようにしましょうという方策を立てるのはごく当然のこととして，日本もそういう過程をたどってきました。

　しかし片方で拷問は禁止されても，取調べはあって，実際に犯罪を犯した人にはちゃんとしゃべってもらわなければならないというのはどの国も一緒です。その中で，拷問がないところでも虚偽の自白が出てくることは十分考えられます。同じところで問題を抱えることにもなってきます。そうすると今，日本的状況の特殊性とか中国的状況の特殊性を前面に出して議論をしてますが，どこか突き詰めて考えれば共通の問題があって，それは刑事事件に限っての問題ではなく人間のあり方の問題であったり，人間が生み出してきた言葉の問題が出てきたりするのです。

　私は法心理学が法の世界に閉じるのではなくもっと広く心理学全体の土壌としてしっかりと何かを生み出すものを作り出すのではないかと思っているので，そういう意味では違う文化状況を生きている者の議論の中で人間の持っている普遍的な問題性，普遍的な現象の法則性を明らかにするという大事な営みを私たちはやっているのだなあと思います。

　私はすでに人生の終盤になってきているし，これは若い人たちに是非頑張っていただきたいと思います。しかし私が作業としてやってきたことは十分まだ普遍化した形では展開していないという自覚を持っていますので，是非そこを頑張ってもう一歩進めて行きたいと思うし，それが中国にも伝わり，また他の国の心理学にもつながっていければという大仰な希望，分不相応な希望を持っておりますので，できるところまでやっていきたいと

思います。またこんな機会を今後も重ねていけたらありがたいと思っていますのでどうぞよろしくお願いします。

山本：長時間にわたってありがとうございました。（拍手）

付　録
「目撃供述・識別手続に関するガイドライン」[注1]

法と心理学会・目撃ガイドライン作成委員会

1　目撃供述・識別手続全般に関わる基本姿勢

　目撃供述は，目撃者が「私は事件の現場（あるいはその周辺場面）で，人物 A が行為 B をしているところを見た」というかたちで提示される。これはもちろん事件捜査（あるいは（後の事実認定）においてきわめて重要な意味を持つ証拠となる。しかし，A は B をしていなかったかもしれないし，B をしていたのは A ではなかったかもしれない。また A について述べた特徴は間違っているかもしれないし，A として識別された人物は現場にいなかったかもしれない。このように目撃供述はいろんなところで間違いをおかす。したがって一見どれほど明確で，疑いの余地のないように見えても，目撃供述は，あくまで事実についての一つの仮説であることを忘れてはならない。そこには種々の誤謬の可能性がひそむ。その誤謬は，収集された目撃供述を証拠評価する段階で発生するだけでなく，何よりも収集段階で発生する。したがって目撃者に対する捜査にたずさわる者は，仮説検証的な姿勢を取ることを基本原則とすべきであり，この仮説検証的な姿勢を堅持するために次の諸点を守らなければならない。

1-1　すべての手続過程の厳正化
　目撃供述が聴取される過程及び同一性識別の手続の過程は，誘導・暗示の効果を排除するべく，できる限り厳正化されなければならない。供述という証拠は，物的証拠と違って，聴取者の質問の仕方や識別手続のあり方に左右される微妙な証拠でもある。もし捜査官が特定の人物に結びつくような暗示・誘導的言動を行った場合には，その暗示・誘導がほんのわずかなものであってもその目撃供述や識別手続には誤謬が発生していることを認識するべきである。

注1：本稿は「目撃供述・識別手続に関するガイドライン」（法と心理学会・目撃ガイドライン作成委員会編）の概要である。補足情報などを掲載した完全版については以下を参照されたい。法と心理学会・目撃ガイドライン作成委員会（編）『目撃供述・識別手続に関するガイドライン』現代人文社，2005 年。

1-2 すべての手続過程の可視化

目撃供述が聴取される過程，また被疑者との同一性識別の手続過程のすべてが，後に仮説検証的検討を受けうるように可視化されなければならない。供述聴取や識別手続に入り込む誘導・暗示の効果は，微妙なものであるだけに，目に見える形での客観的記録が必須である。

1-3 すべての手続過程の記録開示

裁判において目撃に関わる事実認定に争いが生じたときは，目撃供述が聴取された過程，また被疑者との同一性識別の手続過程に関わる証拠がすべて開示され，検討の資料として当事者に提供されなければならない。

2 供述手続

事件が発生したのち目撃者の存在が明らかになれば，当の目撃者から目撃状況，目撃内容について供述を聴取しなければならない。この目撃者との最初の接触が，その後の事実認定においてきわめて大きな意味を持つ。目撃の原体験にもっとも接近した供述こそが当の体験をもっとも正確に反映しているからである。それゆえこの目撃供述の聴取に当たっては最大限の注意を払う必要がある。

2-1 供述聴取手続の基本条件

2-1-1 〈供述聴取の優先〉
目撃者に対しては，識別手続または写真面割手続を実施する前に，目撃供述を聴取しなければならない。

2-1-2 〈聴取時期〉
目撃時点から供述聴取までの時間はできる限り短くしなければならない。

2-1-3 〈聴取時間〉
供述聴取は目撃者に負担を与えない適度な時間内で行わなければならない。

2-1-4 〈聴取の場面設定〉
供述聴取においては，威圧的な雰囲気をできるだけ避け，供述者をできるだけリラックスさせるものでなければならない。聴取者は原則的に一人で，対面位置を避け，服装も制服は避ける。

2-1-5 〈聴取の反復禁止〉
供述聴取の反復を行ってはならない。やむをえない事情のため反復するときは，その理由を明確に記録しておかなければならない。

2-1-6 〈聴取者〉
目撃供述の聴取には当該事件に関する情報を有していない人物があたらなければなら

ない。

2-2 供述聴取の手順

目撃者には、「事件解決への重要な協力者」になろうとする傾向がある。このため目撃者には自分の目撃記憶を越えて、より整合的に、より遺漏なく語ろうとする傾向がある。供述聴取に際してはこのことに注意すべきである。一方、事件に接することで心理的外傷を受けている可能性のある目撃者に対しては、無理に供述を求めることなどがないよう十分に配慮する必要がある。

2-2-1 〈導入時の教示〉

目撃者には、供述聴取前に、事件発生時に「見た」ことで現在記憶しているものだけを供述するように教示を行う。

2-2-2 〈目撃者が予め被疑者を特定し捜査機関に通報した場合〉

被害者が目撃現場で被疑者を取り押さえた場合、以下の諸点を守らなければならない。

銃を持って銀行に押し入り金を要求した男を、その場にいた顧客が隙を見て取り押さえたような場合であれば、その行為が犯罪であることはまぎれもなく、またその行為者を他の人と取り違える可能性も少ない。しかし、現実の事件では、被害者が周囲の無関係な他者を犯行者と取り違える危険性がある。例えば、被害者が必死になって無関係な「犯人」を捕まえ警察に突きだしたような場合がこれにあたる。こうした場合、通報を受けた捜査官は、現行犯だから間違いないと思いこみ、被害者側の言い分に無批判になりやすく、そこに錯誤の入り込む余地が生じてくる。

- 現場での記録：現場で目撃した行為は、速やかに第三者を介し、客観的に記録しておかなければならない。当該行為が犯罪に当たるかどうか不明瞭である場合には、目撃者の錯誤の余地を、少なくとも可能性として想定しておく必要がある。
- 被害者の感情的状態の記録：目撃者が被害者である場合、被害意識故に目撃自体を過度に誇張することがないかどうかをチェックするためにも、被害によって惹起された感情的な動揺状況を記録しておかねばらならない。
- 他の人との混同の可能性：多数の人が混雑している中での目撃については、目撃対象たる犯行者と周囲の人を混同した可能性がないかどうかに、充分注意を払わなければならない。そのため、現場状況について、速やかに客観的な記録をとっておかなければならない。
- 同伴者とのやりとりの記録：目撃者が複数いるとき、あるいは目撃者に同伴者がいるとき、目撃から供述聴取までの間に相互にどのようなコミュニケーションがなされたかを、最大限記録しなければならない。

2-2-3 〈聴取の順序〉

目撃者からの供述は次の順序を遵守しなければならない。ただし段階が後になるほど聴取者による誘導の危険性が高まるため、できる限り早い段階で聴取を終了しなければ

ならない。
[自由供述段階]
　目撃した出来事について自由に話すように求める。この際，聴取者は目撃者に供述を強制したり，導いたりしてはならない。
　目撃者に自由に語らせると，供述は事件の時系列的な流れにならないことがある。しかし目撃者は，もっとも印象的な出来事や主観的に重要と思ったことから語り始めるので自由供述の内容は重要である。この自由供述によって，その後の質疑段階や指示的質疑段階における質問内容の枠組みを得ることができる。
[質疑段階]
　自由供述段階で得られた情報のうち必要なものについてより詳しく説明するよう目撃者に求める。ただしこの段階では，目撃者の記憶に影響を与えないよう目撃者自身が用いた言葉を使って質問をするよう注意する。たとえば自由供述段階で単に「若い男」という供述が得られた場合，「その若い男についてもう少し話して下さい」という形式で質問をする。
[指示的質疑段階]
　自由供述及び質疑段階で得ることのできなかった必要な情報について，オープンクエスチョンの形式で質問する。
　オープンクエスチョンとはたとえば「年齢は何歳ぐらいでしたか」「どのような服装でしたか」といった形式の質問をさす。いわゆる5W1H型の質問形式である。これに対し，質問の中に既にある情報に応答者が「はい・いいえ」の形式で答えることができる質問の形式をクローズドクエスチョンという。クローズドクエスチョンは，誘導の危険性が高いため，用いてはならない。

2-2-4　〈事件情報混入禁止〉
　供述聴取に際しては，当の目撃者自身から得られた情報以外の事件情報を，質問のなかに含めてはならない。

2-2-5　〈他者との情報交換の有無の確認〉
　事情聴取以前に他者と事件に関して話し合ったことがあったかどうか，新聞やテレビなどにより事件の情報を得たことがあったかどうか，あったとすればどのようなことであったかを確認しておかなければならない。

2-2-6　〈視力・聴力の検査〉
　すべての目撃者について，目撃時にもっとも近接した時点で視力・聴力を測定しておかなければならない（供述聴取前が望ましい）。何らかの障がいがある場合には，専門家の診断により，障がいの種類や程度を確定しておかなければならない（重篤な障がいがある場合は【6-2】参照）。

2-2-7　〈目撃者の心理的ショックへの配慮〉
　供述聴取を終了する際，事件を目撃し動揺している可能性のある目撃者に対しては，

付録「目撃供述・識別手続に関するガイドライン」

その心理状態を配慮し，必要に応じ専門の相談機関等を紹介できることを説明する。

2-3 供述及び供述聴取過程の記録

供述の聴取に当たってどのような言葉を用いて質問し，その質問に目撃者がどのように供述したかについての記録は，目撃者が記憶をありのままを語っているかを識別するためにきわめて重要な証拠である。

したがって，これらの経過について編集・要約されたもののみが残されるということがあってはならない。ほんの些細な言葉遣いによって，供述内容に歪みが生ずることがあり，そのように供述してしまったことが，目撃者自身が気づかないうちに自らの体験記憶になってしまうおそれが十分予想されるからである。

また，供述聴取過程についてものちに検証可能な形で保全しておく必要がある。

2-3-1 〈目撃者との接触記録〉

供述聴取に至るまでの当該目撃者と捜査機関との接触の状況などにつき，書面により記録しなければならない。

2-3-2 〈要約書の作成〉

供述聴取後直ちに要約書を作成しなければならない。

「要約書」は，供述内容の要約にとどまらず，供述聴取過程の記録をも含む。

2-3-3 〈録音テープ・ビデオテープによる記録〉

供述聴取の過程は，録音テープあるいはビデオテープ（同等の記録メディアを含む）により録音・録画されなければならない。録音及び録画のための設備は，目撃者の面前に設置されなければならない。録音及び録画のための機器は，巻き戻しが不可能で，かつ年月日及び時刻が自動的にテープ中に記録されるものでなければならない。

2-3-4 〈テープの保全〉

テープはマスターとコピーを作成する。マスターテープは，供述聴取終了後直ちに，目撃者の署名・押印を付して封印し，速やかに検察庁に提出し保管しなければならない。

2-3-5 〈テープの提出〉

テープは，当事者から提出を求められたときは，速やかに提出しなければならない。

2-3-6 〈供述聴取と識別手続などの明確な分離〉

供述聴取手続と，【3】の識別手続及び【4】の写真面割手続とは明確に区別されねばならない。

3 識別手続：他の証拠によって被疑者が特定されている場合

目撃者が目撃した当の人物を，その特徴によって特定できると判断される場合に，識別手続を実施する。これは基本的に目撃者にとって未知の人が対象になるが，顔を見知ってはいても氏名までは特定できないような場合も適用対象となる。

付録「目撃供述・識別手続に関するガイドライン」

　人物の同一性に関する手続については，捜査の流れとして二つの場合を区別しておかねばならない。
　・手続以前に，他の証拠から被疑者が特定されている場合
　・手続時点で被疑者が特定されていない場合（つまり目撃者の提供する情報によって被疑者の絞り込みから始めなければならない場合）
の二つである。最初に前者を【3】で取り上げる。後者は次の【4】で扱う。

3-1　識別手続の方法
　被疑者が特定されている場合，目撃者が目撃した犯人と被疑者（被告人も含む）との同一性を確認するために，次に述べる種々の手段がありうるが，いずれの手段を用いるにせよ，そこに誘導の可能性があることを十分に配慮して，科学的検証の姿勢を堅持しなければならない。

3-1-1　〈同一性識別手続の方法〉
　識別手続は，次の方法による。原則として，（1）または（2）で実施する。（3）を用いる場合は，【3-4-3】による。
　（1）ライブラインアップ（複数の人物を用いた実物による同一性識別）
　（2）ビデオラインアップ（複数の人物を用いたビデオによる同一性識別）
　（3）写真ラインアップ（複数の人物の写真を用いた同一性識別）

3-1-2　〈単独面通しの禁止〉
　単独面通しを行ってはならない。ビデオまたは写真の場合も，単独の人物を用いた同一性識別を行ってはならない。

3-1-3　〈ラインアップ担当者〉
　ラインアップ手続には，ラインアップの構成を主に行うラインアップ準備担当者（以下，準備担当者）と，目撃者から同一性証言を得ることを主に行うラインアップ実施担当者（以下，実施担当者）が，それぞれ必要である。準備担当者も実施担当者も，同一性識別手続以外の捜査に関与してはならない。どちらも，ラインアップが行われる事件について情報を有していない者でなければならない。準備担当者は目撃者と会うことができない。実施担当者は，誰が被疑者か知ることができない。準備担当者と実施担当者は，手続開始前に十分に打ち合わせを行い，開始後は顔を合わせたり，打ち合わせたり，情報を交換したりしてはならない。

3-1-4　〈弁護人の立ち会い等〉
　ラインアップの実施には弁護人を立ち会わせなければならない。準備担当者は，被疑者及び弁護人に，当該目撃者の供述要約書のコピーを事前に交付し，かつ被疑者または弁護人の要求があったときは供述に関する全記録を交付しなければならない。被疑者または弁護人は，当該ラインアップ手続実施中，フォイル（ラインアップに参加する被疑者以外の者），またはフォイル・ビデオ画像もしくはフォイル写真の選択・構成及びその

付録「目撃供述・識別手続に関するガイドライン」

他の実施方法につき準備担当者または実施担当者に意義を申し立てることができる。意義を申し立てられた担当者は，可能な限り意義に従い実施方法を改めなければならない。意義に従うことができない場合には，被疑者及び弁護人にその理由を述べ，内容を記録しなければならない。

3-1-5 〈フォイルの人数〉
　ラインアップは被疑者1名に加えて8名以上のフォイル（実物，ビデオ画像，または写真による。以下，同じ）を配置しなくてはならない。

3-1-6 〈フォイルの選定とラインアップの構成〉
　ラインアップは，被疑者が特に目立つ構成でないように配慮してフォイルを選ばなくてはならない。フォイルの選定は，被疑者及び弁護人立ち会いの下，準備担当者が行う。
　フォイル選定が完了したなら，被疑者を含めた提示順序を決める。被疑者と弁護人は，1回目の提示順序において被疑者が現れる順番を決めることができる。2回目の提示については，乱数表などにより提示順をあらかじめランダムに決めておく。複数の目撃者による識別手続が行われる場合，そのつど，提示順序は変更されなければならない。
　目撃者が顕著な特徴について供述している場合は，すべてのフォイル（人物・ビデオ・写真）についてその特徴を備えなければならない。「顕著な特徴」とは，傷やほくろ，その位置などである。
　目撃者の供述が曖昧で，一つに特定できない特徴部分については，それを「偏りなく適宜配分」する。偏りなく適宜配分するとは，たとえば目撃者の供述が曖昧で，犯人が眼鏡をかけていたのか明らかでない場合に，眼鏡をかけている人物とかけていない人物を適宜配分することを言う。
　識別手続に用いるビデオや写真は，フォイルも被疑者も，その撮影状況が均質・均等になるようにし，その形態を統一しなければならない。顔の向き，大きさ，背景，明度，鮮明度，色彩を統一し，特定のものが目立つことがないようにしなければならない。
　フォイルの選定にあたり，維持管理されたデータベースから事前にフォイル候補を抽出することになるが，その抽出は結果に偏りがないよう，公正・公平でなければならない。抽出方法は検証可能なものとする。
　抽出されるフォイル候補の数は，被疑者と同じ特徴を持っていることを前提に，最終フォイル数の2倍程度（すなわち15名）が最低でも必要である。

3-1-7 〈目撃者の隔離〉
　目撃者は，ラインアップ手続が行われる施設に到着したなら，手続が始まるまで個室で待機する。実施担当者は，手続終了まで，目撃者が実施担当者と弁護人以外の誰とも顔を合わせないようにしなければならない。複数の目撃者が近接した時間に識別手続を行う場合，すべての識別手続が終わるまで，目撃者どうしが顔をあわせることがないようにしなければならない。

3-1-8 〈目撃者への教示〉

付録「目撃供述・識別手続に関するガイドライン」

　ラインアップ手続の準備が整い，同一性に関する目撃者の供述を得る段階になったら，実施担当者は目撃者を識別手続が行われる部屋に招き入れ，弁護人立ち会いの下，以下のような教示を行う。これら教示を含め，識別手続はすべて録音及び録画する。
　1「これから識別手続を実施します」
　2「連絡してご協力をお願いした際にお知らせしましたように，識別手続のすべてが，ビデオ録画されます」
　3「録画されたビデオは，プライバシーに配慮して，安全に保管されます」
　4「あなたが目撃した人がこの中にいるかもしれないし，いないかもしれません」
　5「選べないと感じる場合には，誰も選ばないのが正しい選択です」
　　「誰も選ばないことは，誰かを選ぶことと同様，捜査にとって重要な情報となります」
　6「ラインアップ識別手続は継時法で実施します。つまり人物を一人ずつ見ていくことになります」
　7「まず，最初に，全員を通して，一度見ていただきます」
　8「その後で質問しますので，1回目は注意深く，ただ見ていてください」

3-1-9 〈識別前の確信度〉
　目撃者への教示の直後に，実施担当者は，目撃者に対し，その後の手続で識別可能と考えるかどうか及びどのくらい自信があるか（確信度）を尋ね，その回答を手続記録の録音の一部として，記録しなければならない。

3-1-10 〈1回目提示後の質問〉
　実施担当者は，1回目提示の終了後，目撃者に「今見た中に，目撃した人がいましたか」と質問する。回答が「いない」又は「わからない・選べない」という場合には，その時点で識別手続を終了する。
　実施担当者は，目撃者が識別できない時，それ以上識別を強要してはならない。「選べるはずだ，よく見て下さい」などと言うことや，何度も識別を実施するなどは，してはならない。

3-1-11 〈2回目提示時の教示〉
　実施担当者は1回目提示後の回答が上記以外の場合，2回目の提示を行う。始める前に「あなたが目撃した人を見たなら，教えて下さい」と教示する。「この人だ」など，個人を特定する供述が得られたら，その時点で識別手続を終了する。その場合，そのほかに何か言いたいことはないか目撃者に尋ね，その回答を記録する。
　ラインアップ実施担当者及び立会弁護人は，目撃者の識別結果に対して，「なるほど」，「そうですか」などのいかなる反応や事後評価（フィードバック）も示してはならない。これらも事後的な誘導となる可能性があるからである。

3-2　ライブラインアップ
　被疑者と目撃された人物との同一性識別にライブラインアップの手続を用いるのは，

付録「目撃供述・識別手続に関するガイドライン」

誘導・暗示の作用を最大限に排除して，科学的検証を実現するためである。

3-2-1 〈ライブラインアップの準備作業〉

ライブラインアップ手続において，準備担当者は以下の準備作業を行う。
- フォイルのためのボランティア・プールの日常的な維持管理
- ライブラインアップを実施するに当たって，被疑者の同意を取得
- 被疑者のラインアップに適切なフォイルの候補を抽出し，ラインアップ実施時に招集
- 適切なフォイル候補から選定し，最終的ラインアップの構成その他の準備（【3-1-6】を参照）
- ラインアップ時に被疑者・フォイルに指示を与えるなどの，実施における補助
- ラインアップ手続全体の記録，録画，録音

3-2-2 〈フォイルのためのボランティア・プールの維持管理〉

ライブラインアップ手続には，フォイルを務めるボランティアが不可欠であり，準備担当者は多数のボランティアを登録してデータベース化する。これをボランティア・プールと呼ぶ。年齢や特徴をキーワードとしてボランティア・プールを検索することで，適切なフォイル候補が抽出できる仕組みを作る。

3-2-3 〈被疑者の同意〉

ライブラインアップを実施するには，準備担当者は，弁護人立ち会いの下，以下の事項につき被疑者に告知した上でその明示的同意を得なければならない。
- 識別手続の目的
- 識別手続の実施方法
- 識別手続に被疑者が参加する義務はないこと
- 識別手続の様子は録画されること
- ラインアップに同意しない場合にとられうる識別手続の説明

3-2-4 〈フォイル候補の抽出と招集〉

準備担当者は，最終的なフォイルの数が8名以上となる必要があることに留意して，十分な数の候補（15名以上）をデータベースから抽出し，ラインアップ手続に参加してもらうため，協力依頼の連絡を取らなければならない。フォイルはボランティアであり，同時に抽出時に以下の条件を備えていなければならない。
- 被疑者と類似した特徴を持っていること
- 目撃者にとって，未知の人物であると推定できること
- 当該事件の被疑者にはなり得ないことが確認されていること
- 捜査の内容について情報を有していないこと，誰が被疑者か知らないこと
- フォイルどうしがお互いに未知であること

3-2-5 〈ライブラインアップ実施の準備〉

準備担当者は，ラインアップ構成者（被疑者及びフォイル）を識別手続が行われる部

付録「目撃供述・識別手続に関するガイドライン」

屋に連れて行き，そこでどの位置に歩き，どの方向を向くなどの，全員が行う標準的動きについて説明し，リハーサルを行う。リハーサルには弁護人が同席する。リハーサル後，ラインアップ構成員は控え室内に戻り，提示順に着席して待機する。

準備担当者はその後，手続が終わるまで控え室から離れず，ラインアップ構成員に指示を与えるなど，ラインアップ実施の補助的役割をはたす。また全手続の記録を行うのと同時に，ラインアップ構成員以外が控え室にはいるようなことがないようにする。実施担当者はインターフォンを通してのみ，準備担当者に開始や終了の合図を送ることができる。

この手続には，目撃者用の個室（人数分），ラインアップ構成員用の控え室，及び識別手続が行われる部屋が必要である。識別手続が行われる部屋はマジックミラー（一方向鏡）によって２つの部分に分離し，それぞれが目撃者用個室とラインアップ構成員用の控え室にドアでつながる形とし，目撃者の位置から，ラインアップ構成員用の控え室の中が見えないように部屋を配置する。各室には防音処置を施し，インターフォンを通してのみ，通話できるようにする。通話内容は，録音する。ラインアップ構成員用の控え室の一角を仕切って，記録用の機器を設置し，準備担当者がその操作を行う。

ライブラインアップの実施においては，マジックミラーで仕切られているラインアップの側を照明し，目撃者側を暗くし，目撃者の姿がラインアップ構成者からは見えないようにしなければならない。

3-2-6 〈ライブラインアップの呈示法〉

あらかじめ決められた順序（【3-1-6】を参照）で，ラインアップ構成者に，一人ずつ識別手続が行われる部屋に入ってもらう。前の人が退室した後に，次の人が入室する。ラインアップ構成者は予め決められた動線で所定の位置を通り，目撃者から正面と左右の横顔が見えるようにする。

ラインアップ構成者に身体的動作や運動など（発声を含む）を行わせることは，目撃者の供述の範囲に含まれている限りで許される。ただしその動作などだけで特定できるような場合には，行ってはならない。

3-2-7 〈被疑者意見の聴取など〉

被疑者が選ばれた場合，準備担当者は手続終了後，被疑者に対し，行われた識別手続についての意見・感想を求め，回答を記録する。被疑者は回答しないこともできる。被疑者が選ばれなかった場合，被疑者意見の聴取は行わない。

どのような結果になっても，手続終了後も，目撃者と被疑者を対面させることはしない。

3-2-8 〈記録〉

被疑者の同意手続に始まり，ライブラインアップ手続の全過程は，書面により逐語的に記録され，かつ連続的に録音及び録画されなければならない。録音及び録画は，マスター及びコピーを作成する。マスターは，目撃者及び被疑者の署名・押印を付した上で封印し，速やかに検察庁に送り，保管しなければならない。

付録「目撃供述・識別手続に関するガイドライン」

　ライブラインアップの構成が公正なものであったかどうかは、第三者に呈示することで確認できる。この確認に使えるよう、目撃者の視線から見たラインアップだけを別に録画しておくべきである。
　ラインアップ手続は、複数のカメラを使って連続的に録音及び録画されなければならない。同席の実施担当者と弁護士も撮影される。とくに手続中の目撃者の上半身を正面から写した画像に、目撃者から見えるラインアップ構成員の同時画像を合わせ、同一画面に記録しなければならない。

3-3　ビデオラインアップ（DVDなどを含む）

　ライブラインアップは「実物」によるものであるから、それを用いた識別手続における同一性証言には格別の価値が認められる。しかしながらビデオを用いたラインアップには、正しく実施されると、多くの有利な点があることが判明しており、総合的に判断すると、その証言には、ライブによるものと同等かそれ以上の価値があるとされている。

3-3-1　〈ビデオラインアップの準備作業〉

3-3-2　〈フォイル画像のデータベース化〉
　……ビデオ映像は、たとえば、正面→右を向いた左横顔→正面→左を向いた右横顔→正面とし、それぞれが3秒程度、全体で15秒程度とするなど、動きを統一して示す必要がある。被疑者画像も全く同じでなければならない。

3-3-3　〈被疑者の同意と被疑者画像の撮影〉

3-3-4　〈フォイル画像の抽出〉

3-3-5　〈ラインアップ・ビデオの作成と確認〉

3-3-6　〈ビデオラインアップの呈示法〉
　ビデオラインアップ実施担当者は、目撃者に対し、ラインアップ・ビデオを再生して呈示する。
　一人の目撃者につき2本のビデオが、準備担当者から実施担当者に送られる。
　当然、被疑者は同席できないし、実施時に識別手続の場所にいる必要がない。このため、ライブラインアップに比べ、ビデオ手続は実施可能性が大幅に高まる。識別手続の場所は、ビデオ呈示用の機器が設置でき、手続中の目撃者をビデオ撮影できる場所で、妨害が入らず、弁護人が同席可能なら、原則的にどこでもよい。

3-3-7　〈実施手続の記録〉

3-4　写真ラインアップ

　写真を用いた手続は、実物やビデオを用いたラインアップでの識別手続が不可能な場合にのみ用いる。その意味でこの手続はあくまでも例外的手段とみなされるべきである。

3-4-1　〈写真ラインアップの準備作業〉

3-4-2　〈フォイル写真のデータベース化〉

付録「目撃供述・識別手続に関するガイドライン」

……写真は，一人につき，正面，横，斜めの3組で構成しなければならない。すべての写真について3組構成ができないときは，すべての組について枚数を統一しなければならない。できるものだけ3組構成にするなどということがあってはならない。被疑者写真も全く同じでなければならない。

3-4-3 〈写真ラインアップを実施できる場合〉
　ライブラインアップ又はビデオラインアップを直ちに実施することができず，かつライブラインアップ又はビデオラインアップの実施を延期することが相当でないときは，写真ラインアップを用いた識別手続を行うことができる。ただし，ライブラインアップ及びビデオラインアップの実施ができない具体的理由を被疑者，弁護人及び目撃者に対して明示しなければならない。……

3-4-4 〈フォイル写真の抽出〉
3-4-5 〈写真ラインアップの作成と確認〉
3-4-6 〈写真ラインアップの呈示法〉
　写真ラインアップ実施担当者は，目撃者に対し，スライド，パワーポイントやPCを用いるなど，機械的呈示法を用いて，写真ラインアップを呈示する。
　実施担当者が手で写真を順次呈示するなどの方法で，写真ラインアップを実施してはならない。
　一定間隔で写真が切り替わるか，目撃者がスイッチで切り換える方法が考えられる。ただし，後者の場合，後戻りができないように，機械を設定しておく必要がある。
　一人の目撃者につき2つの写真ラインアップが，準備担当者から実施担当者に送られる。
　識別手続の場所は，写真ラインアップ呈示用の機器が設置でき，手続中の目撃者をビデオ撮影できる場所で，妨害・邪魔が入らず，弁護人が同席可能なら，原則的にどこでもよい。

3-4-7 〈実施手続の記録〉

4　写真面割手続：被疑者が特定されていない場合

　目撃供述以外の諸証拠によって被疑者が浮かび上がっていないとき，目撃者の提供する情報によって，捜査が進められることがある。その際，言語情報（供述）には限界があるので，視覚的な情報を得るべく写真帳を用いて，犯人像の特定を測るという方法がよく用いられる。それが写真面割手続である。
　写真帳の中から目撃者が，「この人だ」とか「この人に似ている」として特定の写真を選別したとしても，それだけでは目撃者が目撃した当の人物であるとの証明にはならない。写真の場合には実在の人物を用いているために，選んだ人物が目撃者の目撃した人物であると思いこんでしまう危険性が，モンタージュ写真や似顔絵（これは明らかに作り物との認識がある）以上に高いことを警戒しておくべきである。

付録「目撃供述・識別手続に関するガイドライン」

4-1　写真帳の作成

　写真の選定・写真帳の作成については上記【3-1-6】及び【3-4-2】の関連する規定を準用する。

　しかし写真帳による写真面割は，あくまで被疑者の絞り込みのための一手段である。これを識別手続と考えてはならない。写真面割では犯人像を特定するために，人物の写真を並べ，そこに目撃した人物と類似した人がいないかどうかを判断してもらう。これに対し写真ラインアップでは，犯行者ではあり得ない人物をフォイルとして入れて，目撃者の記憶をチェックする。

4-2　実施者

　写真面割の実施に携わる担当者は，当該事件の捜査の状況について知らない，捜査官以外の者でなければならない。

4-3　教示

　写真面割の実施担当者は，目撃者に対して，この中に被疑者がいるかもしれないし，いないかもしれないことを，はっきり告げなくてはならない。

4-4　実施者の態度

　写真面割の実施者は，目撃者の選別結果に対して，「なるほど」，「そうですか」などのいかなる反応や事後評価（フィードバック）も示してはならない。これらも事後的な誘導となる可能性があるからである。

4-5　選別不能の時

　写真面割の実施者は，目撃者が選別できないとき，それ以上選別を強要してはならない。「選べるはずだ，よく見て下さい」などと言うことや，何度も実施するなどは，してはならない。

4-6　選別前の確信度

　選別以前に，目撃者に対して選別可能かどうか及びどのくらい自信があるか（確信度）を問い，記録しておく。

4-7　記録

　写真面割実施に際しても，実施者の教示や目撃者の選別状況について連続的にビデオ録画による記録を取らなくてはならない。この記録は選別者の署名・押印を付した上で封印し，速やかに検察庁に送り，保管しなければならない。

付録「目撃供述・識別手続に関するガイドライン」

4-8 ライブまたはビデオラインアップ手続への接続
写真面割後の捜査によって、被疑者が特定されたときには、当該目撃者に対してあらためて【3】の識別手続をとらなければならない。

4-9 写真ラインアップへの接続の禁止
写真面割手続で写真選別をした目撃者に識別手続を行う場合は、写真ラインアップを用いてはならない。

5 供述聴取・識別手続の特則

5-1 目撃者が既知の人物を目撃したという場合
目撃者が既知の人を犯行場面やその周辺で見たと言うことになれば、一般には決定的な証拠と考えられる。しかしこの場合にも、目撃記憶そのものが曖昧なことも多く、既知の人であるとの特定が目撃現場においてではなく、事後的な推論の結果として出てくるような場合もあり、そうした目撃供述の信用性を過大評価してはならない。

5-1-1 〈目撃条件の聴取〉
供述を聴取する捜査官は、目撃時の知覚条件を詳しく聴取し、目撃者が既知の人物として明確に特定しえたかどうかを確認しなければならない。

5-1-2 〈目撃者の行動〉
当該目撃者が既知の人物を目撃したと供述した場合は、供述を聴取する捜査官は、目撃者が、既知の人物であると認識した後に、どのような行動をとったかについて調査しなければならない。

5-1-3 〈他の日常場面との混同の危険〉
犯行現場そのものの目撃ではなく、犯行の周辺的な事態についての目撃の場合、供述を聴取する捜査官は、当該目撃者が場面そのものを前後の日常的な場面の記憶と混同していないか注意しなければならない。

5-2 目撃者が複数存在する場合
同一の場面について複数の目撃者が存在するとき、相互に情報交換することで、もともとの目撃記憶が歪められることがある。そのため、目撃者のあいだの相互誘導がはたらかないように注意しなければならない。

5-2-1 〈速やかな分離〉
目撃者が複数いるときは、各目撃者をできる限り速やかに分離して、互いに情報交換できないようにしなければならない。

5-2-2 〈すべての目撃者からの事情聴取〉
事情聴取に当たっては目撃したと確認できるすべての人に対して、区別なく同等の事

情聴取を行わなければならない。

5-2-3 〈個別の聴取者〉

各目撃者にはそれぞれ異なる聴取者が当たらなければならない。また聴取者が他の目撃者から得た情報を念頭において事情聴取してはならない。

5-2-4 〈ラインアップ〉

複数の目撃者にラインアップを実施するとき，被疑者が登場する順序やファイル構成は，そのたびに変更しなくてはならない。

5-2-5 〈写真面割からラインアップへ〉

複数の目撃者のいる事件では，写真面割が必要なとき，一部の目撃者にのみそれを行い，それによって被疑者が特定されたとき，その被疑者に対し，残りの目撃者によって識別手続を行う。

6 目撃者の心理特性を考慮しなければならない場合

6-1 目撃者が子ども，知的障がい者である場合

子どもや知的障がいを持つ目撃者への事情聴取においては，一般に誘導が生じやすいことが知られている。これは目撃者自身の認知能力，コミュニケーション能力の低さや，被暗示性や迎合性の高さにも由来するが，そればかりではなく，こうした目撃者のもつ独特のコミュニケーション・スタイルに聴取者がうまく対応できない事による場合も多い。したがって，取り調べに当たっては，こうした目撃者の特性に十分に配慮し，圧力をかけたり，誘導を行ったりしないように細心の注意を払う必要がある。

6-1-1 〈専門家の関与〉

これらの目撃者については専門家による聴取，あるいは専門家のアドバイスに基づいた注意深い聴取が必要である。

6-1-2 〈事情聴取での配慮〉

事情聴取はできるだけ早い時期に行い，聴取を繰り返すことのないようにする。聴取に当たっては，(1) 聴取者と目撃者間でのラポールの形成（ラポールとは安心できる関係を指す），(2) 目撃者による自由供述（質問を控え，目撃者から自発的な発話を求める），(3) 終結手続（目撃者に謝意を示し，目撃者の不安をやわらげる）を重視する。

6-1-3 〈第三者の立会い〉

精神的なサポート及びコミュニケーションを補助するために，立会人をつけることができる。ただし，立会人を付けるかどうかについては目撃者の意向を尊重する。また，立会人は事件との関わりがない者とする。聴取に際しては，立会人は目撃者の言葉に反応したり，発話を促したり，言葉を補ったり，目撃者の代わりに情報を提供することがあってはならない。

6-1-4 〈ビデオによる記録の鑑定〉

これらの目撃者による目撃供述は，必ずビデオなどによって録画・録音しなければならない。また，鑑定が必要な場合には，専門家による鑑定を受けなければならない。

6-2　目撃者が視力や聴力に障がいを持つ場合
目撃者が視覚障がい，聴覚障がいをもっている場合は，専門家に相談し，知覚能力の制約に配慮した上で聴取を行う必要がある。
6-2-1　〈専門家による関与〉
これらの目撃者については，専門家の診断により，障がいの種類や程度を確定しておかなければならない。
6-2-2　〈聴取時の配慮〉
視覚障がい者の聴取に当たっては，視覚的情報に制約があることを念頭におき，語彙や質問の内容に気をつけなければならない（例えば，色や形に関する質問は意味をなさないかもしれない。その代わりに，音や手触りなどの情報を得ることができるかもしれない）。聴覚障がい者のコミュニケーション方法は，指文字，手話，読唇，筆談，独自のコミュニケーション方法など，多様である。コミュニケーション方法に応じて，通訳やその方法に精通した者を立ち会わせる必要がある。ただし通訳または立会人は聴取者との連携をとり，独自に質問をしたり，目撃者の発話を促したり，言葉を補ったり，目撃者の代わりに情報を提供することがあってはならない。また，障がい者は一般に，健常者とは異なる生活体験や知識を有している。このことを配慮したうえで聴取を行うべきである。
6-2-3　〈ビデオによる記録の鑑定〉
これらの目撃者による目撃供述については，必ずビデオによって録画・録音しなければならない。また，鑑定が必要な場合には，専門家による鑑定を受けなければならない。

6-3　被害者による犯人目撃供述
被害者であっても犯人の特徴についてはほとんど記憶していない場合が多々ある。こうした被害者の心理状況を正しく認識し，被害者であれば必ず犯人を見ている，したがって識別できるはずだという思いこみをしてはならない。なお，聴取に当たっては，被害者の心情や人権に十分配慮する必要がある。
6-3-1　〈被害事実の特定〉
被害者の供述については，被害者が被害を訴えるに至った経緯を含めて，被害事実の特定過程を最大限聴取することに努めなければならない。
6-3-2　〈必罰感情への注意〉
被害者は，犯人に対する怒りゆえに，犯人を検挙してもらいたいという強い願望を持つことが少なくない。そのため，供述に歪みが入ることがあるので注意しなければならない。

付録「目撃供述・識別手続に関するガイドライン」

6-3-3 〈拒否感情への配慮〉
　被害者が，写真面割や同一性識別手続に臨むことを嫌がるケースもあるので，その点について配慮しなければならない。

6-3-4 〈聴取態度〉
　被害者は犯罪被害について感情的に動揺していることが多いので，事情聴取にはそうした感情をしっかり受容したうえで臨まなければならない。

●● 事項索引

＊イタリック体のページは中国語からの翻訳部分で，［　］内に該当する中国語を示しました。法と心理学用語の簡易日中辞典としてもご利用ください。

● あ行

曖昧さ　158
足利事件　142
アセスメント［评估］　*59*
誤った自白［误供］　*85*
聴き誤った聴取［误听］　*288*
意思決定モデル［决策模型］　*29*
異常行動［异常行为］　*26*
異常心理学［变态心理学］　*21, 137*
一事不再理効　40
一審　52
逸脱［越轨］　*62*
違法行動のタイプ［违法类型］　*139*
飲酒運転［酒驾］　*67*
インタビュイー［被访者］　*62*
インタビュー［访谈］　*81, 86, 129*
冤罪事件［冤假错案］　*6, 91, 289*
応報　207
オープンクエスション　228
汚染されたデータ　9, 11-13

● か行

階級闘争　15
買春［嫖娼］　*67*
介入措置［干预措施］　*82*
書き換え仮説　181
格差社会　210
確証バイアス［确认偏向］　*107*
確信度　104
可視化　10
渦中の視点　162, 163, 167, 176
渦中の心理学　176
カテゴリ　73
甲山事件　4, 226

仮釈放［假释］　*59, 113, 204*
管轄　45
環境変数［环境变量］　*61*
監獄　23
監獄行政管理学［監獄行政管理学］　*120*
監視強化［严管］　*69*
管制　46
鑑定　49
鑑別［鉴別］　*126*
管理等級［管理级別］　*59*
危機介入［危机干预］　*27, 120*
期日間整理手続　37
技術捜査　50
起訴　30, 35, 51
基層法院　43
起訴便宜主義　35
起訴法定主義　35
起訴猶予　35, 206
記銘［识记］　*109*
客観世界　239
客観的な事実　239
求刑　30, 40
教育改造部門［教育改造处］　*116*
教育研究所［教研室］　*20*
境界科学［边缘科学］　*111*
教示［指导语］　*86*
共時的［横向的］　*61*
供述　10
供述生成スキーマ　158
供述の汚染　11
供述の起源　11, 12
供述の信用性判断　4
供述分析　9-11, 13, 145
供述分析法　12
矯正所［矫正院］　*114*
矯正職員　204
強制処分　46
強制捜査　32
矯正治療心理学［矫治心理学］　*111*

事項索引

共同想起　226
虚偽自白［谎供］　vi, 6, 85, 162
虚偽の記憶　226
虚言癖［谎言癖］　87
規律違反［违纪］　69
緊急逮捕　33
群間比較［组群対照］　60
群衆事件［群体性事件］　28
刑期終了者　58
警察［干警・公安・警察・民警］　17
形式裁判　40
刑事捜査［刑侦］　86, 108, 125
刑事調停　53
継時的［纵向的］　61
刑罰の現実感　168, 169
刑務官［監獄（人民）警察］　120, 203
刑務所［監獄］　58, 203
刑務所の福祉施設化　205, 222
ケース［个案］　59
検閲作用　10, 11
検挙［破狭］　68
現行犯　33
検察審査会　35
現場検証［現場勘查］　48, 130
厳罰化　208
公安機関　43, 45
広域犯　130
行為連鎖的想起　152
行為連続的想起　154
強姦［强奸］　135
合議廷　44
高級法院　43
拘禁による無力化　224
抗告　42
更生支援　203
控訴　42, 54
公訴　51
拘置所［看守所］　68
強盗［抢劫］　23, 135
工読学校　16
公判　30, 36
公判の準備　36
公判前整理手続　37

拷問［刑讯］　39, 68, 87
合理的疑いを越える証明　14
勾留　33
勾留の決定権　47
高齢犯罪者　217
誤情報　181
誤情報効果　181
国家安全局　43
国家心理カウンセラー［国家心理咨询師］　115
言葉による証拠［言词証据］　96
誤認　103
個別性　157
誤誘導効果　181
コントロールド・デリバリー　50

● さ行

最高法院　43
財産犯　210
最終陳述　30
最終弁論　30
再審　42
再生［再現］　96
最大同調力　195
財田川事件　6
再入所［再次入獄服刑］　63
サイバネティクス理論［控制理論］　81
再犯　205
　　［再犯］　23, 58
　　［重新犯罪］　115
裁判委員会　44
裁判員裁判　37, 40
裁判員制度　204
裁判所［法院］　85, 109
裁判心理学
　　［司法心理学］　112
　　［審判心理学］　118
再犯リスク［再犯风险］　58
再犯リスクアセスメント　58
詐欺［诈骗］　67
作業仮説［工作假設］　61
作話　229
差押え　49

286

事項索引

殺人事件　210
殺人の認知件数　209
三件法［三級評価］　*86*
参考人　34
識別　50
死刑事件　55
死刑の許可　55
死刑の執行猶予　55
時系列的接続　150
事件［案件］　*23, 127*
事後情報効果　181
自己報告［自陈］　*61*
事実認定論［证据学］　*97*
私訴　30, 51
私訴事件　45
死体検視　48
実験　49
実験協力者（サクラ）　191
実験群［实验组］　*63*
実験手続き［实验程序］　*104*
執行　56
執行猶予［缓刑］　*59, 113*
実体裁判　40
質問紙［问卷］　*21, 60, 84*
自白［供述］　*84*
自白強要［逼供］　*87*
自白拒否［拒供］　*85*
自白内容の展開過程　164, 170
自白への転落過程　164
自白を誘導［诱供］　*90*
司法機関
　　　［司法系统］　*15*
　　　［司法机关］　*59*
司法所　63
司法心理学　112
島田事件　7
自民党本部放火事件　5, 12
指名手配　51
社会的孤立　220
社会的資源の格差［资本落差］　*58*
社会的弱者　214
社会的弱者集団［贫穷群体］　*68*
社会的包摂　220

社会復帰［回归社会］　*61*
尺度［量表］　*23, 58*
釈放　60
謝罪追及の心理　172
写真ラインアップ［照片辨认］　*99*
収監　63
住居監視　47
集団心理［团体心理］　*121*
集団の圧力　183
集団犯罪
　　　［团伙犯罪］　*19*
　　　［群体犯罪］　*27*
　　　［团伙作案］　*68*
集団非行　215
修復的司法［恢复性司法］　*27*
重要人物［重点人员］　*127*
就労支援　222
熟知感　188
受刑者　206
出所［出狱］　*58*
出頭　46
シミュレーション実験　145
証言信用性［证言可靠性］　*24, 225*
証拠開示　37
上告　42
証拠調べ　39
証拠なき確信　173, 174, 176
証拠能力　39
証拠評価［证据审查］　*96*
常習の窃盗［惯窃］　*23*
情状［情节］　*85*
上訴　42, 54
証人・被害者尋問　48
少年院　203
少年鑑別所　203
少年裁判所［少年法庭］　*113*
少年非行　215
情報源［信息资源］　*133*
情報効果　190
処遇審査会　218
触法青少年［违法犯罪青少年］　*16*
人格測定［人格测验］　*114*
人権保障　82, 108

287

事項索引

人事記録［档案］　*73*
身体検査　48
心的イメージ［心象］　*124*
侵入盗［入室盗窃］　*133*
人物識別手続　187
人物像［人物形象］　*126*
人民検察院　43, 44
人民陪審員　44
人民法院　43
尋問［审讯］　*29, 86*
尋問技術［审讯技巧］　*91*
尋問場面　92
信頼性［信度］　*28, 61, 96*
信頼度［可信程度］　*106*
心理カウンセラー［心理咨询师］　*23*
心理カウンセリング［心理咨询］　*117*
心理技官　203
心理測定［心理測試］　*23, 62*
心理的傾向［心理指向］　*131*
心理の法則［心理規律］　*108*
心理的メカニズム［心理机制］　*97*
推定無罪の原則　165
スキーマ　179
スキーマ・アプローチ（schema approach）　*142*
生活歴
　　［生命历程］　*58*
　　［生活经历］　*137*
政治法律系の大学［政法类院校］　*16*
青少年犯罪　15
精神障がい　212
精密司法　9
専門家証言　13
専門的交渉人［谈判专家］　*29*
想起活動［回忆活动］　*131*
相互作用［交互効应］　*81*
捜査［侦査］　*21, 30, 32, 48, 49, 97, 125*
捜査員［侦査人员］　*97, 127*
捜査権　30
捜査尋問心理学　25
捜査心理学［侦査心理学］　*118*
捜査部門［办案部门］　*97*
贈収賄［贪污贿赂］　*23*

ソースモニタリングテスト　182
組織犯罪　23, 59
措置入院　212

● た行

ターゲット［目標］　*101*
第一種の過誤［"弃真"錯誤率］　*82*
退去強制　212
体験記憶供述　149
第三者の効果　182
第二種の過誤［"纳伪"錯誤率］　*82*
逮捕［逮捕］　*32, 68*
逮捕状　33
逮捕の決定権　47
逮捕の執行権　47
代用監獄　34
多重債務　215
脱走［脱逃］　*69, 114*
単独犯［単独作案］　*76, 216*
単独面通し［单一辨认］　*109, 188*
治安悪化　216
地域コミュニティ［社区］　*56, 59*
地域コミュニティ矯正
　　［社区矯正］　*113*
　　［社区服刑］　*59*
知的障がい　212
知的障がい者の証言　225
知的状態［聡明程度］　*89*
中級法院　43
中国化［本土化］　*116*
中国心理学会法律心理学専業委員会　15
調査計画［調査方案］　*61*
聴取［询问］　*106*
聴取者　226
調書　204
調書裁判　10, 40
帝銀事件　*v, 9, 185*
ディスコミュニケーション　227
データベース　64
　　［数据库］　*128*
　　［信息库］　*139*
手続的保障［程序保障］　*96*
電車内痴漢事件　iii

288

伝聞証拠　39
伝聞証拠の禁止　40
同一性識別［辨認］　96
動作主行為単位　149
統制群［対照組］　63
同調効果　183
動的な個別性　157
東電OL事件　7
盗品売却［銷贓］　67
特赦令　47
独任廷　44
毒物犯罪［毒品犯罪］　22
取調べ　34
取調関係者［执法人員］　84

● な行

内在的な体験性評価基準　152
二重盲検法［双盲程序］　104
二審　54
にせの手形［假票据］　67
仁保事件　171
入所［入獄］　60
入所期間［关押时間］　69
任意捜査　32
人間性心理学［人本主義心理学］　137
盗癖のある人物［慣偷］　132
ノーマライゼーション　224
野田事件　5

● は行

売春婦［妓女］　132
発語内行為［语行为］　132
発達障がい　215
判決［判刑・判决］　40, 60
犯行［罪行］　68
犯行現場［犯罪現場］　136
犯行行為供述　149
半構造化面接　228
犯行手口［慣技］　134
犯罪学　203
犯罪傾向［亲犯罪］　58
犯罪行動の様式［犯罪行为方式］　133
犯罪者　23, 112

［罪犯］　19, 62
［违法犯罪者］　67
［犯人］　69
［犯罪人］　27, 67, 108
［犯罪实施者］　108
［作案人］　126
犯罪者改造心理学［罪犯改造心理学］　116
犯罪者矯正心理学［罪犯矫正心理学］　21, 116
犯罪者心理矯正［罪犯心理矫治］　116
犯罪者脱走企図尺度［犯人逃跑企图量表］　114
犯罪常習者［生涯犯罪人］　67
犯罪心理学　18
犯罪心理学師　19
犯罪心理矯正治療　22
法制心理思想史　19
犯罪白書　203
犯罪抑止効果　211
犯罪予防［犯罪的预防］　82, 125, 286
犯罪リスク［罪犯风险］　23
犯罪履歴［犯罪生涯］　58
反社会的交わり［反社会結交］　68
反復識別　188
犯人を演じる　171
被害者［被害人］　96, 97, 129
被害者参加　41
被疑者［嫌疑人］　84, 124
被疑者訊問　48
尾行［尾随］　133
非行の低年齢化　216
非常上告　31, 43
人質事件の交渉［人质危机谈判］　27
否認［辯解］　98
病院保護　212
標準テスト　181
評定点［评价］　86
弘前事件　7
不安定さ　158
フォイル［陪衬者］　99
不起訴　35
服役　60
福岡事件　9

289

事項索引

物品検査　48
不良交友　215
ブレンド仮説　181
プロファイリング［犯罪人画像］　*28, 124*
文化大革命　15
分化的接触理論［差別交往理論］　*81*
分析単位のゲシュタルト変換　160
文脈要因［情景因素］　*61*
分類審査［入監甄別］　*114*
併存仮説　182
法医学［法医］　*130*
法意識の普及　28
法心理学［法律心理学］　*15*
法制心理学［法制心理学］　*17*
法治国家化　24
法廷　109
法的権利［法律権益］　*288*
法的地位［法律地位］　*92*
法的な事実確認　240
冒頭手続　30, 38
法の執行機関［执法系統］　*15*
法務教官　203
保護観察官　203
保護観察所　203
保護司　205
保釈　46
保証金保釈　46
保証人保釈　46

● ま行

マグショット［嫌犯照片］　*102*
松川事件　7, 38
松山事件　7
魔の時間　168
満期釈放　212
万引き　206
未成年管理教育所［少年犯罪管教所］　*16, 56*
ミネソタ多面人格目録［明尼苏达多項人格測験］　*114*
無実の人［无辜者］　*100*
免田事件　6
目撃供述　5
黙秘権　38

モンタージュ　127
問題児［筆事者］　*66*

● や行

薬物使用［吸毒］　*67*
薬物中毒治療［戒毒］　*72*
薬物治療［药物治疗］　*114*
誘導　226
要因［因素］　*58*
容疑者［犯罪嫌疑人］　*97*
幼児の証言能力　225
預金・送金の調査または凍結　49
予測ツール［預測工具］　*60*

● ら行

ライブラインアップ［列队辨認］　*99*
ラインアップ　187
ラベリング理論［标定理論］　*81*
リスク　59
立件　47
略式裁判　206
利用マニュアル［応用規程］　*61*
臨床診断［临床判断］　*59*
類型証拠開示　37
類似度　191
累犯加重　207
累犯刑務所　205
連鎖的接続　151
連続殺人犯［系列杀手］　*129*
連続的接続　151
労役場留置　220
労働改造［劳动改造（劳改）］　*72*
労働教養［劳动教養（劳教）］　*72*
録音　48
録画　48
論告　30, 40

●● 人名索引

＊検索の便宜のため，中国人名は日本語読みで配列し，中国語読みは（ ）内にピンインで示した。

● あ行

青地晨　168
安香宏　21
厳島行雄　28
王小転（Wang Xiaozhuan）　18
王洛生（Wang Luosheng）　18
欧林（Ou Lin）　60
大橋靖史　12

● か行

何為民（He Weimin）　18
邱国樑（Qiu Guoliang）　18
孔一（Kong Yi）　58
黄興瑞（Huang Xingrui）　27
高鋒（Gao Feng）　27

● さ行

佐伯千仭　4
章恩友（Zhang Enyou）　27
邵道生（Shao Daosheng）　17
徐応隆（Xu Yinglong）　18
赤光（Chi Guang）　18
曹智（Cao Zhi）　18

● た行

遅浜光（Chi Bin'guang）　18
張甘妹（Zhang Ganmei）　60
張効文（Zhang Xiaowen）　18
張卓（Zhang Zhuo）　287
陳真（Chen Zhen）　27
沈正（Shen Zheng）　20
鄭昌済（Zheng Changji）　18
狄小華（Di Xiaohua）　27
董奇（Dong Qi）　20

● な行

任克勤（Ren Keqin）　27

● は行

浜田寿美男　28
範剛（Fan Gang）　27
潘菽（Pan Shu）　17
皮芸軍（Pi Yijun）　18
平尾靖　285
広津和郎　7
武伯欣（Wu Boxin）　24
方強（Fang Qiang）　18
方波（Fang Bo）　18
朴光培（Park Kwangbai）　28

● ま行

馬晶淼（Ma Jingmiao）　16
松本恒之　21
馬謀超（Ma Mouchao）　20
麦島文夫　21
毛樹林（Mao Shulin）　18
孟昭蘭（Meng Zhaolan）　20
森武夫　17

● や行

楊波（Yang Bo）　27
吉益脩夫　60

● ら行

駱正（Luo Zheng）　20
羅大華（Luo Dahua）　16
李世棣（Li Shidi）　24
李玫瑾（Li Meijin）　27
劉援朝（Liu Yuanchao）　27
劉述哲（Liu Shuzhe）　18
劉邦恵（Liu Banghui）　27
林正吾（Lin Zhengwu）　16
林崇徳（Lin Chongde）　18

人名索引

林秉賢（Lin Bingxian） 17
魯正新（Lu Zhengxin） 18

● A～Z

Andrewa, D. A.　59
Asch, S. E.　183
Bartlett, F. C.　178
Beall, H. S.　114
Bonta, J.　59
Carmichael, L. C.　179
Ebbinghaus, H.　178
Freud, S.　113
Goldstein, A. P.　114
Granhag, P. A.　28
Kovera, M. B.　28
Loftus, E. F.　12, 181
Lombroso, C.　113
Magargee, E. I.　114
Martinson, R.　114
Nussbaum, D.　28
Panton, J. H.　114
Simon, R.　123
Turvey, B.　125
Wells, G. L.　183
Wicks, R. J.　115
Wundt, W.　123

おわりに

馬 皓（翻訳：山本登志哉）

　1982年当時，私はまだ北京政法学院（後の中国政法大学）法律専攻2年生の学生であったが，当時新しい知識に飢えていた同級生たちは羅大華先生たちの編集による「犯罪心理学参考資料」に群がった。それは4巻5冊セットの資料であったことを覚えている。多くの事案を紹介，分析しているほか，専門書の形式で日本の森武夫先生（著），邵道生先生（訳）の『犯罪心理学入門』[注1]が含まれていた。それもまた中国での犯罪心理学の教育や研究，実践に携わる私や多くの第二世代になる同仁たちには，最も重要な犯罪心理学の啓蒙的読み物となっていた。この後，犯罪心理学課程が全国の政法系大学に普及するとともに，私が卒業した1984年には群衆出版社が日本の平尾靖先生（著），金鞍（訳）の『違法犯罪心理学』[注2]，山根清道（編），張増烈他（訳）の『犯罪心理学』[注3]が出版されている。当時欧米の犯罪心理学研究は未だ本格的には中国に入ってきておらず，日本人研究者の研究成果は私たちが犯罪心理学やその知識体系を理解し，そこから国際的な犯罪心理学の発展状況を知る上での主要な窓口であった。それらが中国の犯罪心理学や法律心理学の学問的発展にとって導き手の働きをしたことは明らかである。

　中日の犯罪心理学会の交流は90年代中期まで続き，中国政法大学，西南政法学院（現西南政法大学）等が，次々に日本の犯罪心理学会関係者や犯罪心理学研究会の麦島文夫，安香宏，松本恒之，森武夫先生たちを中国に招き，交流と学術講演を行った。

　中日犯罪心理学会の早期の交流においては，学問的枠組みや犯罪心理の原因，犯罪動機，矯正治療の方法や証人による証言の信頼性研究が主たる話題となっ

注1：森 武夫 『犯罪心理学入門』大成出版社，1978年。
注2：平尾 靖 『犯罪心理学』有斐閣，1972年。
注3：山根清道 『犯罪心理学』新曜社，1974年。

おわりに

ていた。両者が共通して求めているのはいずれも社会統制や犯罪予防を目的とする心理学的な理論と方法を示し，それを減少させる道を探ることであった。しかし欧米心理学の中国心理学会への影響が日に日に拡大する中で，中日犯罪心理学会の交流は前世紀1990年代中期からはしだいに減少していった。

2009年10月，日本の神戸大学で心理学博士号を取得した中国政法大学社会学院心理学研究所片成男副教授の橋渡しにより，私は日本の「法と心理学会10周年記念大会」に招かれ，同学会前理事長浜田寿美男教授と当時の理事長後藤昭教授，さらには後任の厳島行雄教授など，日本の多くの法律心理学会におけるリーダーに面識を得て，日本の研究者の報告を拝聴し，さらにこの後私の法律心理学の学問的認識に甚だ大きな影響を与えた菅原郁夫・黒澤 香・サトウタツヤ（編）『法と心理学のフロンティア』[注4]を購入した。

この会議では，日本の研究者たちの研究課題が虚偽供述，証言の信用性，被害者供述，子どもの権利保護，裁判官の判決など裁判心理学を巡って展開する内容に集中していることを知った。また研究方法においては，いくつかの実験的研究を除き，多くのものが質的な研究であり，さらにはメディア報道に基づいて行われた研究も多数含まれていた。それは中国の大規模な服役囚へのインタビューや質問紙研究とは大きく異なっており，私には日本の研究者の研究が何やら「こせこせ」したものに見えた。それは1つには研究の内容が微視的であり，2つにはサンプルの選択が受動的であったからである。

中日両国の法律心理学研究者による交流の促進，相互理解，共通認識の形成がこれ以降展開し，学術交流活動は日増しに増加した。2011年10月の中国政法大学第1回国際法律心理学大会及び中国心理学会第15回学術大会他の機会には浜田寿美男教授，厳島行雄教授，高木光太郎教授，山本登志哉教授等の日本の研究者が招かれた。浜田寿美男教授は「虚偽供述の心理学」について，厳島行雄教授は「目撃証人の証言心理学」について，高木光太郎教授は「裁判員制度における評議コミュニケーションのデザイン」について，山本登志哉教授は「無意図的な虚偽〈事実〉の共同生成」について，報告を行った。それらは中国の研究者に，彼らの積年の研究成果を示すとともに，現在の法律心理学の

注4：菅原郁夫・黒澤 香・サトウタツヤ（編）『法と心理学のフロンティア』第1巻（理論制度編），第2巻（犯罪・生活編），北大路書房，2005年

国際的研究動向を知らせるものであった。大会の後には中国政法大学社会学院の張卓らの青年教師をメンバーとする中国政法大学心理学イノヴェーション研究グループが，日本や中国で小規模な研究会を組織し，また講座を開くなどの形で教師や院生レベルで中日の間のより深い学術的な研究討論を繰り返し行ってきた。また中国政法大学社会学院は山本登志哉博士を客座教授に迎えている。

　2013年10月，日本の法と心理学会及び立命館大学法心理・司法臨床センターの招きで，私と片成男副教授が日本の京都で学術交流活動を行った。わずか2日間の会議と研究会であったが，私には日本の法と心理学研究について認識は根本的に深められ，次々に両国の法心理学研究の間にある巨大な距離を見いだし，過去の個人的な偏見は徹底して覆されることになった。そこで私が感じたことを，まさにこの「おわりに」で表現したいと思う。

　この時の交流において私が拝聴した学術報告は，法心理学の価値，裁判官の意思決定研究，被害者の危機への介入や精神的賠償，回復的司法の心理学的研究，視知覚心理学による鑑定技術，裁判員裁判への心理学者の関わりであった。報告の内容は以前のものと類似していて，基本的には日本の法心理学領域の伝統的研究に属していた。しかし，もし気をつけて分析をすれば，中日の法心理学的研究における一つの明確な違いを発見できるのである。それはすなわち両国の研究者の立脚点の違いであり，相反するとさえ言えるものであった。中国の法心理学，犯罪心理学，司法心理学研究及び教育は，いずれも政府に奉仕する立場を含むものであり，社会の安定を守り，司法と法の執行効率を高めることを目的としている。私たちは犯罪者の犯罪行為を摘発し，裁き，矯正することをより重視している。価値判断としては自ずと犯罪者を対立的な関係に置き，彼らの人格に対して道徳的な高見から譴責（けんせき）を行うものとさえ言える。

　それに対して日本の法心理学の研究は犯罪嫌疑者や被告人を含む一般市民に奉仕し，法的な公平と公正を守ることを目的とし，当事者の各種の法的な権利を守る心理学的方法を探究して，政府や司法，執法部門による恣意的な専権を防ぐ働きを持っている。過去の事例がわれわれに告げているように，単に法律分野の自律に委ねるばかりで社会の監督や専門家の介入がなければ，日本でも冤罪事件は絶えず発生することになる。本書の「はじめに」で浜田寿美男教授は「そもそも私たちの研究の出発点になるのは，この私たちの生きている現実

おわりに

への問いである。そしてその問いの背景には，現実への驚きがあり，喜びがあり，そしてときに悲しみがあり，憤りがある」と述べている。浜田寿美男教授が一人の法心理学者として冤罪が人の一生を台無しにすることを見たときのどうしようもなさや無力，憤慨を，私も体得することができるように思う。また，日本の法心理学者が弁護士にも似た立場で，全身全霊で司法の場に介入する際の苦悩と努力を私は感じ取ることができる。そしてそこから研究サンプルが小さく狭いことの意味を私は理解できるのである。これらすべては，私に中国の法心理学が今後発展すべき道を真剣に考えさせるものである。

いかなる国家であれ，なかでもわれわれの国家において，政府や執政者はいずれも強者である。彼らは立法，司法，行政という国家機構を掌握している。民事や刑事訴訟に巻きこまれた一般の市民は，責任の有無や有罪無罪を問わず，国家に対しては疑いもなく弱者の立場にある。いかにして人びとの法的権利を守り，また法律執行部門が法的判断を行う際に心理学など科学的方法と技術をさらに重視するよう促すか。聴き誤った聴取や誤判から一般市民を守り，真に法律の権威を守るという側面から，人民大衆に奉仕し，社会秩序を確保する。この点は，中国法心理学会が既存の研究を改善し，新たな研究分野を展開する時，重視しなければならない。

メディアによる監督と司法，行政部門の自戒によって，中国の庶民は佘祥林事件[注5]，趙作海事件[注6]，張氏叔甥事件[注7]等の冤罪を知ることになった。また，犯罪嫌疑者に対する法的権利の重視や保護に欠けた環境では，これらの冤罪は氷山の一角にすぎないであろう。犯罪者が社会や他人を傷つける犯罪行為に対

注5：〈訳注〉1994年，湖北省の佘祥林の妻が精神障害が原因で失踪したところ，その実家の家族から夫による殺害を疑われ，逮捕されたあと一度は死刑判決を受け，後に15年の有期懲役となった。ところが2005年，妻が突然山東省から舞い戻り，佘祥林は再審無罪となり，70万元余りの国家賠償を受けた。

注6：〈訳注〉1997年，河南省で男性が失踪し，家族の訴えで趙作海が逮捕されたが証拠不十分で釈放された。1999年，村の井戸で頭部と四肢が失われた男性死体が発見され，それは失踪者の他殺体と見なされ，再び趙作海が逮捕された後，拷問による取調べで9回にわたって自白が行われ，法廷では否認したが執行猶予つき死刑となった。2010年，失踪者が突然村に戻り，趙作海は再審無罪に。発見された死体はDNA鑑定の結果，別の殺人事件の被害者であることが判明した。

注7：〈訳注〉2003年，杭州で発生した強姦致死事件で，張輝と張高平が逮捕され，張輝は否認のまま，張高平の「自供」に基づいて張輝に執行猶予つき死刑，張高平に15年の有期懲役判決が言い渡された。後に無罪を主張する張輝からの申し立てで再審が決定され，新たな証拠によって真犯人が他者である可能性が認められ，無罪が宣告された。その後DNA鑑定により，別の事件で2005年に処刑された勾海峰が真犯人である可能性が高いことが示された。

して怒りを表し，事件を摘発して犯罪者に法律に基づく公正な処罰を行うよう奮闘すると同時に，われわれはまた浜田寿美男教授のように，冤罪事件に対しても同様の怒りを示し，自らの専門的知識を用いて公平公正を守ることを責任とし，法心理学の研究成果を司法や執法部門に導入し，さらに多くの人びとに対して心理学が彼らを援助できることを理解してもらうべきである。

　本書に紹介された論文の内容は新鮮とは言えないかもしれないが，私の当初からの願いは中国の法心理学者に中日の法心理学研究の違いの大きさをさらによく知ってもらい，私たちの今後の研究が選びうる方向性を発見してもらい，中国法心理学会が社会の管理になしうる仕事を見いだしてもらうことにある。

●● 執筆者一覧 (執筆順)

浜田寿美男	立命館大学	01章, 10章, 座談会
馬　　皚	中国政法大学社会学院	02章, 座談会
山本登志哉	中国政法大学犯罪心理学研究中心	02章(訳), 05章(訳), 07章(訳), 13章, 座談会
松宮孝明	立命館大学大学院法務研究科	03章
張　小寧	山東大学（威海）法学部	03章
渡辺忠温	中国人民大学教育学院	04章(訳), 06章(訳), 08章(訳)
孔　　一	浙江警官职业学院安全防範系	04章
黄　興瑞	浙江警官职业学院	04章
羅　大華	中国政法大学犯罪心理学研究中心	05章
周　　勇	中国司法部办公厅	05章
趙　桂芬	中国人民公安大学侦查系	05章
李　　安	浙江師範大学法学院	06章
章　恩友	中央司法警官学院	07章
李　玫瑾	中国人民公安大学犯罪学系	08章
高木光太郎	青山学院大学社会情報学部	09章
厳島行雄	日本大学文理学部	11章
仲　真紀子	北海道大学大学院文学研究科	11章
原　　聰	駿河台大学心理学部	11章
浜井浩一	龍谷大学法科大学院	12章
片　成男	中国政法大学社会学院	座談会

●● 編者紹介

浜田寿美男（はまだ・すみお）
- 1947年　香川県に生まれる
- 1976年　京都大学大学院文学研究科博士課程単位取得満了
- 現　在　奈良女子大学名誉教授・立命館大学特別招聘教授
- 主　著　「私」とは何か　講談社　1999年
  - 自白の心理学　岩波書店　2001年
  - 自白の研究（新版）　北大路書房　2005年
  - 自白が無実を証明する　北大路書房　2006年
  - 私と他者と語りの世界　ミネルヴァ書房　2009年

馬　皑（Ma・Ai）
- 1962年　中国北京に生まれる
- 2007年　中国政法大学刑法学専攻犯罪心理学博士課程修了
- 現　在　中国政法大学社会学院教授
- 主　著　『源于不平等的冲突——当代中国弱势群体犯罪実証研究』（編著）　海南出版社　2010年
  - 『犯罪人特征研究』（単著）　法律出版社　2010年
  - 『中国人心态扫描』（編著）　中国政法大学出版社　2010年
  - 『犯罪心理学』（共編著）　中国人民大学出版社　2012年
  - 『犯罪心理学』（共編著）　中国人民大学出版社　2014年

山本登志哉（やまもと・としや）
- 1959年　青森県に生まれる
- 1989年　京都大学大学院文学研究科心理学専攻博士課程中退
- 1997年　北京師範大学研究院児童心理研究所博士課程修了
- 現　在　供述心理学研究所埼玉支所長・中国政法大学犯罪心理学研究中心特聘研究員
- 主　著　『生み出された物語：目撃証言・記憶の変容・冤罪に心理学はどこまで迫れるか』（編著）
  北大路書房　2003年
  - 『現実に立ち向かう心理学』（現代のエスプリ449）（共編著）　至文堂　2004年
  - 『ディスコミュニケーションの心理学：ズレを生きる私たち』（共編著）　東京大学出版会　2011年
  - 『日韓　傷ついた関係の修復』（共編著）　北大路書房　2011年
  - How Can We Study Interactions Mediated by Money as a Cultural Tool, in Oxford Handbook of Culture and Psychology.（共著）2012年

片　成男（Pian・Chengnan）
- 1972年　中国吉林省に生まれる
- 2002年　神戸大学文化学研究科博士課程修了
- 現　在　中国政法大学社会学院副教授
- 主　著　『自白的心理学』（訳書）　中国軽工業出版社　2006年
  - 『証言的心理学』（訳書）　中国政法大学出版社　2013年

法は言うまでもなく人間の現象である。そして心理学は人間の現象にかかわる科学である。それゆえ法学と心理学はおのずと深く関わりあうはずの領域である。ところがこの二つがたがいに真の意味で近づき，交わりはじめたのはごく最近のことにすぎない。法学は規範学であり，一方で心理学は事実学であるという，学としての性格の違いが両者の交流を妨げていたのかもしれない。しかし規範が生まれ，人々のあいだで共有され，それが種々の人間関係にあてはめられていく過程は，まさに心理学が対象としなければならない重要な領域のひとつであり，その心理学によって見出された事実は，ふたたび法の本体である規範に組みこまれ，その規範の解釈や適用に生かされるものでなければならない。

　「法と心理学会」はこうした問題意識のもとに，2000年の秋に立ち上げられた。時あたかも20世紀から21世紀へと移る過渡であった。法の世界も心理学の世界もいま大きく変わりつつあり，そこに問題は山積している。二つの世界にともにかかわってくる諸問題を学際的に共有することで，現実世界に深く関与できる学を構築する。そのために裁判官，検察官，弁護士をはじめとする法の実務家を含め，法学と心理学それぞれの研究者が双方から議論を交わし合う。そうした場としてこの学会は出発した。この学会はその性格上，けっして学問の世界で閉じない。つねに現実に開かれて，現実の問題を取りこみ，現実の世界に食いこむことではじめてその意味をまっとうする。

　以上の趣旨を実現する一環として，私たちはここに「法と心理学会叢書」を刊行する。これは私たちの学会を内実化するためのツールであると同時に，学会が外の現実世界に向かって開いた窓である。私たちはこの窓から，法の世界をよりよき方向に導き，心理学の世界をより豊かにできる方向が開かれてくることを期待している。

2003年5月1日

法と心理学会
http://www.law.psych.chs.nihon-u.ac.jp

日中 法と心理学の課題と共同可能性

| 2014年10月10日 | 初版第1刷印刷 | 定価はカバーに表示 |
| 2014年10月20日 | 初版第1刷発行 | してあります。 |

編著者　浜　田　寿美男
　　　　馬　　　　　皓
　　　　山　本　登志哉
　　　　片　　　成　男

発行所　㈱　北　大　路　書　房

〒603-8303　京都市北区紫野十二坊町12-8
　　　　　　電　話　(075) 431-0361㈹
　　　　　　FAX　　(075) 431-9393
　　　　　　振　替　01050-4-2083

© 2014　　制作／T.M.H.　　印刷・製本／創栄図書印刷㈱
　　　　　検印省略　落丁・乱丁本はお取り替えいたします。
　　　　　ISBN978-4-7628-2875-1　　　Printed in Japan

・ JCOPY 〈社出版者著作権管理機構 委託出版物〉
本書の無断複写は著作権法上での例外を除き禁じられています。
複写される場合は，そのつど事前に，㈳出版者著作権管理機構
(電話 03-3513-6969,FAX 03-3513-6979,e-mail: info@jcopy.or.jp)
の許諾を得てください。